조선 왕실의 밥상

발 기 속 음 식

1 7 2

조선 왕실의 밥상

정혜경 지음

푸른역사

조선 왕실의 맛을 찾아서

최근 한식이 화려하게 부활하고 있다. 특히 젊은 요리사들이 한식을 현대적으로 풀어내고 있어 더욱 반갑다. 그 덕분인지 최근 세계 외식 시장에서 한식이 널리 주목받고 있다. 그러나 새로운 시도들이 계속될수록 한식 고유의 모습이 사라지는 것 같아 아쉽다. 과연 고유의 정체성이 사라진 한식을 '한식'이라 부를 수 있을까? 한식의 정체성은 어디서 어떻게 찾아야 할까? 고민이 깊어진다.

전통 한식은 오랜 역사와 문화 속에서 만들어진 문화유산이다. 한국인에게는 종가 음식과 사찰 음식, 향토 음식, 왕실 음식 등 이어가야 할 한식의 종류도 많고, 깊이도 대단하다. 그런 만큼 우리 민족의 오랜 역사와 문화, 정서를 품고 있는 한식의 기본에 대한 깊이 있는 연구에서 한식이 나아갈 길을 찾아야 한다. 한식이 가진 특성과 고유성에 대한 기본적인 연구가 없다면, 음식세계화 시대에 오히려 한식은 설 자리가 없을 것이다. 세계적으로 한식이 주목받고 있는 지금, 전통 한식에 관한 좀 더 기본적인 연구를 진행해야 한다. 그리고 그 바탕 위에서 21세기 새로운 한식의 모습을 그려야 한다.

우리 음식 문화를 공부하기 시작한 지 벌써 30년을 넘겼다. 영양학을 전공했으나 전통 조리법을 배우면서 본격적으로 한식 문화를 연구하기 시작했다. 직접 조리하며 한식에 담긴 과학적 지혜를 체험한 것이 계기였다. 이후 한식을 공부하는 긴 여정을 시작했다. 우리 민족의 주식인 '밥'과 '채소와 나물', 기본 조미료인 '장', 전통주인 '막걸리' 등에 관한 결과물을 내놓으며 한식 알리기에 매진해왔다. 하지만 늘 아쉬웠다. 한식의 정수라 할 수 있는 왕실 음식을 널리 알리고 싶다는 바람 때문이었다.

600여 년의 역사를 지닌 조선의 왕실 문화는 그 원형이 비교적 잘 보존되어 있다. 특히 궁중 음식은 국가무형문화재 제38호로 지정되어 폭넓은 연구와 함께 시연, 재현, 복원 등 다양한 차원에서 논구되고 있다. 그러나 그 분야가 진연進宴과 진찬進饌 등 의궤에 근거를 둔 연회 중심의 잔치 음식과 마지막 주방 상궁의 구술에 집중되었다. 조선 왕실 음식의 맛은 조선 말기 주로 궁녀들*이 기록한 일종의 식단표라 할 수 있는 왕실 음식발기**에서 선명하게 잘 드러난다. 현재 한국학중앙연구원 장서각에는 조선 말기에서 일제강점기까지의 발기가 700~800여 건 남아 있다. 그중 왕실 음식발기가 200여 건 보관되어 있는데 한식진흥원의 한식아카이브를 통해 쉽게 확

음식발기의 한글은 여성의 기록으로, 한자는 남성의 기록으로 본다.

조선 왕실 음식발기라고 했지만 정확히는 1800년대 후반부터 대한제국 시기를 거쳐 일제강점기인 이왕직 시기까지의 음식 행사와 관련된 음식발기라고 할 수 있으며, 음식이란 전승된다는 점에서 이는 조선 왕실의 음식으로 규정한다.

인 가능하다. 경상대학교 문천각에도 왕실 상식발기가 206여 건 보관되어 있다.

그동안 음식발기에 대한 학문적 연구는 일부 이루어졌지만 음식발기를 알리고 사람들과 향유하려는 노력은 다소 부족했다. 조선 말기의 왕실 음식발기를 현장에서 활용할 수 있도록 알기 쉽게 소개하려는 이유가 여기에 있다. 더 나아가 음식발기에 나오는 조선 왕실 음식들을 현대적으로 재해석하고자 했다. 음식발기에는 음식명만 있고 조리법이 없다. 이 때문에 음식발기 속 음식을 조리하여 제시했지만 재현이라 하지 않고 재해석이라고 표현했다. 비슷한 시기의 조리서들을 참고해 만든 것이라는 의미에서 재해석이라고 한 것이다. 조선 왕조 발기 음식의 재해석을 통해 조선 왕실 음식이 좀 더 구체적으로 알려질 수 있을 것으로 보았고 현장에서 활용되기를 바랐다. 그동안 어렵게 생각하고 막연하게 여겨오던 조선 왕실 음식이 우리 생활 속에 들어오기를 기대했다. 사실 한계가 많은 작업이었다. 조선 왕실 음식을 대중들과 나누고 싶다는 희망의 결과물이니 부족하더라도 이해해주기를 바랄 따름이다. 내가 공부한 조선 왕실 음식이 현대를 살아가는 우리들과 교감하고 삶 속에서 구현된다면 더 이상의 기쁨은 없을 것이다.

부족하지만 이 책에서 조선 왕실의 일상식을 제시한다. 지금까지 조선 왕실의 일상식은 조선 말기 주방 상궁의 구술에 의존하거나 유일한 기록인 《원행을묘정리의궤園幸乙卯整理儀軌》를 통해 전해졌다. 일상식 기록이 이 의궤 외에는 없어 왕실 일상식 연구에 한계가 있었다. 그런데 고종황제의 조석朝夕^{아침, 저녁}상식발기와 주다례晝^{절심}茶禮

발기가 남아 있었다. 나는 그 사실에 주목했다. 사후에 올리는 상식上食으로 왕이 평상시 먹던 음식을 올린다는 점에 착안하여 조석상식 상차림과 주다례발기를 정리하고 이를 음식으로 만들어보았다. 상식은 바로 아침, 점심, 저녁으로 구성되는 왕실의 일상식이라고 볼 수 있기 때문이다. 고종 사후의 조석상식발기와 주다례발기를 분석해보면 12첩 반상 차림으로 알려진 조선 왕의 일상 밥상이 7~9기의 상차림이었다.

이 책은 다음과 같이 구성했다. 먼저, 1부에서 조선 왕실 음식 문화를 개괄했다. 2부에서는 왕실 음식발기의 종류, 특징, 발기에 나오는 음식명 등을 소상히 다루었다. 3부에서는 왕실의 상차림을 5개의 범주로 나누어 고찰했다. 첫째, 우리가 관심 있는 평상시 왕의 밥상인 일상식 상차림을 고종의 조석상식과 주다례 상차림을 통해 살펴보았다. 둘째, 왕실의 큰 행사인 왕의 생신에는 어떤 음식을 먹었는지 탄일 음식발기를 통해 알아보았다. 셋째, 조선 왕실의 중요한 길례였던 혼례 상차림을 보기 위해 순종의 가례 음식발기를 들여다보았다. 넷째, 왕실에서는 탄일과 혼례 같은 잔칫상차림 외에 제사도 중요한 의례였던 만큼 제례 음식을 살펴보았다. 특히 중요한 절기의례인 추석 제물발기를 자세히 분석했다. 다섯째, 왕과 왕족에게 음식을 올리는 진어상도 중요하지만 종친이나 신하에게 감사의 의미를 담아 내리는 음식인 사찬상도 중요했으므로 사찬상차림을 기록한 사찬 음식발기를 고찰했다.

이렇게 현재 남아 있는 조선 왕실의 음식발기들을 분석하여 이 중 현대를 살아가는 우리에게 의미가 있다고 판단되는 총 5개의 상차림을 제시했다. 발기에 나오는 음식명으로 상차림을 제시하고 각 음식의 조리법을 소개했다. 그러나 음식발기는 음식명만 적은 기록으로 재료나 조리법은 나와 있지 않다. 이런 이유로 비슷한 시기의 조리서들을 참고하여 음식을 만들었음을 다시 한 번 밝힌다. 나아가 조선 왕실의 음식 문화를 제대로 이해하기 위해서는 다른 나라 왕실 음식 문화와 비교해보는 시각이 필요하다. 그래서 〈부록〉을 통해 유럽, 중국, 일본, 태국의 왕실 음식을 간략하게 소개했다.

아직 왕실 음식 공부가 부족하다는 생각에 이 책을 세상에 내보내도 괜찮은 것인지 걱정이 앞섰다. 그러나 '일찍이 무딘 글이나마 써서 세상에 알리는 게 더 중요하다[鈍筆勝聰]'던 조선 말기 여성 실학자 빙허각 이씨의 글이 떠올라 용기를 냈다. 그녀가 쓴 책인 《규합총서閨閤叢書》의 서문을 빌려 나의 마음을 대신하고자 한다.

문득 생각하니 옛사람이 말하기를 총명이 무딘 글만 못하다 하니 그러므로 적어두지 않으면 어찌 잊을 때를 대비하여 일에 도움이 되리오. 그래서 모든 글을 보고 그 가장 요긴한 말을 가려 적고, 혹 따로 자기의 소견을 덧붙여 이 책을 만드니 ······.

감사해야 할 분들이 정말 많다. 우선, 왕실 음식에 대한 많은 자료를 남겨주신 고 이성우 교수님, 고 황혜성 교수님, 고 강인희 교수님을 비롯한 선학先學들께 깊이 감사드린다. 그리고 무엇보다 음식발기를 직접 기록한 이름없는 왕실 음식 관련 종사자분들께 깊은 감사를 전해야 할 것이다. 이 책의 출판을 맡아준 푸른역사의 박혜숙 대표와 정호영 편집자께도 감사드린다. 푸른역사를 만난 덕분에 이 책이 음식 역사책이 될 수 있었다. 부족한 책이지만 조선 왕실 음식을 사랑하고 관심을 보내주는 모든 이들에게 조금이라도 도움이 되었으면 좋겠다는 소박한 마음과 정성을 담아 세상에 내보낸다.

2018년 11월
정혜경 씀

차례

3부 조선 왕실 음식발기 상차림

[부록] 세계 왕실의 음식 문화 비교

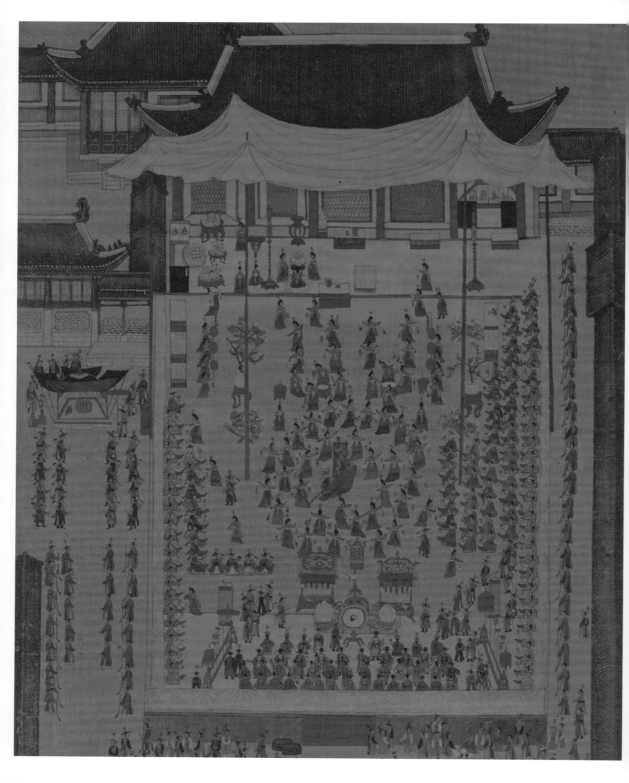

조선 왕실 음식의 철학,
약식동원의 식치

왕실 음식, 그 나라 음식의 정수

사람들은 음식을 통해 영양뿐 아니라 '상징'과 '의미'를 먹는다. 음식은 허기를 채우는 생리적 차원을 넘어서면 '문화'의 단계에 이르게 된다. 한 나라의 문화 척도를 알려면 그곳의 요리 수준을 알아야 한다고 말하는 이유가 바로 여기에 있다. 미국은 역사가 깃든 고유 요리가 없어 늘 아쉬워하며, 프랑스는 요리의 힘을 빌려 다양한 문화 자원으로 활용하고 있다. 요리의 나라 프랑스에서는 16세기 초에서 18세기에 이르는 이른바 '탐미의 시대'에 맛의 탐미를 열렬히 지지한 볼테르는 물론이고 이에 비판적이었던 루소까지도 요리를 예술의 한 분야로 인정했다. 좋은 음식을 '쾌락의 종합 예술'이라고 말하는 세간의 인식에는 이 같은 관점이 녹아 있다.

음식은 이미 생존 수준을 넘어 예술의 한 분야가 되었다. 우리는 이른바 '먹방'과 '쿡방'이 대세인, '맛집 탐방'이 일상인, 음식의 시대에 살고 있다. 미식, 즉 최고 음식이란 무엇인가? 물론 여러 관점에서 이야기할 수 있겠지만 그 나라 음식의 정수라 할 수 있는 왕실 음식을 빼놓을 수 없을 것이다.

왕실은 왕의 거주 공간이자 왕의 통치 행위가 이루어지는 공간이다. 왕조 국가의 모든 권력은 왕에게 집중되었으므로 왕은 특별한 상징체계와 문화를 향유했다. 왕만을 위한 제도, 의례, 음식이 존재했다고 해도 과언이 아니다. 잘 알다시피 한국은 왕조 국가였다. 조선왕조 600여 년의 역사와 전통을 간직하고 있으며, 왕실 문화를 그대로 보여주는 궁궐, 의례 등은 소중한 문화유산이다. 음식도 여기에 속함은 물론이다.

그렇다면 미식이 시대의 새로운 화두가 된 지금, 왕실 음식이라는 문화유산을 가진 우린 무엇을 해야 하는가? 현재 민족 음식이 사라지고 동질화되어가는 음식세계화가 일상이 되었지만, 한편에서는 민족 음식을 통해 자신의 땅을 호흡하고 느껴야 한다는 지역생태주의가 중요한 가치로 떠오르고 있다. 또 각자의 전통에서 발견한 문화적 정체성을 바탕으로 미래를 꿈꾸기도 한다. 나 역시 마찬가지다. 무엇보다 조선 왕조 600년의 역사와 문화를 고스란히 품고 있는 왕실 음식의 내용과 가치가 과연 무엇인지를 제대로 살피는 일이 우선되어야 한다고 생각한다.

이를 위해 1부에서는 조선 왕실 음식의 사상이 무엇인지를 먼저 살펴본다. 다음으로는 유교 문화를 근간으로 성립되었다고 판단되는 조선 왕실의 일상식과 잔치 음식 및 제례 음식의 내용을 들여다본다. 마지막으로 조선 왕실 음식을 이해하고 공부할 수 있는 관련 문헌들을 소개한다.

한국 궁중 음식의 전도사 〈대장금〉

한국 왕실 음식은 다른 나라에 비해 많이 알려진 편이다. 온갖 종류의 음식을 맛볼 수 있는 음식의 나라로 불리는 중국은 최근에서야 청나라의 황실 음식인 '만한전석滿漢全席'에 대한 연구와 홍보를 본격적으로 시작했고, 일본 역시 황실 음식에 대한 연구가 미비한 편이다. 반면 조선 왕실 음식은 1970년대에 국가무형문화재 제38호로 지정된 후 많은 연구가 이루어지고 있으며 국민들의 관심도 지대한 편이다.

그런데 흥미롭게도 이렇게 왕실 음식이 알려진 데는 정부 차원의 홍보나 지원보다는 왕실 음식이 가진 철학과 이를 잘 풀어낸 콘텐츠의 힘이 더 컸다. 지금 세계 곳곳에서의 한류 바람과 더불어 한식에 대한 외국인들의 높은 관심은 놀라울 정도다.

한류 문화가 세계적으로 처음 꽃피우게 된 데에는 드라마 〈대장금〉(2003~2004)의 영향이 매우 컸다. 10년도 훨씬 넘긴 오래전 드라마지만 여전히 한국의 왕실 음식은 이 〈대장금〉의 이미지로 잘 알려져 있다. 5년 전쯤 주로 개발도상국으로 알려진 남아메리카와 아프리카, 동남아시아 지역의 현지 한식당 조사를 한 적이 있다. 그때 외국인들이 한식을 잘 알고 있어 놀랐던 기억이 나는데, 이유를 물어보면 거의 대부분 〈대장금〉을 꼽았다. 드라마 〈대장금〉에서 드러난 전통 왕실 음식이 한국 문화를 잘 보여주는 콘텐츠로서 제 역할을 톡톡히 했던 것이다. 특히 〈대장금〉은 한식이 가진 '약식동원藥食同原'의 사상이나 음식 만드는 사람의 정성을 중요시하는 문화 등을 현대인의 입맛에 맞게 잘 표현했다. 왕실 음식을 나열하는 데에 그치지 않고 왕실 음식에 담긴 문화적 속성을 재해석한 것이다.

약과 음식은 그 근본이 같다

'약식동원'은 '약과 음식은 그 근본이 같다'라는 의미로, 음식이 곧 약이 된다는 음식철학을 그대로 담고 있다. 현재 한식 담론에서 가장 많이 사용되고 있는 용어인 한식의 우수성이나 건강성의 논리 이면에 바로 이 음식철학이 있다. 약식동원 사상은 중국에서 나왔다. 그러나 이러한 생각을 잘 실천하고 꽃 피운 것은 단연 한국이다. 왕실 음식의 철학은 유교적 가치관이나 도교의 자연 철학에서도 영향을 많이 받았지만, 약식동원에서 그 특성이 가장 잘 드러난다. 한국인은 지금도 쇠약해진 몸을 보하기 위해 다른 무엇보다 먼저 보양식을 찾는다.

조선의 유학자들은 병이 나기 전에 적절한 음식 섭취를 통해 예방하는 것이 중요하다고 보았다. 조선 왕실 음식을 관통하는 사상도 마찬가지였다. 이와 같은 약식동원 사상은 왕실 음식의 식재료와 조리법 선택의 중요한 기준이 되었다.

세조는 조선의 왕 중에서도 특히 의학과 건강에 관심이 많았던 왕으로 식치食治를 강조했다. 세조는 《의약론》(1463)에서 '식치'란 음식으로 몸을 다스린다는 의미로 음식을 통한 섭생을 가리킨다고 말했다. 세조는 "입에 달면 기운이 편해지고 먹기에 거북하면 괴로운 것이다. 음식에도 차고 더운 것이 있어서 잘 가려 조리해야 하며, 지나치게 먹는 것을 금지하지 않는 자는 식의食醫가 아니다"라고까지 했다.

또한 식치를 강조한 세조의 뜻에 따라 당시 어의였던 전순의°가 편찬한 식사요법서인 《식료찬요食療纂要》(1460)에는 45가지 질병에 대한 적절한 음식 처방이 담겨 있다. 학교에서 서양 영양학의 주요 교과목인 '식사요법'을 가르치는 나는 이미 1460년에 나온 전통 식사요법서인 이 책을 처음 보고 놀랐다. '왜 우리는 전통 식사요법 책은 가르치지 않고 서양의 식사요법만 가르치는가?' 하고 말이다. 전순의가 제시한 45가지 질병 중에서 현대인에게 잘 생기는 질병을 간추려보니 소갈증당뇨병 등을 포함하여 대략 15가지였다. 이를 활용하여 현대인을 위한 질병 예방 식단°°을 만들어서 논문으로 발표한 적이 있는데, 소갈증 식이처방은 현대 당뇨병 식단과 비교해도 크게 무리가 없었다. 세조가 직접 편찬을 독려한 《식료찬요》에는 조선 왕실의 음식 철학을 엿볼 수 있는 서문이 실려 있다.°°°

옛사람은 처방을 내리는 데 있어서 먼저 식품으로 치료하는 것을 우선으로 하고 치료가 되지 않으면 약으로 치료한다. …… 병을 치료하는 데 당

전순의(생몰년미상)는 조선 전기의 의관으로 세종, 문종, 단종, 세조 4대에 걸쳐 어의를 지냈다. 세종 말기에 잡과출신 의관으로는 정3품의 내의원 정正에 올랐다. 《의방유취》(1445)의 편찬에 참가하고, 《산가요록》(1450)과 《식료찬요》(1460)를 직접 저술했다.

정혜경 외, 〈조선 시대 《식료찬요》 속 전통음식을 활용한 건강한 식단 개발〉, 농식품부연구보고서, 2013; 김미혜·정혜경, 《식료찬요》 속 소갈 식치방 고찰 이를 활용한 당뇨질환 예방식단 개발〉, 《한국식생활문화학회지》 28권 6호, 2013.

전순의, 김종덕 옮김, 《식료찬요》, 농촌진흥청, 2004, 33~34쪽.

연히 오곡, 오육, 오과, 오채로 다스려야지 어찌 마른 풀과 죽은 나무의 뿌리에 치료 방법이 있겠느냐.

무엇보다 왕실에서 식치를 중요시했던 이유는 다음의 세 가지다. 첫째, 약을 지나치게 먹거나 오용하면 오히려 부작용이 생기고 입맛을 잃어 원기가 상할 수 있다고 생각했기 때문이다. 둘째, 큰 병을 앓은 후 회복을 위해 원기를 보해야 하는데 여기에 미음이나 죽을 올리는 것이 중요하다고 보았기 때문이다. 셋째, 오래 약을 투여하는 것이 오히려 건강을 해칠 수 있다는 생각에 잠시 중지하고 음식으로 기운을 회복하는 것을 중시했기 때문이다.

조선 시대 선조와 광해군의 어의를 지낸 허준도 《동의보감東醫寶鑑》(1613)을 통해 "몸을 건강하게 하는 기본은 음식에 있고 음식을 적당히 먹을 줄 모르는 사람은 생명을 보존할 수 없다"면서 곡식과 과일, 고기, 채소 등 다양한 식품의 성질과 효용성을 자세히 기록하고 있다.

이외에도 숙종의 어의라고 알려진 이시필이 저술한 《소문사설諛聞事說》에는 암탉과 꿩을 잘 삶아 소를 넣어 빚은 '황자계혼돈'과 같은 일종의 만두 음식, 멥쌀에 여러 가지 약이성藥餌性 재료를 섞어서 만든 '구선왕도고'라는 떡, 붕어를 재료로 만든 '붕어증' 등 다양한 보양식이 나온다. '황자계혼돈'은 사용원 성상이 숙수들에게 만들도록 한 음식이었는데 숙종 45년(1719) 9월 12, 13일 병중의 숙종에게 진상한 기록이 존재한다. '붕어증' 역시 왕의 수라에 올랐다는 기록이 여럿 보인다.

● 이시필, 백승호 외 옮김, 《소문사설, 조선의 실용지식 연구노트》, 휴머니스트, 2011.

《소문사설》에는 이 같은 보양식을 중심으로 구성된 〈식치방〉이라는 장이 있다. 각 요리가 특별한 목적을 가지고 개발되었다는 사실이 기록되어 있고 음식의 재료와 조리법을 보면 식치 음식이라는 사실도 한눈에 확인할 수 있다.

전래 식품 외에 왕명에 의해 특별히 개발되거나 재현되었던 음식이 존재하며, 실제 그 음식 중 일부가 왕에게 보양식으로 진어된 것은 《조선왕조실록朝鮮王朝實錄》을 통해서도 확인된다. 《조선왕조실록》이나 《승정원일기承政院日記》, 《일성록日省錄》 등에는 왕실에서 많이 먹었던 식치 음식으로 '속미음', '녹두죽', '원미죽' 등이 등장한다. 그 외에 각종 차에 약재를 넣어 복용한 기록도 보인다. 차와 술에 약재를 넣어 상복함으로써 병을 예방하거나 특정 병에 걸렸을 때 치료 목적으로 약차와 약주를 탕제 대신 사용한 경우를 많이 찾을 수 있다.

왕실의 대표적 식치 음식

왕실의 대표적 식치 음식에는 어떤 것들이 있었을까? 우리 음식에는 '약'자가 들어간 음식들이 많다. '약식藥食', '약과藥果', '약포藥脯', '약반藥飯', '약藥고추장', '전약煎藥' 그리고 심지어 술도 '약주藥酒'라 불렀는데, 이들이 대부분 왕실의 식치 음식들이었다. 이 중 전약은 꿀, 아교, 계피, 생강, 후추, 정향, 대추 등 더운 성질을 가진 한약재를 넣고 푹 고아서 족편처럼 만든 음식이다. 전약은 외국 사신들을 접대할 때에도 긴요하게 사용했으므로 제조를 담당한 내의원에서는

항시 준비해 두었다고 한다.●

　보양 차원에서 먹는 왕실의 식치 음식 섭취는 별도의 규정을 두어 관리하고 있었다.●● 특별히 신하들에게는 절기에 따라 단옷날에는 '제호탕'과 '옥추단', 동지에는 '전약'과 '타락죽'을 하사하기도 했다. 여름철의 '제호탕'과 겨울철의 '타락죽'은 왕실 품계에 따라 하사 규정이 따로 마련되어 있었다. 제호탕醍醐湯은 오매육그을린 매실, 사인, 백단향, 초과 등의 한약재를 곱게 가루 내 꿀에 재워 끓였다가 찬물에 타서 마시는 음료로, 주로 더위가 시작되는 단오에 왕이 나이든 신하에게 특별히 하사했다. 옥추단玉樞丹은 재액을 물리치는 구급약으로, 여러 가지 약재를 넣어 만들어 하사했다.

　왕실의 대표적 식치 음식은 다름 아닌 죽이었다. 타락우유과 찹쌀로 만드는 '타락죽', '녹두죽', '연자죽', '잣죽', '양胖죽' 등 그 종류가 수십 종에 달했다. 《승정원일기》에 따르면 상에 가장 많이 오르던 죽은 '타락죽'으로 내의원에서 원기를 보충하기 위해 처방하는 경우가 많았다고 한다. 이처럼 조선 시대 왕실 음식에는 음식이 곧 약이고 병을 치료할 수 있다는 약식동원의 식치 사상이 고스란히 녹아 있다.

● 김호, 〈조선 왕실의 약선, 전약연구〉, 《진단학보》 100호, 2005.

●● 대비전의 제호탕 진상이 중단되었다가 규정을 들어 다시 복귀시킨 기록이 있다.

왕의 일상식, 수라상

왕은 평상시 어떤 음식을 먹었을까

조선의 왕은 평상시 어떤 음식을 먹었을까? 왕실 음식은 크게 일상식과 의례식으로 나눌 수 있다. 왕실의 탄일이나 경사에 제공된 연회식, 외국 사신 접대를 위한 영접식, 왕실의 혼례에 쓰인 가례식, 왕실 제사 때 올린 제사상 등 의례식에 대한 기록은 많은 편이나 의외로 왕의 일상식에 대한 기록은 없는 편이다. 그래서인지 현재 조선 왕실의 일상식에 대해서는 학자 간 논란이 많은 편이다.

왕이 평상시에 먹는 일상식의 경우 밥은 '수라', 상차림은 '수라상'이라고 알려져 있다. 수라는 고려 시대에 몽골에서 온 왕비를 통해 들어온 용어로, 조선 시대에 와서 왕의 식사를 가리키는 말로 정착

되었다고 알려져 있다.

　왕실에서의 수라는 하루에 5회였다고 한다. 일반적으로 보통 6시나 7시에 세수한 후 '죽粥수라'를, 9시에서 10시경에 '조朝수라'를 먹는다. 그리고 12시나 1시경에 가벼운 식사로 '주다소반과晝茶小盤果'나 '면麵'을 먹는다. 저녁의 '석夕수라'는 오후 5시에, 그 후 '야다소반과夜茶小盤果'를 가볍게 먹고 일과를 마친다고 알려져 있다. 그러나 이는 왕의 취향이나 손님맞이 등에 따라 달랐으며 총 7회인 경우도 있었다.

　왕실은 전국의 귀한 농수산물이 모이는 곳이다. 일상식은 왕의 기호에 따라 사치스러운 산해진미가 나오기도 하고, 검박한 식사가 올라오기도 했다. 특히 나라에 한재나 수재, 가뭄이 들거나 상중, 제사일 경우 왕은 자신의 부덕함을 자책하고 백성의 어려움을 위로하기 위해 음식 수를 줄이는 감선減膳을 행했다. 감선은 보통 3~5일 정도 이루어졌는데, 고기를 금하고 채소 음식을 먹으면서 절제와 검소를 실천했다. 기록에는 어육을 없애고 물에 만 밥인 수반水飯이나 물에 삶은 밥인 수요반水澆飯을 올렸다고 나온다.

《원행을묘정리의궤》, 왕의 수라상에 대한 구체적인 기록

일상적인 왕의 수라상은 어떤 모습이었을까? 흔히 조선 시대 왕의 밥상이라면 12첩 반상을 떠올린다. 그러나 이는 조선 말기의 주방 상

표지 ....

신풍루사미도 ....

봉수당진찬도 ....

능행반차전도 ....

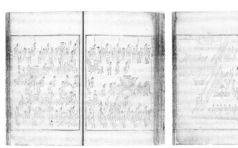

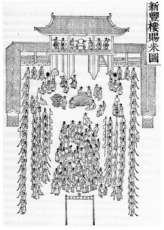

원행을묘정리의궤[園幸乙卯整理儀軌] 1795년(정조 19) 윤2월에 정조正祖(재위 1776~1800)가 어머니 혜경궁 홍씨惠慶宮洪氏와 함께 사도세자 思悼世子의 묘소인 현릉원顯隆園 참배를 위해 행차했던 때의 기록. 모두 8책으로 구성되어 있는데, 왕실 연회와 일상식에 대한 묘사가 자 세하다. 국립고궁박물관 소장.

궁이 전하는 것일 뿐이다. 조선 시대 왕의 수라상을 구체적으로 보여주는 기록은 현재까지는《원행을묘정리의궤》가 유일하다.

《정리의궤》라고도 불리는《원행을묘정리의궤》는 정조 19년(1795)에 정조가 어머니인 혜경궁 홍씨惠慶宮洪氏를 모시고 화성에 가서 진찬을 베풀고 다시 환궁할 때까지 8일간의 상차림에 대한 기록으로 왕실 연회와 일상식•이 자세히 묘사되어 있다.

《원행을묘정리의궤》에 기록된 왕실 일상식으로는 수라상죽수라, 반수라, 진짓상, 반상, 미음상과 과소반다과조다조茶, 만다晚茶, 주다晝茶, 야다夜茶, 별반과상이 있다. 전체적으로 일상의 수라상이 죽수라, 조수라, 주다소반과, 석수라, 야다소반과 등 하루 5회 제공되었음을 알 수 있다. 또한 상세한 음식명과 재료 및 상차림법이 나온다.

• 김춘련, 〈18세기 궁중 음식고:《원행을묘정리의궤》를 중심으로〉,《대한가정학회지》제22권 4호, 1984.

유의할 점은《원행을묘정리의궤》에 왕의 밥상이 12첩이라는 통설의 근거가 존재하지 않는다는 것이다.《정리의궤》에는 아예 '첩'이라는 용어는 사용되지 않고 그릇을 뜻하는 '기器'라는 용어만 나온다. 이후 조선 말기의 왕실 기록에도 '첩'은 나오지 않는다. 총 그릇 수로 보더라도 정조의 어머니인 혜경궁 홍씨의 수라상에는 13~15기가 올랐지만 정작 왕인 정조의 수라상에는 7기가 올랐다. 이는 정조의 지극한 효심과 검박한 생활 철학을 보여주는 것으로 생각된다.

수라라는 용어는 자궁과 대전에만 사용하고 있다. 왕자와 왕녀에게는 진짓상, 궁인 및 내외빈, 본소당상 이하에게는 반상이라고 했다. 자궁의 수라상은 원반元盤과 협반俠盤 두 상, 대전은 원반 한 상으로 차려졌다. 원반에는 대체로 반, 갱, 조치, 적이, 좌반, 숙육, 해, 채, 침채, 담침채, 장 등이 올랐고, 별찬으로 수란, 만두, 회, 적, 증,

어채 등이 올랐다. 협반에는 탕, 적, 증, 만두, 회, 전유화, 각색어육 등 동물성 식품 위주의 음식이 주로 차려졌다.

왕의 밥상이 12첩?

그렇다면 12첩이라는 용어는 언제부터 통용된 것일까? 조선 왕조 초기 왕의 일상식 담당 직제는 《경국대전》(1470~1594)에 나온다. 《경국대전》에 따르면 조선 시대에 남성이 맡았던 내시부에서는 왕이 거처하는 대내大內 식사를 감독했다. 여성이 맡았던 내명부에서 왕의 일상식을 조달했다. 내시 제도가 없어진 갑오경장(1894) 이후에는 주로 상궁들이 내시 역할까지 맡게 되어 영향력이 커졌다.

조선 시대 왕실 음식은 조선의 마지막 주방 상궁인 한희순 상궁(1889~1972)을 빼고 이야기하기 어렵다. 한상궁은 1889년(고종 26) 서울에서 태어나 13세 때 덕수궁 주방의 나인이 되었다. 이후 왕실의 주방 상궁으로서 경복궁과 창덕궁을 거치면서 고종과 순종의 음식을 담당했고, 1965년까지 계속 주방 상궁으로 있었다. 순종의 계비인 순정효황후 윤씨純貞孝皇后尹氏가 가장 아꼈을 정도로 왕실 음식에 조예가 깊었고, 조선 시대 마지막 주방 상궁으로서 왕실 음식을 알리는 데 주도적 역할을 했다. 한 상궁은 1971년에 조선왕조 궁중음식 중요무형문화재 38호, 제1대 기능 보유자로 지정되었다. 이후 2대는 황혜성 교수에게로 전수된다. 한 상궁은 1957년부터 숙명여자대학교에서 왕실 음식 요리법을 가르쳤으며, 이를 통해 왕실 음식이 자연스럽게 알려지게 된다.

한희순 상궁과 황혜성 교수는 《이조궁정요리통고李朝宮中料理通攷》라는 왕실 음식 조리서를 1957년에 함께 발간했다. 조선 왕실 음식의 전모를 알려주는 소중한 자료로서 수라상 반배법이 자세히 정리되어 있다. 흥미로운 사실은 이 책에서도 12첩이라는 표현을 찾을 수 없다는 것이다(〈표 1〉 참조). 그러니까 12첩이라는 표현은 1957년, 즉 비교적 최근까지도 궁중 상차림으로 통용되었다고 보기 어렵다. 〈표 1〉을 살펴보면 수라밥, 탕국, 조치찌개, 김치와 간장을 빼면 9기 정도의 반찬이 수라상에 올랐던 것으로 보인다.

〈표 1〉 수라상 반배법飯配法

	원식단	기명	요리명
1	수라	수라기	흰수라, 팥수라
2	탕	갱기/탕기	곽탕, 공탕
3	조치	뚝배기, 조치보	젓국조치, 김치조치
4	찜(선)	조반기, 합	갈비찜, 생선찜, 호박서, 두부선
5	전골(볶음)	합	송이전골, 채소전골, 신선로
6	구이(산적, 초, 누름적)	접시	마른구이, 초, 산적, 느름적
7	전유아(편육)	접시	생선전유아, 간전유아, 소고기, 편육
8	채소(나물)	접시	각색나물
9	조리개	조치보	육조리개, 생선조리개
10	젓갈	접시(쟁첩)	굴젓, 명란젓
11	장과(장아찌)	접시(쟁첩)	삼합정과, 각색장아찌
12	마른찬(포, 좌반)	접시(쟁첩)	육포, 어포, 좌반
13	김치	보시기	젓국지, 동치미, 송송이
14	간장	종지	초장, 겨자, 청장

* 출처: 한희순·황혜성·이혜경, 《이조궁정요리통고》, 학총사, 1957.

왕의 수라상은 7~9기

현재 왕의 수라상은 12첩이라고 알려져 있다. 하지만 조선 시대 왕실 기록에서는 왕의 수라상이 12첩이라는 근거를 찾기 어렵다. 《원행을묘정리의궤》를 보더라도 왕정조의 수라상은 7기로 차려졌다.

그러면 왜 그동안 왕의 밥상은 12첩이라고 알려졌고 학교에서까지 그렇게 가르쳤을까? 이에 대한 명확한 답을 찾기는 어렵다. 추측하자면 조선 말기 이후 시대적 변화를 반영한 왕실 음식의 설명법 중 하나로 보인다. 반상의 밥, 국탕, 조치찌개, 김치, 간장 등을 제외한 반찬 가짓수를 말하는 '첩'이라는 용어는 조선 말기 이후 쓰이기 시작한 듯하다. 문헌상으로 보면 1800년대 말 저자 미상의 조리서인 《시의전서是議全書》**에 5첩, 7첩, 9첩의 반상도식飯床圖式이 최초로 등장한다. 1800년대 말에 첩이라는 용어가 이미 통용되었던 것이다.

저자 미상, 《시의전서》, 이성우, 《한국고식문헌집성자료집》, 수학사, 1992에서 재인용.

흥미로운 부분은 《시의전서》에 9첩까지의 반상도식은 나오는데 12첩 반상은 나오지 않는다는 점이다. 당시 양반층이 차릴 수 있는 상을 9첩 이하의 반상으로 규정했기 때문에 반가 음식 조리서로 보이는 《시의전서》에서 9첩까지 제시한 것이라 판단된다.

요컨대 기록 측면에서 보면 조선 왕의 일상식은 《원행을묘정리의궤》의 기록처럼 밥과 국, 찌개, 김치류, 장류를 제외하면 일곱에서 아홉 가지 찬을 차리는 반상 차림이었던 것으로 보인다. 다음 장에 나오는 조선 말기 고종의 사후 조상식 음식발기에도 7~9기의 반찬을 올린 것으로 기록되어 있다.

이상을 종합해 봤을 때 12첩 반상의 등장은 왕실 음식의 실체와는

오첩반상 칠첩반상 구첩반상

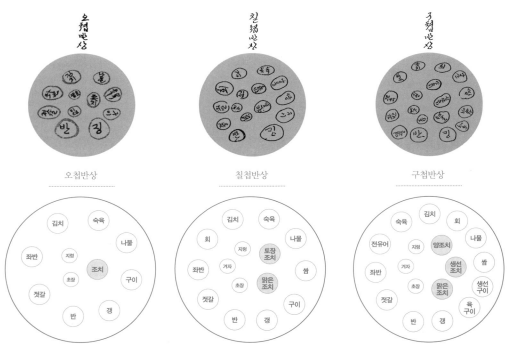

시의전서是議全書　1800년대 말엽에 지어진 것으로 추정되는 저자 미상의 조리서. 광범한 조리법을 비교적 잘 분류·정리하여 한말의 전통 식품을 한눈에 볼 수 있다. 필사본 상·하 2편 1책으로 상편에는 장·김치·밥·미음·원미·죽·응이·찜·선·탕·신선로·회·면·만두·전골·전·구이·포·장육·자반·나물·조치·화채·약식 등이, 하편에는 전과·편·조과·생실과·약주·제물·회·채소 등이 수록되어 있다. 특히 하편에 수록된 반상도식은 9첩 반상·7첩 반상·5첩 반상 등의 원형을 확인을 수 있는 좋은 자료다.

상관없이, 당시 통용되던 반가의 9첩 반상과 차별되는 왕실 음식의 권위를 상징하는 상차림으로 통용된 것으로 보인다. 이후 왕실 수라상이 12첩 반상이라는 것이 정설로 인정되어 국정 가사 교과서에 실렸고 오늘날까지 이른 것으로 판단된다.

왕실 잔치의
상차림

잔칫상, 조선 왕실 음식 문화의 진수

조선 왕실 음식 문화의 진면목은 잔칫상차림에서 드러난다. 화려한
연회의 핵심은 역시 잘 차려진 잔칫상이다. 현대를 살아가는 우리도
축하할 일이 있으면 음식상을 잘 차린 후 함께 나누면서 행복감을
느낀다. 조선 왕실도 마찬가지였다. 국가 경축일이나 왕실의 경사
등을 축하하기 위한 연회가 끊임없이 베풀어졌다. 이는 우리 음식
문화가 좀 더 세련되게 발전하는 계기로 작용했다.

　연회는 규모나 의식 절차에 따라 '풍정연進豐로', '진연進宴', '진찬進
饌', '진작授爵' 등으로 불렸는데, 그중 가장 규모가 큰 것이 진연이고
다음이 진찬, 진작, 수작 등의 순이었다. 이러한 왕실의 큰 잔치는
대개 하루에 끝나는 것이 아니라 3~5일에 걸쳐 낮은 물론이고 밤에

도 여러 차례 열렸다.

잔치는 성격에 따라 규모도 차이가 나고 손님도 달랐는데 일반적으로 외연과 내연으로 나뉜다. 외연은 군신이 주축이 되어 왕을 주빈으로 모시고 여는 잔치이고, 내연은 왕비와 세자빈 등 여성이 주축이 되는 연회로 왕실의 친인척이 참여한다.

왕실의 잔치는 왕이 원한다고 할 수 있는 행사는 아니었다. 왕실은 잔치를 열 때 그 기쁨을 백성과 함께 나누는 것을 바람직하게 여겼다. 왕실에 경축할 일이 있어도 백성의 형편이 어려울 경우에는 연회를 열지 않았다. 보통은 잔치를 베풀 일이 생기면 먼저 신하들이 잔치 베풀기를 청하고, 왕은 국가의 재정 등을 이유로 들며 몇 번 사양하다가 신하들의 청이 계속되면 마지못해 받아들이는 형식을 취했다.

잔치의 꽃은 역시 화려하게 차려지는 음식이다. 잔치에 초대된 이들에게 맛있는 음식을 잘 대접해야 성공한 잔치로 여겨졌기 때문에 잔치에서 음식 준비는 매우 중요했다. 조선 왕실에서는 연회의 성격에 따라 상차림의 크기, 차리는 음식 가짓수와 내용을 정하고 이를 연회식 의궤에 기록으로 남겼다. 또한 찬품단자나 음식발기에 잔치 음식의 종류를 기록했다.

왕실 음식의 권위, 고임 음식

우리나라 잔치 음식의 특징 중 하나는 음식들을 쌓아서 차린다는 점이다. 이러한 상차림을 고임 혹은 고배 상차림이라고 하는데, 현재

무용총 접객도舞踊塚接客圖　중국 지린성[吉林省] 지안현[集安縣] 퉁거우[通溝]에 있는 고구려 시대 고분의 벽화. 두껍게 회칠한 앞방과 널방의 네 벽과 널방 천장에 그려져 있는 벽화 가운데 널방 북벽에 그려져 있다.　고임 음식으로 추정되는 음식이 그려져 있어 당시 음식 문화를 연구하는 데 도움을 준다.

의 돌상이나 회갑상, 혼례 등의 축하 상차림에서도 흔히 볼 수 있다. 고배 상차림은 우리나라의 오래된 전통으로 보인다. 고구려 고분벽화 중 중국 지린성 지안현 퉁거우에 있는 무용총의 〈접객도〉에도 고임 음식이 등장한다. 손님과 주인으로 추정되는 두 명의 남자가 의자에 마주 걸터앉아 있고, 각자의 음식상과 2개의 곁상인 술상, 과일상도 놓여 있다. 이 가운데 술병이 있는 상의 왼쪽에 놓인 상에 고임 음식과 닮은 것이 그려져 있다. 떡과 한과 등을 고임한 것으로 추측된다. 일본의 고대 기록에 의하면 이런 고임 음식을 '고구려병高句麗餠'이라 불렀다. 하지만 고배 상차림의 정확한 유래는 알기 어렵다.

조선 시대 왕실 잔칫상도 고배 음식으로 차렸다. 왜 고배 상차림으로 했는지에 대해서는 여러 설명이 가능하다. 한 가지 꼽자면 무엇보다 쌓아 올린 음식이 권위를 상징한다는 점에서 그 이유를 찾을 수 있을 것이다. 쌓아 올린 정도, 즉 고이는 높이의 치수는 대개 5촌, 7촌, 9촌, 1척尺 1촌, 1척 3촌, 1척 5촌으로서 기수氣數^{저절로 오고 가고 한다는 길흉화복의 운수}로 했다^{1척은 1자로 약 30.3센티미터, 1촌은 1치로 약 3.03센티미터}. 쌓는 높이는 음식에 따라 달랐는데 이 중 가장 높이 고이는 음식은 1자 3치^{약 40센티미터}에서 1자 7치^{약 52센티미터}였다. 왕족의 서열과 음식별로 고임의 높이가 달랐다. 특별한 기준은 없었으나 지위가 높을수록 고임의 높이가 높았다고 보면 된다. 이는 3부 5장 〈음식을 내리다, 사찬상차림〉에서 좀 더 자세히 보기로 하자. 이와 같은 고배 상차림은 다른 나라에서는 좀처럼 볼 수 없는 상차림이다.

왕실 잔칫상 음식은 고려 시대를 거쳐 조선 시대에 권위를 상징하는 고임 음식으로 화려하게 꽃피웠다. 그러나 조선 말기로 갈수록

조일통상장정기념연회도朝日通商章程記念宴會圖　　1883년(고종 20)에 체결한 조일통상장정朝日通商章程을 기념하여 열린 연회를 안중식安中植(1866~1919)이 그린 그림. 꽃을 꽂은 2개의 화준花尊(꽃병) 사이에 만두가, 화준 양 옆에는 단자團子로 보이는 음식이 고임 음식으로 놓여 있다. 각자의 앞에는 서양 요리를 먹기 위한 식기들이 준비되어 있다. 동서양이 혼재된 개화기 조선 시대의 시대상을 잘 보여준다. 숭실대학교 한국기독교박물관 소장.

왕권이 약화하면서 연회상도 변화가 불가피했던 것으로 보인다. 조선 후기까지도 국경일이나 사신 환영 축하 연회에서 고임상을 차려 경축했고, 손님 접대상으로 수십 혹은 수백 명이나 되는 내빈들을 위해 일일이 외상●을 차렸다. 그러나 조선 말기로 오면서 불편함과 비경제성 때문에 외상을 차리는 전통은 점차 사라진 것으로 보인다.

궁중 숙수들을 조리사로 채용해 조선 왕실 음식을 표방한다고 내세운 구한말의 한정식집에서는 조선 왕실의 중요한 반상 법규인 외상 대신에 '교자상轎子床●●'을 내놓았다. 이는 왕실 반상의 기본을 포기한 상차림이다. 지금처럼 연회상을 다함께 먹는 교자상으로 차리는 전통은 조선 말기부터 시작된 것으로 왕권 약화와도 관련이 있다.

대한제국기의 황실 연회상

19세기 후반 조선이 서구 세계에 문을 연 이후 조선 왕실의 연회식은 어떻게, 어느 정도로 변화했을까. 손탁孫澤●●●의 후임으로 1905년에서 1906년까지 '서양 문화 전례자' 역할을 맡아 대한제국 황실에서 외교 전례를 주관했던 독일 여성 엠마 크뢰벨Emma Kroebel(1872~1945)●●●●이 남긴 책을 통해 그 일단을 확인할 수 있다. 그녀는 이 책에서 당시 황실의 초청 연회가 서양식으로 치러졌다고 말한다. 특히 고종의 후궁인 엄비가 초청한 조찬 모임의 경우 "식탁에 나오는 음식들은 모두 서양식 요리들이었다. 요리들은 서양식 요리법을 전문적으로 배운 한국인 요리사이거나 중국인 요리사들에 의해 만들어

● 한 사람이 받도록 차린 음식상.

●● 음식을 차려놓는 사각형의 큰 상.

●●● 손탁(1854~1925)은 대한제국과 러시아 제국에서 활약한 독일인 통역사이며, 손탁호텔의 지배인으로 잘 알려져 있다. 경복궁의 양식 조리사로 일했으며 커피를 고종에게 소개한 인물로 1902년에는 고종으로부터 덕수궁 근처에 있는 황실 소유의 부지를 하사받았고, 같은 해에 손탁호텔을 개업하여 그 지배인이 된다.

●●●● 엠마 크뢰벨, 김영자 옮김, 《나는 어떻게 조선 왕실에 오게 되었나?》, 민속원, 2015.

Seoul le 19 Septembre, 1905.

DINER :

Potage pointes d' asperges

Poisson roti aux Champignons

Pigeons aux Olives

Paté de foie gras en aspic

Filet braise aux Truffles

Asperges en branches—Sauce Hollandaise

Roti, Gigot de Mouton

Salade

Glace d' Ananas

Fromage

Desserts assortis

Café ——— Cognac

Liqueurs.

대한제국 황실 연회 식단   대한제국 황제가 이토 히로부미를 환영하기 위해 연 축하 연회의 식단. 샴페인, 코냑 등의 술뿐만 아니라 커피, 송로버섯 등 당시의 전형적인 프랑스 코스 요리가 프랑스어로 기록되어 있다. 출처: 엠마 크뢰벨, 김영자 옮김, 《나는 어떻게 조선 황실에 오게 되었나?》, 민속원, 2015, 234쪽.

진다. 요리 재료들은 서양 연회석상에 흔히 등장하는 최상의 맛있는 재료들—새우, 캐비어, 연어 등—이 수없이 많다"면서 당시 연회의 모습을 자세히 알려주고 있다.

엠마 크뢰벨의 책에는 대한제국 황제가 이토 히로부미를 환영하는 축하 연회(1903)의 식단도 나온다. 프랑스어로 기록된 이 식단을 보면, 이토 히로부미 축하연이 샴페인, 코냑 등의 술과 커피, 송로버섯 등 당시의 전형적인 프랑스 코스 요리가 제공된 화려한 연회였음을 알 수 있다. 즉 조선 왕실 음식발기로 차려지는 연회 상차림과는 별도로 경운궁지금의 덕수궁에서는 서양식 연회들이 빈번하게 열리고 있었다.

봉송 전통의 의미와 효과

조선 왕실은 연회를 열면 음식을 넉넉히 장만해 신하들과 함께 나누었다. 왕실은 잔칫상에 여러 가지 음식을 높이 고여서 담고, 잔치에 차렸던 음식을 종친이나 신하 집으로 골고루 나누어 보냈다. 이를 '봉송封送'이라고 한다. 봉송은 물건이나 음식을 싸서 보낸다는 의미인데 이것이 다시 아랫사람에게 '꾸러미'로 전해졌다.[*] 이 전통은 군신 관계의 확인과 결속의 기원을 담은 것이었다. 떡을 비롯해 궁중의 연회에 차려진 음식은 잔치에 참석한 종친이나 고관대작을 통해 상류사회에 퍼져 나갔고 민간으로 전래되었다. 오늘날 돌잔치나 회갑연의 잔칫상에 음식을 높게 쌓는 풍습도 궁중 잔치에서 유래한 것으로 볼 수 있다. 조선 말기 상궁이 기록한 《낙선재 주변》[**]에 따르

강인희, 《한국식생활사》 2
판, 삼영사, 1989.

김명길, 《낙선재 주변》, 중
앙일보사, 1977.

면 왕실에서는 잔치 음식 외에도 자신의 친정에 하사품 명목으로 음식을 내렸다고 한다. 하사한 음식들은 생선, 팥, 단감, 오미자, 잣, 소금 같은 식품뿐만 아니라 조리된 음식인 해삼초, 어만두, 전과^{정과} 등 매우 다양했다.

또한 고종은 칠궁 안에 있던 선희궁^{사도세자의 생모인 영빈 이씨의 신주를 모신 곳}의 침채^{김치}가 맛있어서 친히 거둥하여 이를 맛보고는 종친들에게 한 항아리씩 하사했다고 한다. 맛있는 음식을 나누어 먹는 풍습이 왕실에도 있었던 것이다. 특히 '봉송'이라는 이름으로 양반가에 전해진 왕실 음식은 서울의 반가에서 상당수 모방하기도 했다. 이는 조선 말기로 올수록 왕실 음식이 반가 음식으로 전환하는 계기가 되었다.

선희궁宣禧宮   영조의 후궁이자 사도세자의 생모인 영빈 이씨暎嬪李氏의 사당. 고종이 선희궁의 침채가 맛있어서 종친들에게 한 항아리씩 하사했다는 일화에서 확인할 수 있듯 조선 왕실은 맛있는 음식을 나누어 먹는 봉송封送의 전통을 유지해왔다. 지도는 게일 목사 James S. Gale의 〈한양(서울)〉(*Transactions of the Korea Branch of the Royal Asiatic Society* 제2권 제2부, 1902년 2월)에 수록된 '서울지도'. 사진은 선희궁(출처: 문화재청).

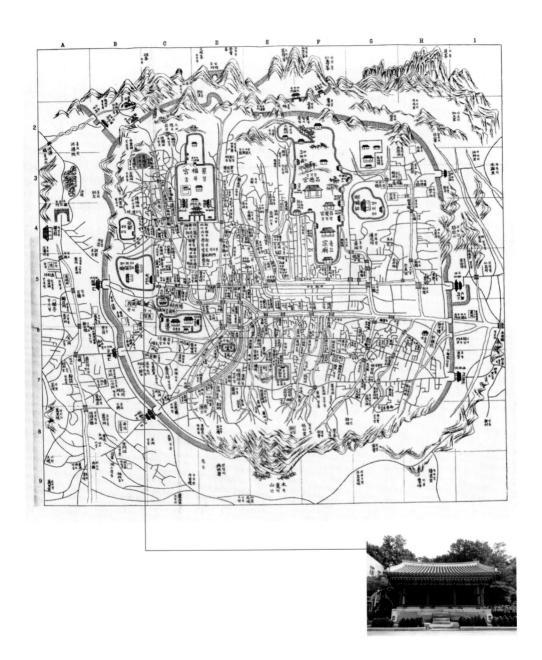

04

왕실 제사의
상차림

제사의 나라 조선

한국인에게 제사는 무엇보다 제사상에 차리는 제사 음식으로 기억
된다. 제사 자체보다 제사 음식이 주는 이미지가 더 강했던 것이다.
조선 왕실에서도 제사는 매우 중요한 의례였고 제사상을 차리는 일
은 막중한 업무였다. 조선 왕실의 음식 문화는 이 제사상차림에서도
잘 드러난다.

  조선 시대는 유교를 국가 이념으로 했고 국가 기강의 최고 규범을
'예禮'에 두었다. 길례吉禮, 흉례凶禮, 군례軍禮, 빈례賓禮, 가례嘉禮의
오례를 중시했는데, 특히 제사 관련 길례는 조선이라는 국가 공동체
를 운영하는 중요한 의례였다. 고려 시대에는 불교가 통치 이념이었
기 때문에 조상을 기리는 인식이 희박했고 조상 숭배 의례도 발달하

지 않았다. 이와 달리 조선은 치국 이념인 성리학에 따라 조상에 대한 제례가 발달했다.

조선 시대에는 국가에서 행하던 정기 제사만 1년에 241회, 임시 제사와 기타를 합할 경우 1년에 700회 이상에 달한 때도 있었다[*]고 하니 그야말로 제사의 시대라고 할 만하다. 제례에서 중요한 일 가운데 하나가 바로 제사상을 차리는 일이었다. 조선 시대 중요한 길례인 제례의 제사상차림에서 조선 왕실 음식 문화의 일면을 엿볼 수 있는 것은 이런 점에 기인한다.

황경환, 《조선왕조의 제사》, 문화재관리국, 1967.

종묘 제례, 제례 음식이
유교 문화의 소산임을 보여주다

조선 왕실의 제례 음식이 유교 문화의 소산이라는 점은 종묘 제례에서 가장 잘 드러난다. 묘는 선왕의 신위를 모신 곳이다. 종묘에서는 사계절의 첫 달인 1월, 4월, 7월, 10월에 시제를 지낸다. 시제의 제물은 외찬外饌으로 차리되, 날것으로 하는 것이 특징이다. 쌀, 좁쌀, 수수 등의 곡물은 물론 육류도 날것으로 크게 각을 떠서 올린다. 종묘 제향에 등장하는 제물은 희생犧牲과 기타 찬물로 구분된다. 희생이란 제사를 위해 일정 기간 양육된 가축을 제향 전날 도살해서 올리는 제물을 뜻하고 이러한 희생 제의를 '혈식血食'[**]이라고 한다.

조선 왕실의 종묘 의례는 성리학 전통을 보존하고 있는 최근의 종가 제례에도 일부 수용되었다. 종가 제사의 경우 날고기를 편을 떠서

이욱, 〈조선 시대 왕실제사와 제물의 상징〉, 《종교문화비평》 20, 2011.

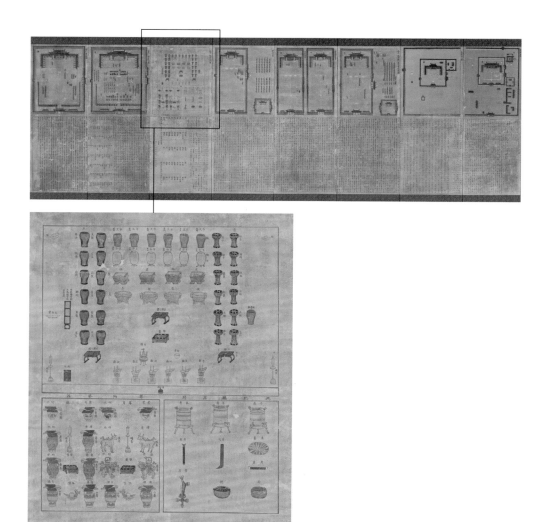

종묘친제규제도설병풍宗廟親祭規制圖說屛風　　종묘의 주요 건물과 이곳에서 거행되는 주요 의식의 절차, 제례를 위한 상차림 등을 설명하는 그림과 글로 이루어진 병풍. 제2폭과 제3폭에는 종묘에서 봄·여름·가을·겨울·납일臘日 등 오향五享에 왕이 직접 드리는 대제를 비롯하여 그 외의 여러 가지 소규모 제사에 대해, 제5폭과 제6폭은 제사의 절차 및 제상祭床과 준소상尊所床 등 상차림에 대해 자세하게 풀어썼다. 그림은 정전 각 신실의 상차림인〈설찬도設饌圖〉, 신실 앞 준소상에 배설되는 제기를 그린〈준소제기樽所祭器〉, 희생을 잡고 조리는 데 쓰이는 기구를 그린〈전사청기용典祀廳器用〉이 포함된 제6폭〈오향친제설찬도五享親祭設饌圖〉. 국립고궁박물관 소장.

그대로 제례상에 올리는 일이 많다. 혈식을 통한 희생 제의적 성격과 태고성을 중시하는 종묘 제례 상차림의 유교적 특징이 현재까지 이어진 것이다. 물론 이렇게 상에 올린 날고기들은 제사에 참여한 사람들이 나누어 가지고 가거나 나중에 다시 요리하여 먹게 된다.

조선 왕실의 제사 중 종묘 제례는 대사에 포함되고, 경복궁 문소전과 왕릉에서 지내는 기제사는 속제俗祭에 속한다. 속제는 경전에 따른 종묘 제향과 같은 정례 혹은 고례가 아니었고 종묘 제례와는 찬물에서 다소 차이를 보인다. 조선 왕실의 제사 중 왕릉의 제사 시 찬물의 성격을 보면 소식素食고기반찬이 없는 밥의 모습이 엿보인다.

왕릉 제향에 올리는 제물은 대개 산자, 다식, 중박계, 과실, 떡 및 탕과 술 등이었다. 이 중 가장 특징적인 것이 기름과 밀가루와 꿀 등의 재료로 만드는 산자, 다식, 중박계 같은 유밀과류다. 이는 고려 시대 불교의 유습이다. 유밀과류가 종묘 제례의 혈식과 공존할 수 없었음에도 속제에서 함께 양립했다는 것은 소식 전통이 능을 수호하는 사찰에서 만들어졌기 때문이다. 특히 차와 함께 마시는 과자류인 유밀과를 중심으로 한 고려 시대의 소식 전통은 불교를 배척하던 시기에도 계속되었다.

불교를 국교로 한 고려 시대까지만 해도 차 문화는 매우 중요한 위치를 차지했다. 고려 시대 차는 팔관회나 공덕제 등 불교 의식의 필수품이었고, 다식 때에는 왕이 신하에게 차를 내리는 사다식謝茶式과 신하가 왕에게 차를 올리는 헌다식獻茶式이 뒤따랐다. 이처럼 고려 시대에 차가 통치 이념인 불교의 상징이었다면, 불교를 배척하고 유교를 통치 이념으로 내세웠던 조선 시대의 경우 궁중에서 차 마시

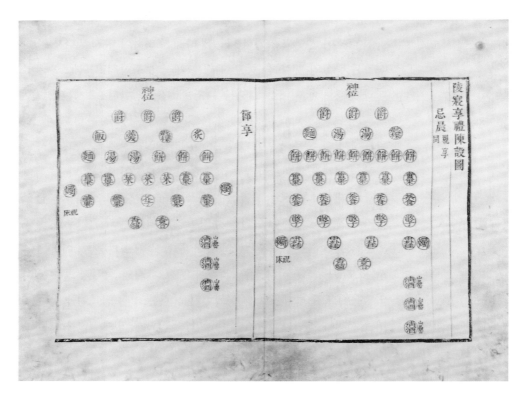

능침향례진설도陵寢享禮陳設圖　조선 시대 왕과 왕비의 왕릉에서 거행하는 향례享禮에 소용되는 제물의 종류와 진설 위치를 그린 그림.
제수祭需(제사에 사용되는 음식물)를 원형으로 표시하고 그 안에 제수명을 적고 있다. 보통 산자, 다식, 중박계, 과실, 떡, 탕, 술 등을 왕릉
제향에 올렸다. 국립고궁박물관 소장.

는 문화가 점차 자취를 감춘다. 하지만 조선 왕실 제사 음식에는 그 흔적이 남아 있다. 왕실 제례는 '다례茶禮'라 불렸으며, 음식발기에도 제사를 '다례'로 기록하고 있다. 차에 곁들이는 과자류인 '다식茶食' 또한 고려에서 그대로 이어져 조선 시대의 제사에도 반드시 올랐다. 다식은 주로 밤가루·송홧가루·콩가루·녹말가루·참깨가루 또는 볶아서 말린 멥쌀가루 등을 꿀에 반죽하여 무늬가 새겨진 다식판에 박아 만든다.

문소전의 제례 음식

조선 왕실에서는 선왕이 사망하면 시신을 빈전에 모셨다가 능에 안치하고 신주를 받들어 혼전에 모시고 제향을 지낸다. 상례 기간이 끝나 신주를 종묘에 옮기면 신주를 모신 종묘와 시신을 모신 왕릉 모두가 선왕의 제향 공간이 된다. 선왕의 제향은 종묘와 왕릉 이외에도 여러 장소에서 이루어졌다. 대표적인 공간이 궁궐 내에 있던 문소전이었다. 문소전은 궁궐 내에서 왕실과 가장 가까운 위치에 있었는데 실제 국왕의 친향이 이루어지던 사당으로 왕실 제향에서 매우 중요한 곳이었다. 이런 점에서 문소전에 차리는 제물을 살펴보는 것도 의미가 있을 것이다.

문소전의 제례 음식은 앞서의 종묘제와 왕릉의 제물 진설과는 다소 달랐다. 산릉과 동일하게 소선을 중심으로 차려졌으나 찬품 중에서 잡탕 여섯 그릇을 조리할 때 산릉에서는 소선素膳 생선이나 육류를 쓰지 않은

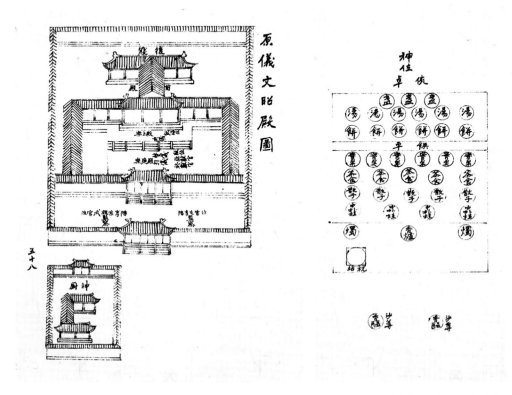

문소전文昭殿　조선 태조의 비妃인 신의왕후 한씨神懿王后 韓氏(1337~91)의 사당. 1396년(태조 5)에 지어 신의왕후의 위패를 모신 뒤 인소전仁昭殿이라고 했으며 1408년(태종 8)에 문소전文昭殿으로 고쳤다. 이후 1435년(세종 15)에 태조와 태종의 위패를 모셨다. 종묘와 왕릉 외에 선왕의 제향이 이루어지던 대표적인 사당이었다. 그림은 문소전의 모습을 묘사한 〈원의문소전도原儀文昭殿圖〉와 문소전에 차린 제물을 확인할 수 있는 〈원의문소전의묘사시속절原儀文昭殿儀廟四時俗節〉。《춘관통고春官通考》(1788) 제28책에 수록되어 있다. 서울대학교 규장각한국학연구원 소장.

^{간소한 반찬}을 사용하는데 문소전에서는 소선이 아닌 육선을 사용했다. 왕릉의 제향과는 구별되는 문소전의 찬물이었다.

찬물은 유밀과를 중심으로 차려졌으나 산릉과 달리 문소전의 탕은 육선과 소선을 같이 사용하는 방식이었다. 이는 돌아가신 부모님을 살아계실 때와 같은 방식으로 모신다는 효 실천의 의미를 담은 것이었다. 고기류를 올리는 육선에는 종묘 제례에서 보이는 신에게 바치는 혈식이 아니라 생전에 드시는 일상식을 잘 차려 대접한다는 생각이 강하게 반영되어 있었다. 생전에 부모님께서 드신 음식을 사망 시에도 계속 올리는 효의 실천이 무엇보다 중요했던 것이다. 문소전에서 같은 속례의 범주에 있는 왕릉과 다소 다르게 고기류를 포함하는 육선의 제물 구성을 보인 것에도 이러한 생각이 녹아 있다. 고기를 잘 차려 대접하는 것이 효의 실천에서 중요하다는 조선 왕실의 효도관이 담긴 것이다.

조선 말기의 제사상차림

그렇다면 조선 말기의 제사상차림은 구체적으로 어땠을까? 《이조궁정요리통고》(1957)에서 소개한 왕실 제사상차림을 통해 살펴보자.

《이조궁정요리통고》에 따르면 조선 말기에는 엄격했던 왕실 제례 전통이 차츰 유연해지기 시작한다. 먼저 능행陵幸의 행사를 살펴보면, 국왕이 선왕의 능에 문안차 방문하는 '봉심'에서 왕에게 올리는 수라를 '내찬內饌'이라고 하는데 내전 주방에서 차려 나간다. 수라 이

외의 제물을 뜻하는 '외찬外饌'은 왕실에서 제사를 지낼 때 쓰이는 음식을 만들어 바치던 봉상소奉常所•에서 차리는데 제물로는 주酒, 과果, 포浦 등 간단한 것으로 했다.

봉상소는 궁중에서 제사를 지낼 때 쓰이는 음식을 만들던 곳으로 서울 서대문구 새문안교회 뒷골목에 있었다.

〈표 2〉 제물상

	제물	기명	음식명
1	젯메[祭飯]	반기(은기, 유기, 사기)	쌀밥
2	삼탕三湯	탕기(은기, 사기, 유기)	소탕, 육탕, 어탕
3	삼적三炙	제기(유기 또는 목기)	소적, 육적, 어적
4	채소菜蔬	보시기(유기 또는 사기)	삼색나물
5	김치[沈菜]	보시기(유기 또는 사기)	동침채
6	청장淸醬	종지(유기 또는 사기)	청장, 초장
7	청밀淸蜜	종지(유기 또는 사기)	꿀, 조청
8	편片	제기(유기 또는 목기)	백편
9	포脯	제기(유기 또는 목기)	북어, 건대구, 건전복, 건상어, 암치, 오징어, 육포
10	유과油果류	제기(유기 또는 목기)	중박계, 산자. 채소강정, 매작강정, 소강정
11	당속糖屬	제기(유기 또는 목기)	옥춘, 오화당, 원당, 빈당, 매화당, 각당
12	다식茶食	제기(유기 또는 목기)	녹말, 송화, 흑임자
13	전과煎菓	제기(유기 또는 목기)	연근, 생강, 유자
14	실과實果	제기(유기 또는 목기)	생실과, 숙실과
15	제주祭酒	주병	청주
16	갱수更水	대접	숭늉
17	시접匙楪	시저	수저
18	모사茅沙	모사기	
19	위패位牌		
20	향로向路		
21	촉대燭臺		

* 이 표는 《이조궁정요리통고》에 의거하여 재작성함.

돌아가신 날에 지내는 기제사에는 각색 제물을 높이 고여서 큰 제상을 차렸다. 기본 제물과 '오탕 오적五湯五炙' 혹은 '삼탕 삼적'에 '편', '포', '유과', '당속', '실과' 등을 제기은기, 유기 또는 목기로 굽이 높은 것에 높이 고였다. 현재 종가의 제사상차림과 상당히 유사했는데 오히려 최근의 상차림이 좀 더 화려하다. 사실 조선 전기와 중기의 제례상차림은 채소 찬 위주로 차리는 소식의 형태가 일반적이었고 고기는 조상에 대한 효의 실천 차원에서 탕에 사용한 정도였다. 그러니 다시 검박했던 과거의 전통에 따라 간소하게 차리는 것이 오히려 더 조상을 위하고 전통에 맞는 상차림이 아닐까 생각해본다.

05

왕실 음식을 보여주는 고문헌들

고문헌, 왕실 음식 발굴의 토대

조선 시대 왕실 음식에 단서가 될 수 있는 고문헌들은 왕실 음식의 진정한 모습을 발굴하는 데 중요할 뿐만 아니라 문화 콘텐츠를 생성해낼 토대가 된다. 영화나 드라마를 통해 알려진 우리의 왕실 음식은 극히 일부에 지나지 않는다. TV 드라마 〈대장금〉은 중종을 간병한 대가로 의녀 대장금大將金에 녹과 곡물 등을 하사했다는 《조선왕조실록》 중종조의 기록이 단초가 되었을 뿐 옛 문헌과 기록에 등장하는 왕실 음식을 제대로 다루었다고 보기 어렵다.

그동안 조선 왕실의 음식 문화는 주로 잔치 관련 음식에 집중해 왔다.• 그러나 최근 조선의 식재료나 조리법, 식치 음식 등에 대한 인문학자들의 연구가 활발해지면서 왕실 음식 문화가 더욱 풍요로

이는 주로 이성우를 비롯한 식품학자들에 의하여 주도되었다(주영하, 〈조선왕조 궁중 음식 관련 고문헌 자료 소개〉, 《장서각》 30, 2013, 422~428쪽).

워졌다. 이러한 연구에는 단연 고문헌들의 역할이 중요하다.

《조선왕조실록》

조선 왕실의 공식 기록은 《조선왕조실록》에 담겨 있다. 《조선왕조실록》은 태조로부터 철종에 이르기까지 25대 472년간의 역사를 연월일 순서에 따라 편년체로 기록한 책으로서 총 1,893권 888책으로 구성되어 있다. 1974년에 국보 제151호로 지정되었고, 1997년에는 유네스코 세계문화유산으로 등재되었다.

《조선왕조실록》은 조선 왕실 음식을 연구하는 데 중요한 자료지만 실제 음식에 관한 기록은 많지 않다. 음식과 관련한 내용 중 가장 많이 등장하는 것이 감선減膳과 철선撤膳이다. 왕은 어느 마을에서 흉년이 들어 먹을거리가 걱정이라는 보고를 받으면 반찬의 가짓수를 줄이는 감선과 아예 수라를 받지 않고 상을 물리치는 철선을 하여 본인이 성왕聖王임을 보여 주고자 했다.[*] 《세종실록》〈지리지〉(1454)의 조선 초기 지방 특산물과 공물에 관한 기록은 당시 식재료를 짐작할 수 있게 한다. 조선 초기의 지리서로서 8권이 편찬되었는데 이후 성종 17년(1486)에 《동국여지승람東國輿地勝覽》으로 55권이 출간되고, 이후 중종 25년(1530)에 《신증동국여지승람新增東國輿地勝覽》으로 다시 증보되었다. 이 기록은 고려 말기부터 16세기에 이르는 식품사 사전으로 왕실 연회나 상차림 여기에 따른 예절도 소개되어 있어 당시 음식 문화 연구에 귀중한 자료[**]다.

주영하, 한식재단 기획, 《조선 왕실의 식탁》, 한림, 2014, 189쪽.

강인희, 《한국 식생활사》, 삼영사, 1989, 235쪽.

《승정원일기》

《승정원일기》는 1623년(인조 1)부터 1894년(고종 31)까지 270여 년 동안 승정원에서 처리한 왕명 출납, 제반 행정 사무, 의례적 사항 등을 기록한 일기다. 조선 왕조 초창기부터 기록되었을 것으로 보이지만 안타깝게도 인조 대 이전의 것은 임진왜란과 이괄李适의 난 등으로 인해 모두 소실되었다.

《승정원일기》는 《조선왕조실록》에 비해 조선 후기 왕실과 통치 관련해서 훨씬 상세한 편이다. 왕과 신하 혹은 내의원 소속 의관들이 음식과 약재에 대해 나눈 이야기도 구체적으로 나온다. 가령 조선의 역대 왕 중 가장 장수한 영조는 음식에 대해 다음과 같이 언급하기도 한다.

> 송이松茸, 생전복[生鰒], 아치兒雉어린 꿩, 고초장苦椒醬 이 네 가지는 각기 독특한 맛을 가지고 있다. 이것들 덕분에 잘 먹었다. 이로써 보면 내 입맛이 아직 완전히 늙지 않은 듯하다. •

《승정원일기》영조 44년 7월 28일(癸丑).

왕실 음식에 대해 《승정원일기》만큼 중요한 기록은 찾기 어렵다. 특히 왕이 자신의 건강 문제에 관해 신하들과 나눈 대화 내용이 고스란히 남아 있다. 왕의 건강은 국가의 안위와 직결되므로 왕의 섭생만큼 중요한 것은 없었다. 그래서 왕과 내의원 제조는 늘 무엇을 먹었는지, 입맛은 어떤지 묻고 답했다. 주목할 부분은 여기에서 당시 왕실 음식 관련 식재료와 조리 과정 등에 관해 알 수 있다는 점이다. ••

정병설, 〈수라의 진어 과정과 영조의 일상 식사: 승정원일기를 중심으로〉, 한국학중앙연구원 조선왕조궁중 음식고문헌연구단, 《조선왕조궁중 음식고문헌 심포지엄 자료집》, 2012.

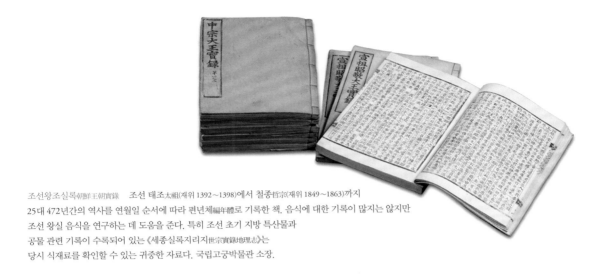

조선왕조실록朝鮮王朝實錄   조선 태조太祖(재위 1392~1398)에서 철종哲宗(재위 1849~1863)까지
25대 472년간의 역사를 연월일 순서에 따라 편년체編年體로 기록한 책. 음식에 대한 기록이 많지는 않지만
조선 왕실 음식을 연구하는 데 도움을 준다. 특히 조선 초기 지방 특산물과
공물 관련 기록이 수록되어 있는 《세종실록지리지世宗實錄地理志》는
당시 식재료를 확인할 수 있는 귀중한 자료다. 국립고궁박물관 소장.

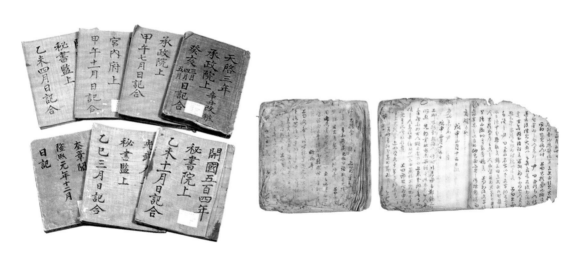

승정원일기承政院日記   조선 시대에 왕명王命의 출납出納을 관장하던 승정원에서 매일매일 취급한
문서文書와 사건을 기록한 일기. 왕실 음식에 관해서는 《조선왕조실록》보다 상세하다. 특히 왕이 자신의 건강 문제에 대해
신하들과 나눈 문답은 왕실 음식의 식재료와 조리 과정 등을 유추할 수 있게 한다.
출처: 문화재청. 국립중앙박물관 소장.

의궤류

의궤儀軌는 의식儀式과 궤범軌範을 합한 말로 의식의 모범이 되는 책을 말한다. 왕실의 중요한 행사를 글과 그림으로 정리, 기록했다. 조선왕조 의궤에는 유교적 전통에 따른 왕과 왕비의 결혼, 세자 책봉, 왕의 행차, 장례 등의 의례가 상세하게 기록되어 있다. 이는 유교 문화권에 속한 다른 나라에서는 볼 수 없는 독특한 기록 유산이다.

예컨대 연회식 의궤를 살펴보자. 연회식 의궤에는 잔칫상에 오르는 음식의 종류와 재료, 고임의 높이, 기명, 상화 등이 기록되어 있어 왕실 음식을 연구하는 데 큰 도움을 받을 수 있다. 왕실의 연회식 의궤로는 《진연의궤進宴儀軌》, 《진찬의궤進饌儀軌》, 《진작의궤進爵儀軌》 등이 전해진다. 《진연의궤》는 조선 시대 국가적 경사가 있을 때, 《진찬의궤》는 왕, 왕비, 왕대비의 기념일이 있을 때, 《진작의궤》는 왕, 왕비, 왕대비 등의 작위를 높일 때 존호와 음식을 행하면서 행한 왕실 연회의 내용을 담고 있다. 인조 대 왕실 잔치를 뜻하는 '풍정豊呈' 의식을 정리한 《풍정도감의궤》도 남아 있지만 조선 후기에 이르러서는 '진연'과 '진찬'이라는 말이 왕실의 잔치 의식을 가리키는 대표적인 용어가 되었다.

〈표 3〉은 의궤를 통해 현재까지 전승되는 조선 후기 왕실 연회를 정리한 것이다. 연회식 의궤는 주로 서울대학교 규장각 한국학연구원과 한국학중앙연구원 장서각에 소장되어 있다.

《진찬의궤》, 《진연의궤》, 《진작의궤》 외에 국왕 및 왕세자의 혼례 절차를 기록한 《가례도감의궤嘉禮都監儀軌》, 국왕과 왕비의 상사喪事

관련 의식을 기록한 《빈전혼전도감의궤殯殿魂殿都監儀軌》, 종묘사직
및 각 능의 제기 제작을 기록한 《제기도감의궤祭器都監儀軌》 등에도
음식과 식기구 관련 내용이 나온다. 그러나 의궤에는 음식명과 고이
는 높이, 소용된 식재료와 분량 등의 기록은 있으나 조리하는 방법
이 없어 기록된 음식을 현대에 제대로 재현하기에는 어려움이 많다.

〈표 3〉 조선 후기 왕실 연회 의궤 목록

의궤명	연도	연회 내용	장소
풍정도감의궤	1630년(인조 8) 3월	인목대비 진풍정	인경궁
숙종기해진연의궤	1719년(숙종 45) 9월	숙종 망육, 기로소 입소	경희궁
영조갑자진연의궤	1744년(영조 20) 10월	영조 망육, 기로소 입소	경희궁
영조을유수작의궤*	1765년(영조 41) 10월	영조 망팔(71세)	경희궁
원행을묘정리의궤	1795년(정조 19) 윤2월	혜경궁 회갑	화성
기사진표리진찬의궤	1809년(순조 9) 2월	혜경궁 관례 회갑	창경궁
자경전진작정례의궤	1827년(순조 27) 9월	순조 중궁전 상존호	창경궁
순조무자진작의궤	1828년(순조 28) 2월	중궁전(명경왕후) 사순	창덕궁
순조기축진찬의궤	1829년(순조 29) 2월	순조 사순	창경궁
헌종무신진찬의궤	1848년(헌종 14) 3월	대왕대비 육순, 왕대비 망오	창경궁
고종무진진찬의궤	1868년(고종 5) 12월	대왕대비 환갑	경복궁
고종계유진작의궤	1873년(고종 10) 4월	강령전 재건, 대왕대비 책봉 40년	경복궁
고종정축진찬의궤	1877년(고종 14) 12월	대왕대비 칠순	창경궁
고종정혜진찬의궤*	1887년(고종 24) 1월	대왕대비 팔순	경복궁
고종임진진찬의궤*	1892년(고종 29) 9월	고종 망오, 등극 30년	경복궁
고종신축진찬의궤	1901년(광무 5) 5월	명헌태후(헌종 계비) 망팔	경운궁
고종신축진연의궤*	1901년(광무 5) 7월	고종 오순	경운궁
고종임인진연의궤*	1902년(광무 6) 4월	고종 망육, 기로소 입소	경운궁
고종임인진연의궤*	1902년(광무 6) 11월	어극 40년	경운궁

주) *는 발기가 존재하는 의궤.

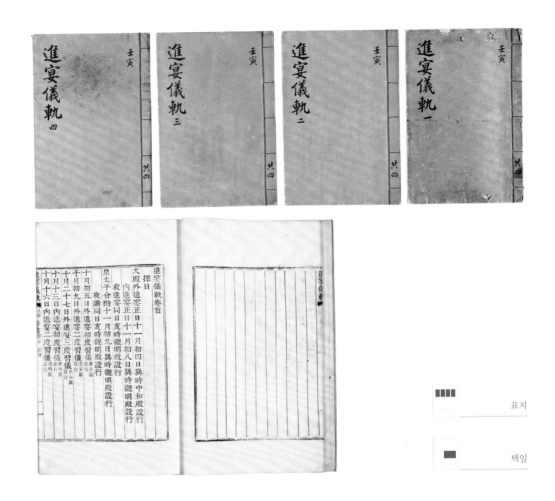

진연의궤進宴儀軌　　조선 시대 국가에 경사가 있을 때 궁중에서 베푸는 연회에 관한 전말을 기록한 책. 진연의 발의로부터 진연설행의 절차·인원·물목 등 여러 부서의 집행 기록, 진연 후의 행사 등이 상세히 적혀 있다. 국립중앙박물관 소장.

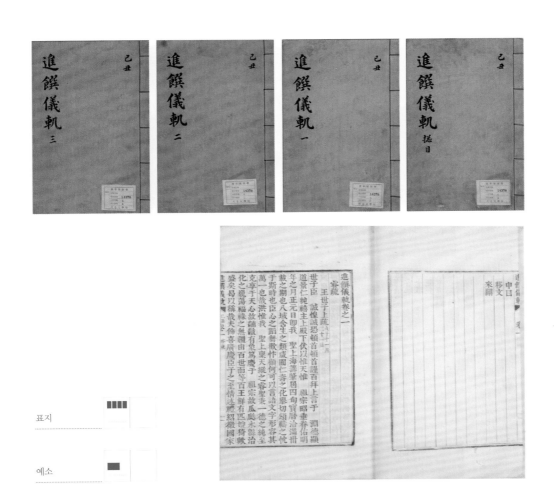

표지

예소

진찬의궤進饌儀軌　조선 시대에 왕·왕비의 생일을 기념하기 위해 베푼 진찬을 행한 기록. 진찬례를 베풀게 된 경위와 사정, 준비 과정에서 있었던 논설 등이 상세히 기록되어 있다. 조선 후기 궁중 향연의 의식을 아는 데 참고가 된다. 서울대학교 규장각한국학연구원 소장.

가례도감의궤嘉禮都監儀軌　　조선 국왕과 왕비, 왕세자와 왕세자빈의 가례嘉禮에 관한 사실을 그림과 문자로 정리한 의궤. 조선 왕실을 구성하는 주인공들의 혼례 과정을 그림과 문자로 상세히 정리해 놓았다. 특히 국왕이나 왕세자가 별궁으로 가서 왕비나 왕세자빈을 맞이하여 궁으로 돌아오는 행렬을 그린 친영 반차도는 기록적 가치가 크다. 국립중앙박물관 소장.

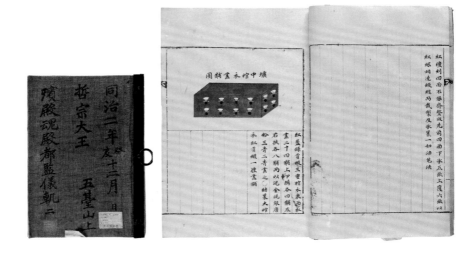

빈전혼전도감의궤殯殿魂殿都監儀軌　　《빈전혼전도감의궤》는 조선 시대 왕이나 왕비 등의 상사에 관한 제반 의식·절차를 기록한 책이다. 그림은 1863년(고종 즉위년) 12월 8일에 창덕궁昌德宮 대조전大造殿에서 승하한 철종哲宗(재위 1849~63)의 국상을 거행하기 위해 설치한 빈전혼전도감殯殿魂殿都監에서 준비하고 거행한 사실들을 기록한《철종빈전혼전도감의궤哲宗殯殿魂殿都監儀軌》다. 국립고궁박물관 소장.

등록류

등록謄錄은 관청에서 조치하여 행한 일이나 사실 가운데 중요한 것을 주무관서에서 그대로 적어서 만든 책인데 여기에도 음식 관련 기록이 나온다. 1764년에 선희궁에서 영조의 후궁이자 사도세자의 생모인 영빈 이씨의 신주를 봉안하는 묘사인 별다례를 지냈는데 여기에 쓰인 제물 품목을 적은 《별다례등록》이 대표적이다. 제물로 올린 음식의 진설도陳設圖와 음식명, 식재료가 기록되어 있다.

이소영·한복려, 〈삭망다례등록에 기록된 궁중 음식에 관한 분석적 고찰〉, 《한국식생활문화학회지》 31(4), 2016, 300~324쪽.

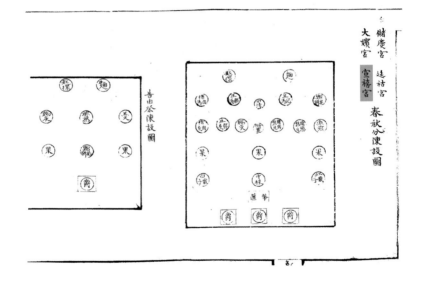

저경궁·대빈궁·정호궁·선희궁 춘추분제진설도儲慶宮 大嬪宮 延祜宮 宣禧宮 春秋分祭陳設圖　선희궁宣禧宮은 조선 영조(재위 1724~1776)의 후궁이자 사도세자의 어머니인 영빈 이씨의 신주를 모시고 제사지내던 왕실의 사묘다. 그림은 저경궁, 대빈궁, 정호궁과 선희궁에서 춘분과 추분에 지내던 제사상에 제물로 올린 음식을 그린 진설도. 한국학중앙연구원 장서각 소장.

궁중에서는 왕, 왕비, 대비 등의 탄일, 사순, 망오41세, 오순, 망육51세, 회갑 등 특별한 날이나 국왕이 기로소耆老所*에 입소하거나 국왕에 존호를 올리는 날에 연회를 베풀었다. 연회에 대한 윤허가 내려지면 행사의 진행을 맡을 임시 관청인 '도감'이 설치된다. 보통 도감에서는 수개월 전부터 절차를 의논하며 물자 구입과 잔칫날의 식순, 무용, 노래, 음식 등을 준비했다. 이 도감에서도 행사의 모든 과정을 일별로 기록하는 등록**을 작성했는데, 연회 이후 등록의 도식과 자료들을 바탕으로 의궤를 만들었다.

조선 시대에 일흔 살이 넘는 정이품正二品 이상의 문관文官들을 예우하기 위해 세운 기구.

이소영·한복려, 〈내외진연등록을 통해 본 궁중 음식에 관한 분석적 고찰〉, 《한국식생활문화학회지》, 27(2), 2012, 128~141쪽.

진설도류

왕실의 각종 의례에서 진열한 음식을 그림으로 기록한 의례 진설도류가 있다. 〈설찬도設饌圖〉나 〈제향홀기급진설도원고祭享笏記及陳設圖原稿〉 같은 자료가 대표적이다. 이를 통해 궁중 제례에 사용된 제수를 기록한 상차림을 확인할 수 있다.

등록 중 하나인 《내외진연등록內外進宴謄錄》에는 1902년 11월 4일 중화전에서 거행된 외진연에서 대전과 황태자에게 올린 찬품 배설을 도식화한 〈외진연설찬도外進宴設饌圖〉가 포함돼 있다. 〈외진연설찬도〉는 찬품만을 확대해 그린 상차림 그림으로 왕실 연회의 상차림을 엿볼 수 있는 자료다.

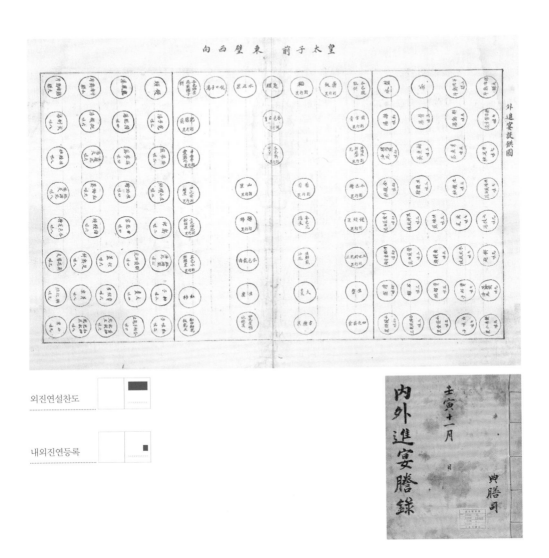

외진연설찬도外進宴設饌圖   1901년 음력 7월 25일 고종 50주년 생일, 1902년 4월 기사耆社 및 진연지절進宴之節, 1902년 11월에 황제황극皇帝皇極 50주년 등의 행사에 필요한 준비 및 제반절차에 관한 기록을 등록謄錄한 것이다. 외진연外進宴, 내진연內進宴 등으로 나누어 기재했다. 〈외진연설찬도外進宴設饌圖〉는 1902년 음11월 4일, 8일에 있었던 내외진연內外進宴을 기록한 《내외진연등록內外進宴謄錄》 권3에 수록되어 있다. 1900년대 초 왕실 연회의 상차림에 관한 윤곽을 파악할 수 있다. 서울대학교 규장각한국학연구원 소장.

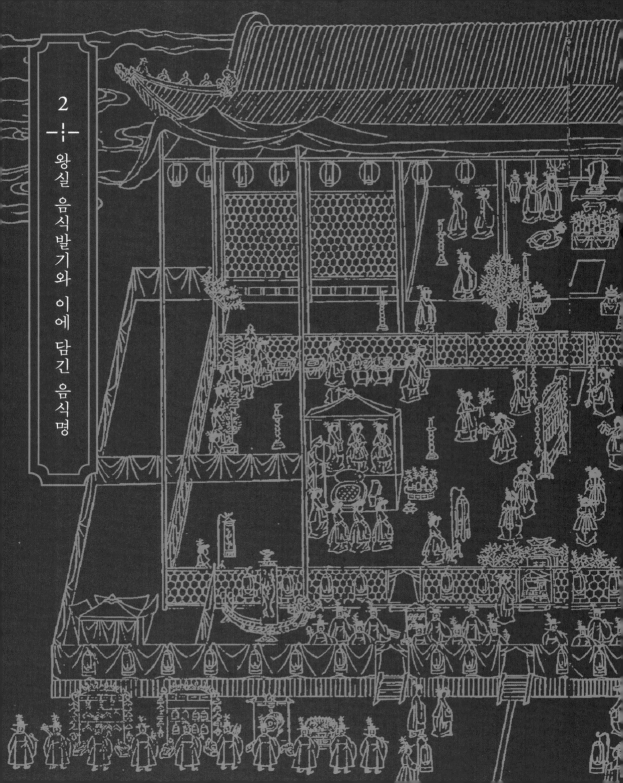

2

왕실 음식발기와 이에 담긴 음식명

01

왕실 음식발기는 무엇인가

발기란?

우리에게 익숙하지 않은 발기는 조선 왕실에서 궁중 의례儀禮에 사용되는 물품, 수량, 인명 등을 기록한 고문서를 지칭하는 용어다. 조선 왕실 고문서 중 한글 발기는 대부분 '볼긔'로 쓰여 있다. 간혹 한문 발기도 보이는데, 한자로는 發記, 撥記, 件記건기라고 쓴다. 발기는 대개 진상進上, 봉상捧上, 하사下賜일 경우에는 현물과 동시에 작성하고 그 외의 경우에는 사후에 쓰인 것으로 보인다. 궁중발기는 궁중에 비치해 두는 물품 명세서, 진상이나 납품발기는 현품의 품목을 적은 단자라는 뜻이다. 궁중발기를 최초로 연구한 김용숙●은 궁중 풍속을 살피기 위해 당시 한국정신문화연구원현 한국학중앙연구원의 장서각에 소장되어 있던 721통의 발기를 부분적으로 분석한 바 있다.

김용숙, 《궁중발기의 연구》, 향토서울 18권, 서울역사편찬원, 1963.

음식발기 연구 현황

궁중발기 중에서 음식발기飮食發記는 진찬이나 진연 혹은 각종 제사, 생신, 길례, 진지, 다례 등에 차리는 음식 목록이나 참석자의 직책과 그들에게 내린 음식상의 종류 등을 적은 문건을 말한다.

　현재까지 알려진 음식발기는 시기에 따라 대체로 다음과 같이 나눌 수 있다. 김용숙은 1819년부터 1919년까지의 약 100년간의 발기가 있다고 했다. 이 발기 중에서 음식발기는 철종 14년(1863)의 발기가 가장 오래된 것이다. 이 음식발기 외에도 고종 연간에 행해진 각종 행사에 올린 음식의 종류를 적은 것과 참석자에게 내린 음식의 종류를 적은 것, 고종의 국장國葬이 이루어진 1919년 이후 만 2년 동안 왕실에서 행해진 상식上食에 올린 음식발기도 있다. 식민지 시기인 이왕직 때 왕실에서 행해진 각종 행사에 오른 음식명이나 참석자 명단 및 제공된 음식 종류를 적은 발기 등도 남아 있다.[•] 1911년에서 1926년까지의 발기도 있으며 이후 1941년까지의 음식발기도 남아 있다. 1937년 순종효황제 탄일 접대 관련 음식발기는 종이에 전반은 모필로, 후반은 펜으로 적어 놓았다.

　1986년에 이성우가 연구 조사한 한국학중앙연구원 장서각 소장 음식발기는 137건이었다. 이후 꾸준한 발굴 작업으로 현재 장서각에 소장된 궁중 음식 관련 고문헌 중 의궤류와 서적을 제외한 자료는 발기류 177건, 단자류 24건, 기타 자료 16건 등 총 217건에 달한다.[••] 이 발기들은 한국학중앙연구원의 조선왕조궁중 음식고문헌 연구단의 한식재단연구용역사업을 통해 해제 작업이 이루어져서 한

● 주영하, 《조선 왕실의 식탁》, 194쪽.

● 김향숙, 〈장서각 소장 발기류의 서지적 특징〉, 한국학중앙연구원 조선왕조궁중음식고문헌연구단, 《조선왕조궁중음식고문헌 심포지엄 자료집》, 2012, 85∼98쪽.

www.hansik.org

이성우, 〈조선조의 궁중 음식건기에 관한 고찰〉, 《한국식생활문화학회지》 3(1), 1988.

박용식, 〈경상대학교 도서관 소장 궁중 음식발기에 대하여〉, 한국학중앙연구원 조선왕조궁중 음식고문헌연구단, 《조선왕조궁중 음식고문헌 심포지엄 자료집》, 2012.

식재단의 한식아카이브를 통해 일반인들에게 공개되고 있다.[*] 이외에도 궁중 음식연구원과 풀무원김치박물관 등에서 20여 건을 소장하고 있는데 이 발기들은 이성우에 의해 공개된 바 있다.[**]

한편 경상대학교 고문헌 도서관인 문천각에 재일교포 허영중 씨가 기증한 205건과 효덕뎐 인명발기 1건 등 총 206건이 있다. 왕실 음식발기 205건은 고종과 명성황후의 아침저녁 상식과 다례 음식 목록으로 모두 한글 궁체로 기록되어 있다.[***]

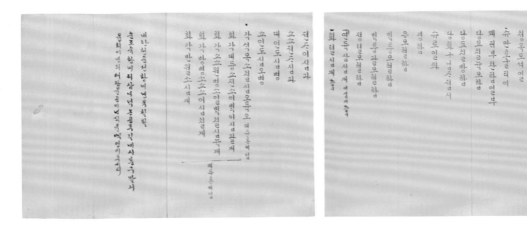

덕온공주 혼수발기德溫公主婚需件記   순원왕후가 덕온공주에게 준 혼수 물품 목록이 기록된 발기.
5미터가 넘는 종이에 노리개, 비녀, 댕기 등의 장신구부터 사발, 대접, 가위 등의 살림용품까지 다양한 혼수품들이
기록되어 있다. 국립한글박물관 소장.

   덕온공주 혼수발기

순원왕후 음식발기

순원왕후 음식발기純元王后飮食件記
순원왕후가 23세에 세상을 떠난 덕온공주 제사에
보낸 음식발기. 국립한글박물관 소장.

02

왕실 음식발기의
분류와 특징

접대식발기와 제사식발기

원래 음식발기 관련 논의에서는 김용숙이 명명한 '궁중 음식발기'라는 용어가 쓰였다. 그러나 최근 대궐 안이라는 뜻의 '궁중'이 학술 용어로 적당치 않다는 견해가 제기되면서 궁중 음식 대신에 왕실 음식이라는 표현을 많이 쓰는 추세다. 따라서 이 책에서는 '왕실 음식발기'로 용어를 통일해 사용한다.

이성우는 왕실 음식발기를 접대식과 제사식으로 분류해 체계화했다.[•] 발기를 너무 단순화해서 분류했지만 음식발기 연구의 중요한 출발점이 되었다. 접대식발기는 총 92건으로 관례, 가례, 사찬賜饌, 병후 회복 축하, 각종 경사 시에 내리는 접대식 상차림의 구성을 보여준다. 왕자 척垌종의 혼례를 위한 가례발기에서부터 고종과 순종의

● 이성우, 〈조선조의 궁중음식 건기에 대한 고찰〉, 《한국식생활문화학회지》 3(1), 1988.

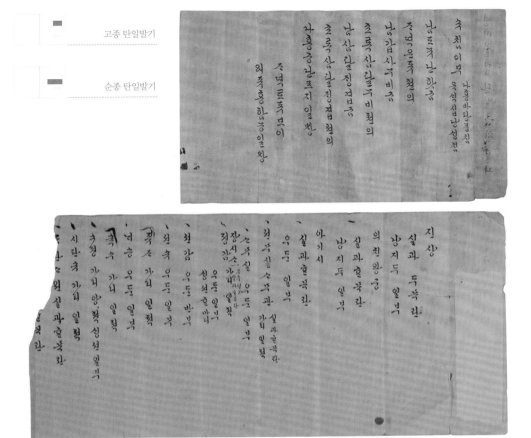

고종 탄일발기

순종 탄일발기

탄일발기誕日件記 ▲1907년 7월 고종의 탄신일에 올려진 진상품 등을 기록한 발기. 이불 등의 내역이 기록되어 있다. 국립민속박물관 소장. ▼1922년 2월 순종의 탄신일에 순종과 의친왕에게 올린 점심상 차림을 기록한 발기. 실과 등을 진상한 내역이 기록되어 있다. 국립민속박물관 소장.

탄일 관련 발기 등이 그 예다. 특히 고종7월 25일과 순종2월 19일의 탄일발기는 다수가 전하는데 조선 후기 왕실에서 설 다음으로 큰 명절이었다고 한다.

접대식발기 중에는 공을 세운 사람들에게 내리는 사찬상발기도 눈에 띈다. 왕자의 삼칠일과 백일에 왕자궁에 보낸 사찬상, 조대비의 팔순 잔치를 기념하여 내린 사찬상, 영친왕의 천연두 회복을 축하하는 사찬상발기 등이 있다. 그 외에도 가례도감에 사찬한 발기와 여러 관직에 사찬한 발기도 있다.

다음으로 왕실 제사식발기는 총 70건으로 다례나 상식上食 시의 음식상 구성을 알 수 있다. 특히 1919년 1월 21일 고종 승하 후의 상식·다례발기는 조선 후기 일상식 연구에 매우 중요한 자료다.

제사식발기 중에는 태조·세조·원종·숙종·영조·순조의 어진御眞을 모셨던 영희전永禧殿에 올리는 다례 관련 사항을 기록한 다례발기부터 종친이 상왕, 왕대비, 대왕대비, 왕, 왕세자 등에게 종친이 제전을 올리는 진향進香 관련 내용을 적은 진향발기도 있다. 빈소를 만드는 성빈다례, 처음으로 상복 착용 후 제물을 차리고 지내는 제례인 성복다례의 단자뿐만 아니라 조상식, 주다례, 석상식을 올리는 단자도 제사식발기에 속한다.

낭연마마
동궁마마
왕디비마마
빈마마라
슬화주가
진찬당샹산원 각의샹
　낭쳥쳘원 각의샹

슝지뎐샹일
슈각뎐샹일
각신뎐샹이
옥당뎐샹일
슬방뎐샹이
제방뎐샹이
겁른슬방뎐샹상이
디하슬방뎐샹샹상
　　　죠샤뎐샹샴
슬닉샹샨십샹
경슈평디리

사찬상발기賜饌床件記
사찬상은 왕이 하사한 음식상으로
사찬상발기에는 이 사찬상에 무엇을 내렸는지 상세한 내역이 기록되어 있다.
한국학중앙연구원 장서각 소장.

행
죄쵹

효근뎍행신쵹 일쳥
너악라 일긔
너냑식샤라 일긔
너만두라 일긔
어락제어려
홍인화연샤라 일긔
빅인화연샤라 일긔
홍빙샤라 일긔
빅빙샤라 일긔
홍쵀강반 간쳥 일긔
빅쵀강반 간쳥 일긔
한인요각샤라일긔
각셕갓샤라일긔
죄염라 일긔
각셕쳘옥일긔
경안　일긔
녀지　일긔
사낭

제사식발기祭祀食件記
다례나 상식 시의 음식상에
어떤 음식이 올랐는지 구체적인 내역을 담고 있다.
한국학중앙연구원 장서각 소장.

03

왕실 음식발기에는
어떤 음식들이 나오는가

왕실 음식발기를 통해 본 왕실 음식

조선 왕실에서 먹었던 음식들이 무엇이었는지는 많은 이들의 관심
사다. 왕실 음식이라 하면 무언가 귀하고 맛있는 고급 음식으로 보
기 때문일 것이다. 음식 마케팅을 할 때 소비자의 관심을 끌기 위해
'궁중진상품'이라는 표현이 자주 쓰이는 것은 왕실 음식에 대한 이
런 인식이 반영된 결과다. 그러나 그런 음식이 왕실 음식이라는 근
거가 없는 경우도 많다. 이런 점에서 조선 말기와 대한제국기이기는
하지만 음식발기 속 음식명을 살펴보는 것이 조선 왕실 음식을 규명
하는 데 조금이나마 도움이 될 것이라 생각된다.

　왕실 음식발기를 들여다보면 어떤 것인지 추측하기 어려운 음식
뿐만 아니라 현재 우리가 먹는 음식들도 등장하여 흥미롭다. 여기서

이성우, 〈조선조의 궁중음식건기에 관한 고찰〉, 《한국식생활문화학회지》 3(1), 1988; 한복진·이성우, 〈조선조 궁중 탄일상발기의 분석적 연구〉, 《한국식생활문화학회지》 4(1), 1989.

는 왕실 음식발기를 중심으로 발기에 나오는 음식명을 전부 살펴보려 한다. 음식발기는 현재 일반에게 공개된 한국학중앙연구원 소장 발기를 중심으로 하고 개인이 소장 중인 고종의 조상식발기와 주다례발기를 추가로 들여다본다. 이 음식발기에 나오는 음식명들을 음식 군별로 분류해서 살필 예정이다.

물론 여기서 살피는 왕실 음식발기는 현재 남아 있는 음식발기로서 조선 왕실 음식 전부를 아우르지는 못한다. 음식명만 기록되어 있어 막연히 조리법을 상상할 뿐 구체적으로 어떤 음식인지 정확히 알 수 없는 음식도 많다. 이러한 한계에도 불구하고 왕실 음식발기의 음식명을 살피는 이유는 다음과 같다. 왕실의 음식 담당 궁인들이 직접 작성한 발기에 등장하는 음식명은 실제로 조리되어 상에 오른 음식이므로 무형의 것을 유형화할 수 있는 단서가 된다. 또한 이 음식발기 속 음식명들을 기존에 왕실 음식 텍스트로 많이 활용되어 온 조선 왕실 의궤 속 음식명과 비교해 봄으로써 왕실 음식 연구의 기초 자료로 활용할 수도 있다. 추후 이를 토대로 더 많은 연구가 이루어지기를 기대한다.

다음은 한국학중앙연구원과 개인 소장의 음식발기에 나오는 음식명을 분류한 표다(〈표 1, 2, 3, 4, 5, 6, 7〉 참조). 이를 살펴보면 일부 한자가 병기된 음식명이 나온다. 원래 발기에 한자로 기록된 것인데 이를 중시하여 그대로 두고 한글로 주를 달았다. 발기에서 같은 음식을 다르게 명기하거나 음식명을 잘못 쓴 경우도 있지만 원문에 충실하게 음식발기 원문을 그대로 정리해서 표로 만들었다. 그리고 음식명은 가나다순으로 정리했다.

주식류

우리 음식은 크게 주식과 부식, 그리고 떡과 과자류로 나눌 수 있다. 메인 디쉬 중심의 주요리로 구성되는 서양식과는 다른 방식이다. 먼저 왕실의 주식이 주로 무엇으로 이루어졌는지를 살펴보았다. 주식류로는 밥류, 죽류, 국수류, 만두류로 나눌 수 있다. 조선 왕실에서는 왕과 왕대비의 밥은 '수라'라고 불렀으며 그 외 왕족의 밥은 '진지'라는 표현을 썼다. 흰 찹쌀로 지은 밥은 점미수라, 팥물로 지은 찹쌀밥은 적두점미수라라고 했다. 마른 밥이라는 의미의 건반도 발기에 나온다.

왕실의 중요한 보양식 역할을 한 죽 종류를 살펴보면 우유와 찹쌀가루로 만드는 타락죽, 검은깨로 만드는 흑임자죽, 흰깨로 만드는 백임자죽, 잣으로 만드는 백자죽이 나온다. '의이'라는 음식명도 많이 나오는데, 응이라고도 하며 곡물을 갈아 물에 안쳐서 얻은 녹말로 엉기게 끓인 죽의 일종이다. 칡녹말로 엉기게 만드는 갈분의이, 녹두녹말로 만드는 녹말의이, 생강녹말을 내어 만드는 강분의이, 감자전분

〈표 4〉 왕실 음식발기 속 주식류

밥류	乾飯건반, 수라, 적두수라, 적두점미수라, 점미수라, 진지
죽류	갈분의이, 감자말의이, 강분의이, 녹말의이, 백임자죽, 백자죽, 범벅, 율모의이, 타락죽, 흑임자죽
국수류	냉면, 冷麵냉면, 면, 麵면, 면탕, 목면, 米麵미면, 사면, 細麵세면, 온면, 溫麵온면, 장국세면, 탕면
만두류	각색어만두, 만두, 饅頭만두, 병시, 생치만두, 생합어만두, 어만두, 魚饅頭어만두, 어만두탕, 胖饅頭양만두, 조아상화, 편수
떡국류	병탕, 餠湯병탕

으로 만드는 감자말의이, 율무로 만드는 율모의이 등도 등장한다.

국수도 다양한 종류가 소개되어 있다. 냉면, 온면, 사면, 세면, 장국세면, 탕면뿐만 아니라 목면이라는 국수도 나오는데 메밀가루를 원료로 한 것이다. 쌀로 만든 국수라는 의미의 미米면도 나오는데 조선 시대에 쌀로 국수를 뽑는 것이 가능했는지는 의문이지만 쌀로 만든 국수를 뜻한다.

만두류도 다양하다. 조선 시대 문헌에 등장하는 만두가 70여 종이상이라고 하는데 왕실에서도 비교적 다양한 만두를 먹었다. 만두피를 밀가루나 메밀가루로 만드는 만두, 병시, 편수 외에도 생선살을 활용해 만두피로 만드는 어만두와 각색어만두, 소의 내장인 양을 만두피로 사용하는 양만두, 만두 속 재료로 생합을 다져 만드는 생합만두, 다진 꿩 살을 속 재료로 활용하는 생치만두가 나온다. 조아상화라는 음식도 나오는데 상화, 즉 중국 원나라 때 유입된 찐빵의 일종으로 보이지만 확실하지는 않다. 떡국을 뜻하는 병탕이라는 음식도 등장한다.

부식류

조선 말기 왕실에서 먹은 부식류들을 조리법별로 분류하여 표로 제시했다. 익숙한 음식도 있지만 생소한 음식도 많이 보인다. 음식명을 잘 살펴보면 대개 식품 재료명이 들어가고 마지막에 조리법이 명기되므로 어떤 음식인지 짐작은 가능하다.

먼저 국물 민족이라고까지 불리는 우리에게 중요한 위치를 점하는 국과 탕류를 살펴보면, 다양한 재료로 만든 많은 탕 종류를 만날 수 있다. 고음탕, 가리탕^{갈비탕}, 육개장탕, 족탕 등 소를 주재료로 한 탕류부터 골손의 ^{두골}탕, 양소의 ^{내장}탕, 천엽볶기탕, 두태^{콩팥}볶기탕, 이자^{췌장}볶이탕, 내심^{안심}육탕 등 소의 내장을 이용한 다양한 탕이 나온다. 닭도 중요한 식재료였던 만큼 여름철 닭으로 만드는 초계탕^{닭국물에 도라지,} ^{미나리, 버섯 등의 재료를 넣어 밀가루와 달걀을 넣어 엉어리지게 끓인 탕}, 연계탕, 칠계탕, 진계^{묵은} ^닭탕 등 닭을 이용한 다양한 음식이 등장한다. 꿩을 재료로 한 생치탕도 나온다. 생선을 이용한 생선전탕^{생선의 살을 얇게 떠서 밀가루와 달걀을 씌워 지진} ^{후 소고기기장국에 넣어 끓인 탕}, 어탕, 도미탕, 백어^{뱅어}전탕, 석어^{조기}탕도 많이 먹었다. 생선감장^{감정}탕은 고추장을 이용한 지금의 생선매운탕을 뜻하는데 매운탕이라는 용어는 최근에 만들어진 것이다. 어패류를 주재료로 한 전복탕, 해삼탕, 튜복탕^{전복}, 굴탕, 홍합탕도 나온다.

채소를 주재료로 한 채소탕도 많이 등장한다. 토란탕, 배채탕, 속금배차탕, 남과^{호박}탕, 감자탕, 채소탕을 뜻하는 소탕, 쇠고기무국을 지칭하는 나복황볶기탕 등이 그것이다. 한 가지가 아닌 여러 재료를 섞은 탕도 나온다. 잡탕과 임자수잡탕에서의 '잡雜'은 여러 가지 귀한 재료를 섞어 만든 탕이라는 의미로, 왕실 음식명에서 자주 등장한다. 비슷한 탕으로 대표적인 궁중 음식인 금중탕이 있다. 닭고기, 쇠고기, 양, 전복, 해삼 등 여러 가지 귀한 재료를 넣고 끓인 탕으로 맛이 일품이다. 다양한 육류, 어패류, 채소들이 국의 재료로 활용되었음을 잘 보여주는 요리다.

다음으로 왕실의 대표 음식격인 신선로와 같은 전골류가 나온다.

면신선노는 면을 곁들여서 먹는 신선로로서 탕신선노, 신설로라고
도 한다. 구자탕, 열구자悅口子탕이라 부르기도 하는데 입을 기쁘게
한다는 의미다. 신선로는 한자로 신선로神仙爐가 아닌 '新設爐'라고
쓰여 있다. 조선 말 간행된 《해동죽지海東竹枝》에서는 백성들 사이에
서 전해지는 신선로의 유래를 소개하고 있다. 조선 중기의 문신 정
희량이 먹고 신선神仙이 되었다는 이야기인데, 신선로의 유래와는
상관이 없어 보인다. 조치는 찌개를 뜻하는데 왕실에서는 진어준치,
명란, 생합조치, 석어조기 등을 이용한 생선찌개를 즐겼다.

다음으로 찜蒸요리를 살펴보자. 잡찜은 여러 가지 고급 식재료를
넣어 찜으로 조리한 요리다. 닭으로 만드는 연계증, 연계찜이 있고,
꿩으로 만드는 전체수, 全稚首전치수가 있다. 떡찜은 쇠고기와 떡을 섞
어서 만든 요리이고, 소고기로 만드는 갈비찜대갈비찜, 갈비증, 완자찜이 있
으며, 돼지고기로 만드는 아졔증아져증도 있다. 어패류로 만드는 도미
증, 해게증, 해삼증, 도미증도미찜, 석어찜, 생석어찜이 있고, 다시마로
만든 것으로 보이는 티각찜티각증도 나온다.

조림류로는 장조림, 장육, 갈비조림, 우육조림, 안심, 사태, 도가
니조림과 계란장과달갈조림, 생석어조기, 생위어웅어, 명태, 생합조림이 나
온다. 왕실에서는 조림을 '조리니'라고 썼는데 조림과 비슷한 조리
법으로 '초炒' 음식도 많이 먹었다. 전복, 해삼, 홍합, 수어숭어, 곤자손
소대장 끝부분, 소의 양 등 귀한 재료를 간장에 조리다가 녹말 물을 뿌려
윤기 나게 조려내는 것이 초 요리다. 튜복추복은 두들겨가면서 말린
전복을 말한다. 전복의 한자어는 소리나는 대로 적었는데 '全鰒', '
顚覆'으로 다르게 기록되어 있다. 볶음요리도 여럿 나온다. 장볶음,

소의 내장인 두태^{콩팥}, 양, 간, 천엽볶기가 있다. 묵볶음으로는 청포볶기와 청포묵에 쇠고기를 넣어서 볶는 청포황볶기와 청포황육볶기가 나온다. 낙지, 세합, 생합을 사용한 어패류볶음도 있다. 무침요리로는 북어부침과 미역부침인 감곽무침이 나온다.

전유아도 빠지지 않는 왕실 음식이다. 생선전유아, 생합전, 해^게전, 대하전, 삼색전유어, 해삼전, 백어^{뱅어}전유아, 수어^{숭어}전, 삼색전유어, 낙제^{낙지}전유아, 生鮮蟹煎^{생선해전}이 나온다. 소의 내장을 이용한 양^胖전유아, 간전유아, 곤자손전유아, 천엽전유아, 만화^{비장}전, 육전유아도 있으며 쇠고기를 다져서 동그랗게 빚어 만드는 육원전도 나오고, 소 양을 곱게 다져 만드는 양원전, 닭고기살로 만드는 계원전도 나온다. 그리고 여러 가지 재료로 만드는 各色煎油魚^{각색전유어}, 달걀로 만드는 온란전, 온달걀전도 나오고 당귀잎으로 만드는 당귀엽전과 국화잎으로 만드는 국화엽전도 나온다.

다음으로 재료들을 꼬치에 꿰어 달걀물을 입혀 지져낸 '적^炙' 요리가 나온다. 지금도 제사상에 빠지지 않는 중요한 음식이다. 특히 중요한 적인 화양적은 쇠고기와 도라지, 표고, 달걀 등을 익혀서 꼬치에 꿴 누름적으로 화양적, 각색화양적이 나온다. 이외로 느름적, 각색적, 각색느름적, 느름적삼적, 五色炙^{오색적}, 散炙^{산적}이 나오는데 모두 꼬치에 꿰어 만드는 비슷한 형태로 보인다. 쇠고기를 주재료로 만드는 우육느름적, 황산적, 우육산적. 우육적, 육적, 황육산적, 소갈비로 만드는 가리적, 갈비적, 고기를 부드럽게 다져서 만드는 섭산적, 장에 조려서 만드는 장산적, 장느름적이 있다. 소내장으로 만드는 간적, 양적, 염통적과 염통산적도 나온다. 소족으로 만드는 족적과 족산적도 등장한다. 여러 가지 재료로 화려하게 만드는 잡산적, 잡적과 돼지고기로 만드는 제육산적도 나온다. 생선적으로는 어적, 염고등어적, 수어^{숭어}적, 생태적, 어포적, 염석어^{조기}적, 염연어적, 염전어적, 염진어^{준치}적, 염청어적, 염수어적, 염방어적이 나온다. 어패류적으로는 海蔘炙^{해삼적}, 굴산적, 두부로 만드는 두포적, 해조류로 만드는 곤포^{다시마}적, 다시마적과 표고적과 채소로 만드는 素炙^{소적}도 나온다. 재료명을 열거한 牛魚肝足生稚^{우어간족생치}라는 적도 있으며 닭고기로 만드는 계적과 꿩고기로 만드는 생치적도 등장한다.

어음적^{於音炙}은 洛蹄於音炙 ^{낙제어음적}, 於音炙 ^{어음적}, 牛肉於音炙 ^{우육어음적} 등이 1719년과 1765년의 궁중 잔치 기록에 나온다. 재료를 꼬챙이에 꿰어 달걀이나 밀가루 또는 녹말가루를 입혀서 지진 지짐누름적으로 보이는데 음식발기에서도 발견된다. 구이 종류로는 소고기로 만드는 편포구이와 생선으로 만드는 어포구이, 염전어구이, 염석어구이, 염진어구이가 있다.

육류를 삶아 조리하는 편육과 족편 음식으로는 편육, 족편, 제숙편, 양지두, 足餠^{족병}, 족숙편, 저육, 猪熟片^{저숙편}, 저육편, 전복숙, 片肉^{편육}, 猪肉^{저육}, 足甫叱只^{족보절기}, 양지두^{양지머리}, 足熟片^{족숙편}, 熟肉^{숙육}, 우설편, 만하편, 대퇴, 각색절육편, 제육편, 제태, 란숙편, 전약 등이 나온다.

나물 종류로는 나복채, 나복생채, 각색채, 나복편채, 길경채, 길경생채, 각색편채, 黃豆菜^{황두채}, 蘿葍生菜^{나복생채}, 蔈藁菜^{표고채}, 청과채, 궐채, 太芽菜^{태아채}, 나복^무숙채, 숙자^{숙주}숙채, 각색숙채, 길경^{도라지}편채, 남과^{호박}채, 수근^{미나리}초채, 수근채, 숙자초채, 숙자채, 생취, 생채, 조림채, 조채, 청과생채, 청포채, 출채^{삽주} 춘채^{유채} 등이 나온다.

회 종류로는 각색어채, 숙회, 각색회, 천엽회, 두태회, 어회, 삼색
갑회, 各色菜膾^{각색채회}, 강회, 生鰒膾^{생복회}, 사색회, 생복회, 투복회, 어
회, 생합회, 三色甲膾^{삼색갑회}, 千葉膾^{천엽회}, 두태, 各色肉膾^{각색육회}, 各色膾
^{각색회}, 두태천엽회, 튜복생채가 있다. '선^膳음식으로는 청과^{오이}선, 남
과^{호박}선이, 묵 종류로는 청포묵이 나온다. 달걀 요리로는 수란, 란숙,
熟卵^{숙란}, 蒸卵^{증란}이 나온다.

고기를 양념하여 말린 포 종류로는 황포, 어포, 약포, 편포, 장포,
황포차도간이, 관포, 포, 행자포, 脯치^{포육}, 육포, 脯^포, 牛脯^{우포} 등이 나
온다.

마른안주류로는 각색절육, 전복송영, 화국화, 오적어, 광어, 대구,
전복쌈, 문어, 전복국화, 강요주, 대하, 상어, 문어국화, 민어, 석어,
전복, 북어, 합대구, 강대구^{간태}, 황대구^{황태}, 츄복, 各色截치^{각색절육}, 삼색
소절육, 튜복, 건대구, 천리찬, 전볶기, 전복절, 횡포절, 튜복절, 백
대구절, 문어절, 건치절, 상어절, 황대구절, 편포절, 오적어절, 강요
주절, 광어절, 片脯切^{편포절}, 각색소절육, 절육, 各色切치^{각색절육}, 초절육
이 나온다.

반찬류를 뜻하는 좌반으로는 콩좌반, 감곽좌반, 해의좌반, 각색좌
반, 염석어좌반, 온좌반이 나온다. 콩좌반은 콩을 간장에 졸인 것이
고, 감곽좌반은 미역자반으로 좌반용 미역을 기름에 볶아 만든다.
해의좌반은 김좌반인데 김에 양념장을 발라 말려서 구운 밑반찬이
다. 각색좌반은 여러종류의 좌반을 일컫는 음식명이고, 염석어좌반
은 조기를 졸여낸 반찬이고, 장똑똑이는 채 썬 쇠고기를 여러 가지

국(탕)	가리탕, 加里湯가리탕, 갈비전탕, 갈비탕, 감자탕, 개채탕, 고음탕, 골탕, 광대구탕, 굴탕, 금중탕, 나복황볶기탕, 남과탕, 내심육탕, 도미탕, 두골탕, 두부탕, 豆腐湯두부탕, 豆蹄湯두제탕, 두겨탕, 두탕, 두태볶기탕, 두포탕, 배채탕, 백양탕, 백어전탕, 부어탕, 삼탕, 생석어탕, 생선감장탕, 생선전탕, 生鮮煎湯생선전탕, 생선탕, 生鮮湯생선탕, 생치탕, 석어탕, 소전복탕, 素湯소탕, 속금배차탕, 수어전탕, 수어탕, 양볶기탕, 양탕, 魚湯어탕, 연계탕, 완자탕, 完子湯완자탕, 우족탕, 牛足湯우족탕, 육개장탕, 은전복탕, 이자볶기탕, 임자수잡탕, 잡탕, 雜湯잡탕, 전복탕, 족탕, 진계탕, 천엽볶기탕, 초계탕, 칠계탕, 湯탕, 토란탕, 튜복탕, 티각탕, 해삼탕, 홍합탕,
전골	구자탕, 면신선노, 麵新設爐면신설로, 신설노탕, 열구자탕, 悅口子湯열구자탕, 잡탕신선노, 전골탕, 탕신선노, 湯新設爐탕신설로
조치	명란조치, 생합조치, 염석어조치, 염진어조치, 진어조치
찜	갈비증, 갈비찜, 대갈비찜, 도미증, 도미찜, 떡찜, 생석어찜, 석어찜, 아져증, 아제증, 연계증, 연계찜, 완자찜, 잡찜, 煎蒸전증, 전체수, 全體首전체수, 전치수, 全稚首전치수, 증, 蒸증, 태증, 티각증, 티각찜, 해삼증, 海蔘蒸해삼증, 해증,
조림	골도가니조리니, 내심육조리니, 도가니조리니, 란장과, 명태감장, 사태조리니, 생석어감장, 생선감장, 生鮮甘醬생선감장, 생위어감장, 생합감장, 소갈비조리니, 안심조리니, 우육조리니, 육장, 잡감장, 장육, 장조림, 족장과
초	계내굴초, 계내장초, 곤자손초, 생복초, 생선초, 生鮮炒생선초, 생전복초, 수어초, 양초, 은전복초, 전복초, 全鰒炒전복초, 顚覆炒전복초, 튜복초, 海蔘煎油炒해삼전유초, 홍합초, 紅蛤炒홍합초
볶음	간볶기, 낙제볶기, 두태볶기, 생합볶기, 세합볶기, 양볶기, 장볶그니, 천엽볶기, 청포볶기, 청포황볶기, 청포황육볶기
무침	감곽무치니, 북어무치니
저냐	各色煎油魚각색전유어, 간전유아, 肝煎油魚간전유어, 계원전, 곤자손전유아, 국화엽전, 낙제전유아, 당귀엽전, 대하전, 만화전, 백어전, 백어전유아, 삼색전유어, 三色煎油魚삼색전유어, 생선전유아, 生鮮蟹煎생선해전, 생합전, 생합전유아, 수어전, 양원전, 양전유아, 온달걀전, 온란전, 육원전, 육전유아, 胖煎양전, 胖煎油魚양전유어, 전유어, 천엽전유아, 타원전, 해삼전, 海蔘煎油魚해삼전유어, 海蔘煎해삼전, 해전, 蟹煎해전
적	가리적, 각색느름적, 각색적, 各色炙각색적, 각색화양적, 간적, 肝炙간적, 갈비적, 계적, 곤포적, 굴산적, 근포적, 洛蹄於音炙낙제어음적, 느름적, 느름적삼색, 다시마적, 두포적, 散炙산적, 생치적, 生雉炙생치적, 생태적, 섭산적, 소적, 素炙소적, 수어적, 양적, 於音炙어음적, 어적, 어포적, 염고등어적, 염방어적, 염석어적, 염수어적, 염연어적, 염진어적, 염진어적, 염청어적, 염통산적, 염통적, 五色炙오색적, 牛魚肝足生稚우어간족생치, 우육느름적, 우육산적, 牛肉於音炙우육어음적, 우육적, 牛肉炙우육적, 우적, 육적, 肉炙육적, 잡산적, 잡적, 장느름적, 장산적, 전느름○, 전느름적, 절통적, 제육산적, 족산적, 족적, 표고적, 海蔘炙해삼적, 화양적, 花陽炙화양적, 황산적, 황육산적
구이	어포구이, 염석어구이, 염전어구이, 염진어구이, 편포구이

편육·족편	편육, 족편, 대태, 제숙편, 양지두, 足餠족병, 족숙편, 저육, 猪熟片저숙편, 저육편, 전복숙, 片肉편육, 猪肉저육, 足甫비只족보절기, 양지두, 양지머리, 足熟片족숙편, 熟肉숙육, 우설편, 만하편, 대퇴, 각색절육편, 제육편, 제태, 란숙편, 전약
나물	각색숙채, 각색채, 각색편채, 궐채, 길경생채, 길경채, 길경편채, 나복생채, 蘿葍生菜나복생채, 나복숙채, 나복채, 나복편채, 남과채, 생채, 생취, 수근채, 수근초채, 숙자숙채, 숙자채, 숙자초채, 조림채, 조채, 청과생채, 청과채, 청포채, 춘채, 출채, 太芽菜태아채, 蔈藁菜표고채, 黃豆菜황두채
회	각색어채, 各色肉膾각색육회, 各色菜膾각색채회, 각색회, 各色膾각색회, 강회, 두태, 두태천엽회, 두태회, 사색회, 삼색갑회, 三色甲膾삼색갑회, 생복회, 生鰒膾생복회, 생합회, 숙회, 어회, 천엽회, 千葉膾천엽회, 투복회, 튜복생채
선	남과선, 청과선
묵	청포, 淸泡청포
달걀 요리	란숙, 수란, 熟卵숙란, 蒸卵증란
포	관포, 약포, 어포, 牛脯우포, 육포, 장포, 편포, 포, 脯肉포육, 脯포, 행자포, 황포, 황포차도간이
마른안주 (건효)	각색소절육, 각색절육, 各色截肉각색절육, 강대구(간태), 강요주, 강요주절, 건대구, 건치절, 광어, 광어절, 대구, 대하, 문어, 문어국화, 문어절, 민어, 백대구절, 북어, 삼색소절육, 상어, 상어절, 석어, 오적어, 오적어절, 전복, 전복국화, 전복송영, 전복쌈, 전복절, 전복기, 절육, 천리찬, 초절육, 츄복, 튜복, 튜복절, 편포절, 片脯切편포절, 합대구, 화국화, 황대구(황태), 황대구절, 황포절
좌반	각색좌반, 감곽좌반, 염석어좌반, 온좌반, 장똑똑이, 콩좌반, 해의좌반
장과	各色醬果각색장과, 각색장과, 나복장과, 배채장과, 청과장과
젓갈	各色醢각색해, 각색혜, 각혜, 색혜, 食醢식혜, 초복식혜, 炒鰒食醢초복식혜, 튜복식혜
김치	교침채, 根沈菜근침채, 醬沈菜장침채, 조침채, 침채, 沈菜침채, 팀채, 醢沈菜해침채, 혜숙침채

양념으로 볶은 반찬이다. 소금에 절인 후 익혀서 먹는 반찬인 장과류로는 各色醬果각색장과, 각색장과, 장똑똑이, 나복장과, 배채장과, 청과장과가 나온다. 각색장과는 여러 종류의 장과를 지칭하며, 나복장과는 무를 막대 모양으로 썰어 간장에 절인 후 쇠고기와 함께 볶아 만든다. 배채장과는 배추를, 청과장과는 오이를 소금에 절여 쇠고기와 함께 볶아낸 것이다. 젓갈류로는 各色醢각색해, 튜복식혜, 각색혜, 食醢식혜, 炒鰒食醢초복식혜, 초복식혜, 색혜, 각혜가 나온다. 튜복식혜나 초복

식혜는 전복젓갈을 말하며 각색혜나 색혜 혹은 각혜는 여러 종류의
젓갈을 뜻하는 것으로 보인다.

마지막으로 김치류로는 沈菜^{침채}, 醢沈菜^{해침채}, 팀채, 醬沈菜^{장침채}, 침
채, 根沈菜^{근침채}, 교침채, 혜숙침채, 조침채가 등장하는데 김치라는
용어는 안 나오고 팀채 혹은 침채라고 기록되어 있다. 해침채나 혜
숙침채는 생선을 넣거나 발효시킨 젓갈김치로 보이며, 장침채는 간
장을 넣어 담는 왕실에서 전해진 장김치를 말한다. 근침채는 미나리
김치로 추측되고, 교침채는 섞박지로서 여러 가지 재료를 썰어 한데
섞어서 젓국으로 버무려 담는 김치를 말한다. 조침채는 교침채를 뜻
하는지 알기가 어렵다.

떡류

떡은 우리 잔치나 제사상차림에 빠지지 않는 중요한 음식이다. 심지
어 '밥 위에 떡'이라는 표현까지 쓴다. 떡은 잔치나 제사 시의 고임상
차림에서 핵심을 이룬다. 떡은 보통 '병餠' 혹은 '편片'이라고 부른다.
일반적으로 찌는 떡, 치는 떡, 지지는 떡, 빚는 떡으로 분류하기도
한다. 왕실에서는 고임상차림에 떡을 반드시 올렸는데 대개 멥쌀로
만든 메떡^{왕실에서는 찹쌀을 일부 섞는 경우가 많음}, 찹쌀로 만드는 찰떡, 그리고 제
일 위에 올리는 웃기떡으로 나누었다. 고임상을 차릴 때 각색병으로
차시루떡과 메시루떡을 켜켜이 올리고 맨 윗부분은 웃기떡으로 장
식했다. 1척 3촌^{약 40센티미터} 또는 1척 5촌^{약 45센티미터}까지 고이기도 해 고

임 음식 중에서도 가장 높게 쌓았다.

메떡으로는 거피팥메시루떡, 녹두메시루떡, 신감초메시루떡, 거피팥메시루떡, 석이메시루떡, 각색메시루떡이 있고, 설기떡으로는 백설기, 밀설기, 석이밀설기, 신감초밀설기, 잡과밀설기 등이 있다. 기주떡에는 각색중병과 산병, 개피떡 등이 속한다. 거피팥시루떡은 멥쌀만 쓰기도 하고 찹쌀을 5분의 1 정도 섞기도 하는데 고물로 거피팥과 밤, 대추를 넣었다. 녹두메시루떡은 고물로 거피팥과 밤, 대추가 쓰이고 녹두도 쓰이는데 거피한 후 쪄서 고물로 쓴 것으로 보인다. 신감초메시루떡은 쌀가루에 승검초가루를 섞고 고물로 밤, 대추채와 잣을 얹었는데 깨를 고물로 쓰기도 했다. 거피팥녹두메시루떡은 거피팥메시루떡과 녹두메시루떡 두 가지를 한데 담은 것으로 보인다. 석이메시루떡은 멥쌀, 찹쌀, 석이버섯가루, 생률, 대추, 잣, 깨, 참기름, 꿀 등의 재료가 쓰이고 쌀가루에 석이가루를 섞은 것이 특징이다. 각색메시루떡은 여러 가지 메시루떡에 백편과 꿀편 등도 함께 담은 것으로 추측된다.

설기는 떡의 켜를 만들지 않고 한덩어리가 되게 찌는 시루떡의 일종이다. 왕실 요리에서 백설기는 멥쌀에 찹쌀을 약간 섞어 찌고 고명으로 석이와 잣 등이 쓰인 떡을 말한다. 밀설기는 꿀인 '밀蜜'이 들어간 것으로 떡가루에 꿀을 넣어 고루 비비고 고명은 주로 대추, 밤, 잣 등을 썼다. 석이밀설기는 떡가루에 석이가루와 꿀을 넣어 고루 비비고, 고명으로 대추, 밤, 깨, 잣 등을 썼다. 신감초밀설기는 밀설기에 당귀잎인 승검초가루가 추가된 것이다. 잡과밀설기는 떡가루에 꿀을 섞고 생률, 대추, 잣 등 여러 가지 재료를 섞어 만든 것으로 추측된다. 증병은 술떡 혹은 기주떡으로서 멥쌀에 술이 들어간 것이 특징이고 꿀을 섞고 깨, 대추, 잣을 얹어 찐 것으로 보인다.

절병은 대절병, 세절병, 양색절병 등이 있는데 쌀가루에 물을 많이 주어서 쪄낸 다음 절구에 넣고 오래 쳐서 끈기를 낸다. 흰 절편은 찐 떡을 그대로 친 것이고, 떡을 칠 때 까만색의 석이나 노란색의 치자나 붉은 기가 도는 삶은 송기를 넣어 찧으면 여러 가지 색을 가진 색절편이 된다. 절편은 끈기가 나게 친 떡을 도마에 놓고 길게 막대 모양으로 밀어서 떡살로 누르고 한 개씩 끊어 기름을 발라 놓는다. 산병은 멥쌀가루를 찐 다음 찧어서 얇게 밀어 거피팥고물을 넣고 빚은 것으로 홍백청황의 각색산병이 있다. 갑피병도 나오는데 이는 개피떡을 말한다. 이외에 왕실 요리에는 송병송편도 있다. 콩, 대추, 깨 등을 소로 넣은 송병과 육류와 채소를 소로 넣은 송병이 있으며 이를 함께 담아 각색송병이라고 불렀다.

다음으로 찹쌀로 만드는 떡의 종류를 살펴보자. 찰시루떡의 종류로는 부재료에 따라 거피팥차시루편, 녹두차시루편, 볶은팥차시루편, 신감초차시루편, 검정콩차시루편, 볶은팥석이차시루편, 거피팥녹두차시루편, 거피팥녹두초두차시루편, 거피팥녹두차시루편, 각색차시루편 등이 있다. 다음으로 찰떡 종류가 있다. 은절병은 인절미를 뜻하는데 거피팥고물을 입힌 대추인절미, 깨고물을 입힌 깨인절미, 잣가루고물을 입힌 잣인절미가 있다. 잡과병은 찹쌀, 생률, 대추, 잣, 꿀 등을 주로 쓰고 깨와 참기름을 넣은 떡 종류다. 왕실 요리에서 석이밀설기는 찹쌀가루에 석이가루와 꿀을 섞고 밤, 대추, 잣 등을 고명으로 하여 찐 것이다. 합병은 후병 혹은 두텁떡이라고 하며 찹쌀, 거피팥,

볶은 팥, 꿀, 밤, 후추가루, 계피가루, 잣 등의 재료가 들어가는 떡이다. 약식도 왕실에서 많이 만든 떡인데 찹쌀, 대추, 밤, 잣, 참기름, 간장 등을 주로 쓴다. 장시간 찐 찹쌀에 간장과 꿀로 간을 하고 밤, 대추, 잣을 섞어서 찌는 방법으로 만들었으리라 추측된다.

다음으로 중요한 떡 종류는 웃기떡이다. 고임떡에서 위에 올리는 고명의 역할을 하는, 작으면서도 모양새가 아름다운 떡이다. 석이단자, 청애단자, 신감초단자, 각색단자 등의 단자류와 황주악, 감태주악, 대조주악, 양색주악, 삼색주악, 각색주악 등의 주악류가 있다. 생강산삼, 연삼삼, 감태산삼과, 화전, 삼색병 등이 웃기떡으로 올라갔다.

단자류는 찹쌀가루를 반죽하여 끓는 물에 삶아낸 것을 잘 으깨어 꿀에 섞은 팥이나 깨로 소를 넣고, 둥글게 빚어서 꿀을 바르고 팥고물이나 깨나 잣가루 등을 묻힌 것이다. 찹쌀가루에 어떤 재료를 넣느냐에 따라 이름이 달라진다. 각색단자는 여러 종류의 단자들을 함께 이르는 것이다.

주악은 찹쌀가루를 반죽하여 소를 넣고 송편처럼 만들어 기름에 지진 떡을 일컫는데 음식발기에는 주로 '조악'으로 나온다. 찹쌀가루에 어떤 재료를 섞느냐에 따라 이름이 다르다. 황주악은 치자를 사용한 것으로 찹쌀, 거피팥, 잣, 꿀, 참기름 등이 쓰인다. 감태주악은 파래와 비슷한 해조류인 감태가루를 찹쌀가루에 섞어 반죽하여 팥소를 넣고 빚어서 기름에 지진 것을 말한다. 대추주악은 찹쌀가루에 다진 대추를 넣어 반죽하여 팥소를 넣어 빚어 기름에 지진 것이다. 양색주악은 두 종류의 주악을, 삼색주악은 세 종류의 주악을 말하고, 각색주악은 여러 가지 주악을 한데 차린 것이다. 양색생강산삼병, 양색생강인삼병의 경우 민간에서는 더덕을 산삼이라고 하여 더덕에 찹쌀가루를 묻혀 지진 것을 말하는 데 왕실의 의궤 속 생강 산삼병 등을 보면 더덕은 없고 찹쌀, 생강, 참기름, 잣, 꿀만 나온다. 이런 점 때문에 찹쌀가루에 생강즙을 넣어 반죽하여 화전처럼 둥글게 또는 생강처럼 뿔이 나게 빚어서 기름에 지져서 꿀에 집청하여 잣가루를 뿌린 것으로 추측하고 있다. 조선 말기의 발기에 등장하는

〈표 6〉 왕실 음식발기 속 떡류

떡류	各色餅각색병, 각색산병, 各色上只餅각색상지병, 各色甑餅각색증병, 각색편, 각생상지병, 감태자박병, 갑피병, 高排餅고배병, 국화엽전, 꿀차시루병, 꿀차시루편, 녹두메시루편, 綠豆甑餅녹두증병, 녹두차시루편, 團子단자, 당귀메시루편, 당귀의시루편, 당귀시루편, 當歸屑甑餅당귀설루병, 대쑥편, 대자박병, 대조박병, 대조자박병, 대조자박점병, 대조조악, 大棗助岳대조조악, 都只伊餅도기이병, 돈전병, 두텁편, 란송병, 물단자, 蜜柑甑餅밀감루병, 밀설기, 밀설기병, 백두메시루편, 백두시루편, 백두잡과청애단자, 白豆粘甑餅백두루병, 백설고, 백설고증병, 백설기병, 백자병, 복자증병, 볶은팥시루편, 볶은팥차시루편, 볶은팥합편, 빈자병, 산사병, 삼과생각단자, 삼색송병, 삼색자박병, 霜花餅상화병, 색산병, 色散餅색산병, 색절병, 생강단자, 생강병, 석이단자, 石耳團子석이단자, 석이메시루편, 석이시루편, 송고자박병, 松餅송병, 신감채증병, 암난병, 앵도병, 약반, 약식, 藥食약식, 양색갑리병, 양색복자증병, 양색산병, 양색생강산삼병, 양색생강인삼병, 양색속증병, 양색송병, 양색연산삼병, 양색은정병, 양색임자인점병, 양색자박병, 양색절육, 양색조악, 오미자병, 원소병, 元宵餅원소병, 油白餅유백병, 油沙餅유사병, 율단자, 율병, 銀切味餅은절미병, 은행자박병, 임자꿀찰시루편, 임자닌점병, 임자메시루편, 잡과, 잡과감래증병, 잡과감태밀점증병, 잡과감태점증병, 잡과감태증병, 잡과괴엽점증병, 잡과녹두점증병, 잡과녹두증병, 잡과단자, 잡과당귀단자, 잡과당귀병, 잡과당귀설고병, 잡과당귀증병, 잡과두텁병, 잡과메밀점증병, 잡과밀설고증병, 잡과밀설기병, 잡과밀점증병, 잡과백두나복증병, 잡과백두단자, 잡과백두점증병, 잡과백설고병, 잡과백설기병, 잡과병, 잡과복자증병, 잡과생강단, 잡과생강단자, 잡과생강단자병, 잡과석이단자, 잡과석이단자병, 잡과석이점증병, 잡과석이증병, 잡과율단자, 잡과율단자병, 잡과임자밀점증병, 잡과임자설고병, 잡과임자설고증병, 잡과임자설기병, 잡과임자설증병, 잡과임자증병, 잡과자박병, 잡과증병, 잡과청애단자, 잡과청애단자병, 잡과청태백설고병, 잡과초두당귀점증병, 잡과초두밀점증병, 잡과초두임자설고병, 잡과초두점증병, 잡과초두합점병, 잡과초두합점증병, 잡과흑태점증병, 잡과흑두증병, 전병, 전약병, 조병, 조악, 조악우마기(助岳우마기), 중권모병, 청애단자, 청애자박병, 황태점증병, 청자박병, 청정병, 청조악, 靑助岳청조악, 초두감태점증병, 초두합점증병, 해의자박병, 紅蔘桂餅홍삼계병, 화전, 황병, 黃蔘桂餅황삼계병, 황자박병, 황조악, 황행병

산삼병의 경우 더덕을 사용했을 수도 있으나 확실하지 않다.

화전도 나오는데 왕실의 화전은 찹쌀, 참기름, 잣, 계피 가루, 꿀이 쓰인 것으로 보아 찹쌀가루를 익반죽하여 둥글게 빚어서 기름을 집청한 것으로 보인다.

과자(한과)류 및 음청류

조선 시대는 과자^{한과}가 매우 발달했다. 원래 과자菓子는 과일이 나지 않는 시기에 과일을 먹는다는 의미를 담아 과일을 본떠서 만든 음식을 의미한다. 왕실에서 열리는 잔치에 빠지지 않는 것이 바로 이 과자다. 잔치는 한 차례로 끝나는 것이 아니라 여러 날 계속되었는데, 잔치 음식을 수십 가지 만들어 화려하게 고임새를 하고 고임 음식에 조화인 상화를 꽂아 장식했다. 고임상에 차려진 음식 중에서는 생과와 조과가 많았는데 한과는 모양새 있게 고이는 데 많이 사용된 잔치의 꽃이었다.

음식발기에는 많은 한과 종류가 나온다. 같은 한과라도 이름들이 다른 경우가 많아 혼란스럽긴 하지만 한과 이름으로 종류 및 사용된 재료명과 색감, 모양 등을 짐작할 수 있다. 한과류는 크게는 약과류, 유과류, 다식류, 정과류, 과편류, 당속류, 생실과류로 나눌 수 있다.

먼저 약과류는 유밀과의 일종으로 밀가루를 꿀이나 설탕에 반죽하여 납작하고 네모지게 만들어서 기름에 튀겨 만든다. 연약과가 있고, 네모지게 썬 방약과, 소약과, 대약과와 다식판에 박아서 만들어 튀기는 다식과, 소다식과, 대다식과가 있으며, 반죽에 소를 넣어 송편 모양으로 빚는 만두과로 소만두과와 대만두과가 있다. 이외에도 왕실에서 밀가루로 만드는 과자류는 미자, 한과, 행인과 등이 있다. 미자 종류로는 백미자, 홍미자, 홍백미자가 있고 홍세한과, 백세한과, 양색한과, 삼색한과, 그 외에 양면과, 연행인과, 행인과, 매엽과 등이 있다. 이러한 다양한 과자류들은 확실히 알 수는 없지만 유밀과의 일종으로 모양에서 차이를 보이는 것이라 생각된다. 그리고 은정과, 차수, 요화라는 다소 생소한 이름의 한과 종류가 나온다. 은정과는 중박계처럼 밀가루에 참기름과 꿀을 넣고 반죽하여 직사각형으로 큼직하게 썰어 기름에 지진 형태로 보이는데 백은정과, 홍은정과, 홍백은정과가 나온다. 차수과는 국수 같은 타래과 형태의 한과로 보이는데 홍차수과, 양색차수과가 나온다. 요화는 밀가루를 반죽하여 요화^{여뀌꽃}처럼 빚어 기름에 지져 조청을 바른 것이라 볼 수 있는데 홍요화, 백요화, 양색요화, 삼색요화 등이 나온다.

다음으로 대표적인 한과 종류로서 찹쌀로 만드는 유과류가 있다. 여기에는 강정, 연사, 빙사과, 감사과 등이 속한다. 강정은 찹쌀을 삭혀서 빻은 가루로 떡을 만들어 말렸다가 튀겨내어 고물을 묻히는 유과로 종류가 아주 다양한데 어떤 고물을 묻히느냐에 따라 이름이 결정된다. 세건반고물을 묻힌 것으로는 백세건반강정, 홍세반강정, 황세건반강정, 삼색세건반강정이 있고, 그밖에 임자강정, 홍매화강정, 홍백매화강정, 삼색매화강정, 속을 방울처럼 만든 오색령강정이 있다.

왕실 잔치에 차리는 연사과로는 백매화연사과, 홍매화연사과, 백자연사과, 홍백매화연사과, 삼색매화연사과, 백세건반연사과, 홍세건반연사과, 양세건반연사과, 오색소연사과, 오색중세건반연사과 등이 있다. 빈사과는 빙사과라고도 하는데 강정을 만들고 남은 부스러기를 기름에 튀겨내어 조청을 바르고 여섯 모가 지게 뭉쳐 굳힌 후 색을 입힌 유과를 말한다. 청황립모빈사과, 홍백립모빙사과, 사색입모빙사과, 삼색방빙사과, 사색빈사과 등이 있다. 감사과는 바탕은 강정과 같으나 모양이 다른데 끝을 뾰족하게 만들었다. 즉 반죽과 찌기 모두 강정 조리법과 같지만 썰기를 엇썰어 말린 후 꽃전을 지지듯 만든다. 대개 삼색감사과, 사색감사과의 두 가지 종류가 있다.

다음으로 다식류를 살펴보자. 다식은 밤가루, 송홧가루, 콩가루, 녹말가루 등을 엿이나 꿀에 반죽하여 다식판에 찍어낸 것이다. 다식판은 단단한 나무에 문양이 음각으로 새겨져 있어 박아내면 문양이 그대로 드러난다. 꽃이나 새, 물고기, 나뭇잎 등과 수복강령壽福康寧 혹은 복福자가 한자로 새겨져 있다. 종류로는 황률다식, 송홧가루로 만드는 송화다식, 검은 깨로 만드는 흑임자다식, 녹말다식, 생강녹말로 만드는 강분다식, 계핏가루로 만드는 계강다식, 푸른 콩가루로 박아내는 청태다식, 승검초잎가루로 만드는 신감초말다식, 여러 종류의 다식을 뜻하는 각색다식, 삼색다식, 사색다식, 오색다식, 각색소다식 등이 있다.

다음은 정과류다. 정과는 과일이나 생강, 인삼, 도라지 등을 꿀이나 설탕에 재거나 졸여 만든 한과로 전과라고도 한다. 종류로는 연근전과, 생강전과, 건정과, 길경전과, 청매정과, 모과정과, 산사정과, 산사육정과, 당행인정과, 건포도정과, 천문동정과, 동과정과, 생이정과, 왜감자정과, 유자정과 각색정과 등이 있다.

숙실과류도 있다. 조란, 율란, 강란과 이 세 가지를 함께 담은 각색숙실과, 서여병, 백자병 등이다. 조란은 대추를 다져서 밤소를 넣어 빚어 잣가루를 묻힌 것이고, 율란은 밤을 삶아 걸러서 꿀로 반죽하여 빚어 잣가루를 묻힌 것이다. 강란은 생강을 갈아 꿀을 넣고 졸여서 모양을 빚어 잣가루를 입힌 것을 말한다. 서여병은 마를 재료로 한 것으로 마를 쪄서 가루로 했다가 꿀에 버무려 다식판에 박거나 그대로 모양을 빚은 것이고, 백자병은 잣을 엿과 꿀을 섞어 굳힌 것으로 잣박산이라고도 한다.

그리고 한과류로 과편류가 있다. 과즙에 녹말가루를 넣어 묵처럼 만든 녹말편, 오미자로 물을 들인 오미자편, 오미자·치자·두충을 넣은 삼색녹말편, 오미자편과 치자편을 함께 담은 양색녹말편 등이 있다. 당속은 단맛을 위한 사탕류라고 보면 된다. 옥춘당, 팔보당, 빈당, 각색당, 대사탕, 귤병 등이 나온다.

다음으로 왕실에서 마시는 음료인 음청류를 살펴보자. 전통 음료 중 하나로 생강이나 계피를 달인 물에 설탕이나 꿀을 넣고 끓여서 식힌 다음 기호에 따라 곶감이나 잣을 띄워 마시는 수정과는 가장 많이 나온다. 이 수정과 종류로 두충수정과, 은산사수정과, 생니수정과, 生梨水正果생리수정과, 산사수정과, 두견수정과, 水正果수정과, 준시수정과, 복분자수정과, 사과수정과, 수정과, 각색수정과各色水正果, 앵도수정과, 가련수정과 등이 나온다. 창면은 오미자국에 연지물을 들이고 꿀을 타서 녹말국수를 띄운 음료다. 밀수는 오미자와 연지로 물을 들인 꿀물로 보인다. 화채는 배, 석류, 유자 등을 오미자국물에

<표 7> 왕실 음식발기 속 과자류와 음청류

과자류	각색간정, 각색감사과, 각색강정, 各色乾正각색건정, 각색다식, 各色茶食각색다식, 각색당, 각색당속, 각색송병, 각색숙실과, 各色熟實果각색숙실과, 각색연사과, 각색정과, 各色正果각색정과, 간정, 薑卵강란, 강분다식, 계피강정, 계피말간정, 귤병, 귤병다식, 다식과, 茶食果다식과, 당귀강정, 당귀다식, 당귀말강정, 당속, 대만두과, 대박계, 대약과, 大藥果대약과, 大藥只대약기, 두충병, 兩色梅花軟沙果양색매화연사과, 만두과, 饅頭果만두과, 말백자간정, 말백자강정, 말백자연사과, 매엽과, 맥문동정과, 밀백자간정, 밀쌈, 밀조, 朴桂박계, 飯頭果반두과, 方藥果방약과, 백매화강정, 백매화사과, 백매화산자, 백매화연사과, 白梅花軟沙果백매화연사과, 백미자, 백빙사과, 백산자, 白散子백산자, 백세강반간정, 백세강반강정, 백세강반연사과, 백요화, 백은강반산자, 백은강반요화, 백임자다식, 栢子乾正백자건정, 백자말강정, 栢子軟沙果백자연사과, 백차수, 粉紅細乾飯乾正분홍세건반건정, 氷查果빙사과, 四色甘柑果사색감과, 四色甘楂果사색감사과, 四色乾正사색건정, 사색다식, 四色茶食사색다식, 四色笠帽氷查果사색립모빙사과, 四色細飯蓼花사색세반요화, 사색숙실과, 四色笠帽氷查果사색립빙사과, 沙油乾飯乾正사유건반건정, 사탕, 산자, 삼색감사과, 삼색강정, 三色乾正삼색건정, 삼색다식, 삼색매화연사과, 三色梅畵軟查果삼색매화연사과, 三色梅花軟查果삼색매화연사과, 삼색빙사과, 삼색소연사과, 삼색연사과, 三色漢菓삼색한과, 생강란, 生薑正果생강정과, 생니숙, 생니정과, 生梨熟생리숙, 細梅花軟沙果세매화연사과, 세반간정, 細飯乾丁세반건정, 세반연사과, 소다식과, 小茶食果소다식과, 소만두과, 소소과, 小藥果소약과, 송백자송자연사과, 송자연사과, 송화다식, 수수과, 신감채강정, 辛甘菜乾正신감채건정, 신조, 실소과, 앵도숙실과, 藥果약과, 兩面果양면과, 양목과정과, 양밀조, 양색당, 양색매화간정, 양색빙사과, 兩色氷查果양색빙사과, 양색생강산삼병, 양색세강반연사과, 양색세반간정, 兩色細飯蓼花양색세반몽화, 양색요화, 양색한과, 오미자다식, 오미자편, 五色茶食오색다식, 유밀과, 율다식, 율란, 栗卵율란, 栗棗棗卵율조조란, 은백자송자간정, 은백자송자연사과, 은백자송자중도, 은백자연사과, 은정과, 음백자간정, 梨熟이숙, 임자간정, 임자강반간정, 임자강정, 荏子乾丁임자건정, 임자말간정, 적두점미수과, 전다식, 전율, 전조, 정과, 正果정과, 조란, 棗卵조란, 죽절과, 중계, 中桂중계, 중다식과, 중만두과, 중박계, 中朴桂중박계, 중약과, 차수, 천문동정과, 청태다식, 청태말간정, 태말간정, 太末乾丁태말건정, 태말임자건정, 太末荏子乾丁태말임자건정, 행인과, 杏仁果행인과, 홍말강정, 홍매강정, 홍매화사과, 홍매화산자, 홍매화소연사과, 홍매화연사과, 홍미자, 紅白乾丁홍백건정, 紅白梅花乾正홍백매화건정, 홍백미자, 홍백빙사과, 紅白細飯散子홍백세반산자, 홍백요화간정, 홍백자간정, 홍빙사과, 홍산자, 紅散子홍산자, 홍세강반간정, 홍세강반연사과, 홍요화, 홍은강반간정, 홍은강반산자, 홍은강반요화, 홍차수, 황말강정, 흑임자다식
음청류	가련수정과, 各色水正果각색수정과, 두견수정과, 두충수정과, 맥미수단, 밀수, 복분자수정과, 사과수정과, 산사수정과, 생니수정과, 生梨水正果생리수정과, 수정과, 水正果수정과, 식혜, 앵도수정과, 은산사수정과, 雀舌茶작설차, 煎栗전율, 제호탕, 준시수정과, 창면, 화채, 花菜화채
술	起酒기주, 제주, 淸酒청주

띄운 음료를 말한다.

제호탕醍醐湯이란 오매육烏梅肉, 사인砂仁, 백단향白檀香, 초과草果 등을 곱게 가루 내어 꿀에 재운 뒤 끓였다가 냉수에 타서 마시는 청량음료를 말한다. 맥미수단은 푹 삶은 보리쌀에 녹두녹말을 묻혀 끓는 물에 삶아 건져서 물에 헹구는 과정을 여러 번 반복하여 통통하고 투명하게 옷을 입힌 보리를 오미자국물에 띄운 것이다. 또한 밥을 엿기름으로 삭혀서 단맛이 나도록 만든 음료로 현재도 많이 마시는 식혜가 있다. 그리고 왕실의 차로는 참새 혀와 닮은 찻잎으로 만든 차로 곡우에서 입하 사이에 차나무의 새싹을 따 만든 차인 작설차가 음식발기에 나오는 것을 볼 수 있다. 술 종류는 발효하기 시작하는 술이라는 의미의 기주와 제사에 쓰이는 제주, 그리고 청주가 나온다.

음식발기에 기록된 양념류

한식은 양념을 중시한다. 약을 짓는다는 의미의 '약념藥念'이라는 어원에서 보듯이 한식에서는 다양한 양념을 조미료로 사용해서 음식의 맛을 좋게 한다. 음식발기에도 다양한 양념류가 등장한다. 먼저, 후추를 뜻하는 호초, 개자겨자, 계피가 나온다. 왕실에서는 단맛을 중시해서 꿀을 가장 중요하게 사용했고 그밖에 청, 추청, 백청, 황청, 튜청추청이 나온다. 설탕은 나오지 않으나 고려 시대 이후부터 쓰였다고 하니 사탕이나 흑당이 설탕으로 쓰였을 수 있다. 기름류로는 진

양념 조미료	艮水간수, 艮醬간장, 감장, 개자, 芥子개자, 겨자, 계피, 백청, 白淸백청, 법유, 사탕, 염, 塩염, 塩水염수, 임자, 진유, 眞油진유, 진장, 眞醬진장, 청, 淸청, 淸蜜청밀, 淸油청유, 초장, 醋醬초장, 추정, 튜청, 호초, 胡椒호초, 황청, 흑당, 흑임자

유참기름, 법유들기름, 청유 등이 나온다. 중요한 양념으로서 감장이라고
도 불렸던 간장은 진장, 간장艮醬, 간수로 나온다. 감장은 고추장을
뜻하기도 한다. 상차림에 오른 초장은 간장에 초를 치고 잣가루를
뿌려서 만든다. 임자와 흑임자의 깨 종류도 있고, 소금을 뜻하는 염
과 소금물이라는 염수도 나오는데 새우젓국을 뜻하기도 한다.

식품 재료

음식발기에는 식품 재료도 그대로 기록되어 있다. 곡물류로는 흰쌀
인 백미와 찹쌀인 점미, 최고의 쌀을 의미하는 상미가 있다. 콩류로
는 검은 콩인 흑두, 노란 콩인 소두와 녹두, 콩가루를 뜻하는 태말이
나온다. 이외에 메밀이 나오고, 곡물가루로는 녹말이 나오는데 특히
녹말녹두녹말은 중요한 식재료로 녹두를 가루 내어 물에 가라앉혀 전분
을 만들어 준비해둔 후에 썼다. 감자전분이나 옥수수전분과 달리 녹
말은 식감이 뛰어나 한식 조리에서 빠지지 않는 식재료다. 육류 재료
명은 우둔과 안심 그리고 말린 꿩인 건치가 나온다. 어물류로는 전
복, 문어, 오적어오징어, 대구, 홍어, 대하, 방어, 연어, 고등어, 전어, 진
어준치, 튜복전복 등이 나오고 긴 몸체를 가진 생선인 사어도 나온다. 꼬

막을 일컫는 강요주는 조선 시대 중요한 진상품이었다.

왕실에서 사용된 과일들은 상당히 많다. 음식발기에는 같은 과일들이 다른 이름으로 나오기도 한다. 생니는 일반 배를, 적니는 붉은 배를 뜻하는데 현재도 일부 과수원에서 재배되고 있다. 포도, 유자, 석류, 오미자도 많이 먹었다. 감 종류도 많이 나오는데 수시, 건시, 준시, 침시, 침수시, 팀수시, 연수시, 연시, 조홍 등은 모두 감을 뜻한다. 사과 종류인 님금과 사과, 산사가 나오고, 서과(수박), 대조(대추), 백자(잣)와 홍백자, 송백자도 등장한다. 은행, 단행, 유행, 실은행 등은 은행을 뜻한다. 밤 종류도 생률, 황율, 신율 등으로 나오고 호도도 등장한다. 귤도 중요한 진상품이었는데 감자, 왜자, 왜감자, 밀감, 당귤, 감귤,

〈표 9〉왕실 음식발기 속 식재료별 분류

곡물	점미, 백미, 흑두, 녹두, 전말, 녹말, 上米상미, 粘米점미, 白米백미, 太末태말, 小豆소두, 綠豆녹두, 太태, 메밀, 태말
육류	우둔, 건치, 안심
어물	전복, 문어, 광어, 사어, 오적어, 황대구, 백대구, 불염민어, 홍어, 대하, 해삼, 튜복, 건대구, 강요주, 이리, 各色魚物각색어물, 염방어, 염연어, 염고도어, 염전어, 염진어
과일	생니, 포도, 유자, 석류, 팀시, 수시, 생률, 생대조, 각색실과, 준시, 진과, 건시, 님금, 사과, 적니, 서과, 대조, 오미자, 백자, 황행, 앵도, 생실과, 생대조, 승도, 生梨생니, 石榴석류, 蹲柿준시, 柚子유자, 왜자, 감자, 倭柑子왜감자, 生栗생률, 生大棗생대조, 各色實果각색실과, 자도, 산사, 용안, 여지, 팀수시, 유행, 龍眼용안, 荔枝여지, 大棗대조, 實胡桃실호도, 實栢子실백자, 양사과, 松栢子송백자, 조홍, 柑子감자, 杏仁果행인과, 黃栗황율, 乾柿건시, 침시, 생대추, 실호도, 송백자, 왜감자, 실비자, 실은행, 홍백자, 황율, 생호도, 실백자, 생수시, 양귤, 양니, 蓼枝삼지, 生栗생률, 紅柿홍시, 葡萄포도, 銀杏은행, 西果서과, 林檎임금, 蜜柑밀감, 實大栗실대조, 沙果사과, 감귤, 광귤, 실황율, 山櫻산앵, 침수시, 早紅조홍, 단행, 당귤, 부감, 신율, 신대조, 연수시, 연시
채소 및 해조류	길경, 各色菜蔬각색채소, 당귀, 서여, 竹筍죽순, 薰古표고, 芝草지초, 석이, 송화, 지초, 鳥花藻조화조, 해태, 수근

광귤로 나온다. 유자, 앵도, 산앵이 나오고 복숭아나 살구 종류로 보이는 황행, 승도도 등장한다. 용안과 여지는 귀한 중국산 과일로 조선 시대 잔칫상에 빠지지 않고 올랐다. 채소와 해조류로는 길경^{도라지}, 각색 채소, 당귀, 서여^마, 표고, 석이, 송화, 지초, 수근^{미나리}과 해조류로 생각되는 鳥花藻^{조화조}, 해태^김 등이 나온다.

음식발기 속 상과 식기의 종류

음식발기에는 다양한 상차림이 나온다. 혼자 먹는 밥상은 외상 혹은 독상이라고 했고, 국수를 올린 독상인 경우는 면독상이라고 했다. 둘이 먹는 상차림은 겸상, 규모가 크면 대겸상이라고 했다. 주물상은 손님을 대접할 때 간단하게 차려서 먼저 내오는 음식상을 말한다. 어상은 왕께 올리는 상을, 진짓상은 왕을 제외한 왕족에게 올리는 밥상을 일컫는다. 빈상과 손님상은 접대상, 신랑신부상은 혼인 첫날밤의 상, 고사상은 제사상을 일컫는다. 야담상은 밤에 차리는

〈표 10〉 왕실 음식발기 속 상차림과 쟁반 및 식기의 종류

상차림	외상, 겸상, 궤주상, 御床어상, 晝物床주물상, 賓床빈상, 進支床진짓상, 獨床독상, 兼床겸상, 반기상, 行過床행과상, 告祀床고사상, 次床차상, 新婦新郞床신부신랑상, 夜談床야담상, 대겸상, 緬獨床면독상, 손님상
상과 쟁반	왜반, 원왜반, 모왜반, 목판, 쟁반기, 대쟁반, 왜반기, 대왜반기, 왜반기, 錚盤只쟁반기, 中錚盤只중쟁반기, 木板只목판기, 대목판기, 중목판기, 소목판기, 大斗里대두리, 斗里只두리기, 大木板대목판, 大錚盤只대쟁반기, 소쟁반, 두리기
식기	탕합, 면합, 잡탕주발, 탕사발, 緬盒면합, 면대합, 면동해, 사층찬합, 삼층찬합, 대자완, 자완

다과상을 말하며, 행과상은 행차를 할 때 차린 상이다.

　음식발기에는 음식명 외에도 다양한 쟁반과 상이 나온다. 조선 시대 왕실에서는 나라에 큰 잔치가 있을 때 정해진 치수에 따라 엄격한 규격으로 소반을 제작하여 사용했다. 왜반倭盤은 다리가 짧은 상을 말하는데, 둥근 모양의 원왜반과 네모진 모왜반이 나온다. 둥근 모양의 전놓이가 약간 있는 것을 쟁반이라고 하는데, 쟁반기, 대쟁반, 왜반기, 대왜반기, 왜반기, 소쟁반, 錚盤只쟁반기, 中錚盤只중쟁반기, 大錚盤只대쟁반기 등이 나온다. 목판도 많이 나오는데 목판, 木板只목판기, 대목판기, 중목판기, 소목판기 등이 나온다.

　두리기는 크고 둥근 상을 말하며 大斗里대두리, 斗里只두리기가 나온다. 그리고 식기류도 탕합, 면합, 잡탕주발, 탕사발, 緬盒면합, 면대합, 사층찬합, 삼층찬합, 도자기 그릇인 대자완, 자완이 나온다. 이외에 기명의 종류와 수량, 무게를 기록한 기명발기도 있다. 1851년(철종 2, 신해년) 5월 17일 발기 첫 줄에 '신해오월십칠일 진전제육실기명辛亥五月十七日 眞殿第六室器皿'이라고 적혀 있으며, 첫째 줄의 은시접銀匙楪부터 마지막 줄의 주칠궤朱漆樻까지 총 35종의 기명이 적혀 있다. 왕실에서 잔치 시에 그릇 챙기는 것도 중요시했음을 잘 보여주는 자료다.

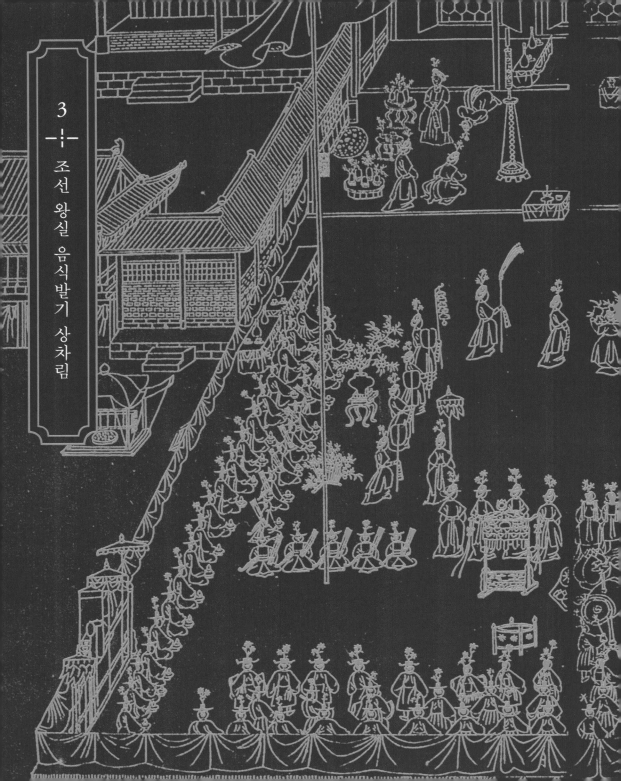

3

조선 왕실 음식발기 상차림

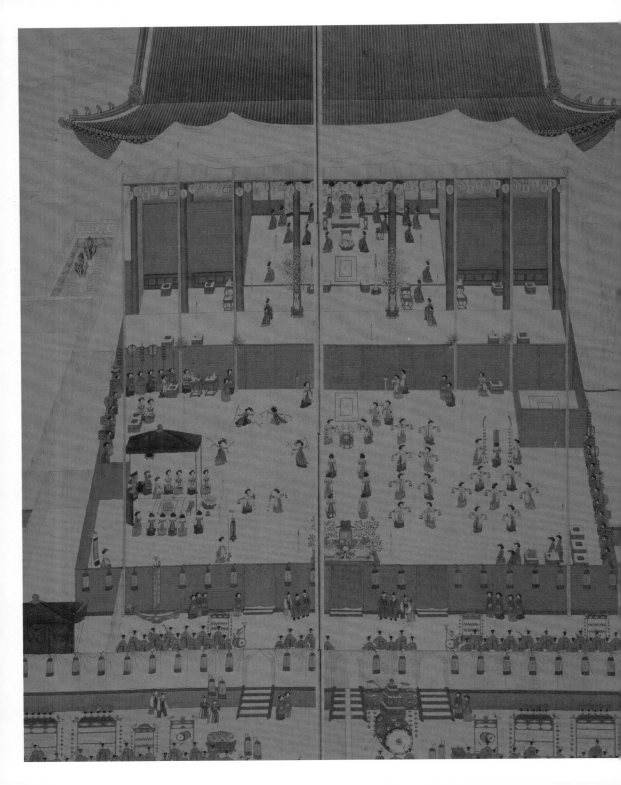

01

고종 상식발기와
주다례발기를 통해 본
왕의 일상식

왕실의 일상 상차림

왕이 평상시에 어떤 밥상을 받았는가는 관심의 대상이다. 하지만 앞
장에서 설명했듯이 조선 왕실에서 매일 차려진 일상식을 볼 수 있는
문헌자료는 1795년 혜경궁 홍씨의 회갑연을 기록한 《원행을묘정리
의궤》가 거의 유일하다. 이 의궤에는 정조와 자궁慈宮혜경궁 홍씨 등이 창
덕궁을 출발해 다시 환궁하는 8일간의 행사 중 화성에서 진찬을 베
풀고 기록한 연회식 외에도 정조와 자궁에게 매일 올린 수라상의 상
차림 내용이 권4 〈찬품饌品〉조에 자세히 나와 있다.

이 기록 외에는 조선 왕실의 일상식인 수라상차림을 기록한 자료
가 없어서 그동안 왕의 일상식에 대한 논란이 많았다. 그런데 왕실
음식발기 중 제사상차림인 상식발기와 주다례발기를 통해서도 왕

표지

찬품

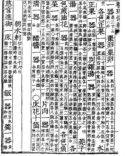

원행을묘정리의궤 찬품[園幸乙卯整理儀軌 饌品] 《원행을묘정리의궤》 권4 〈찬품〉조는 1795년 정조가 어머니 혜경궁 홍씨의 회갑잔치를 벌이기 위해 화성에 다녀온 8일 동안 혜경궁과 정조, 수행원 등 수천 명이 먹은 음식에 대한 기록을 담은 것이다. 서울대학교 규장각한국학연구원 소장.

실의 일상 상차림을 유추할 수 있다는 데 생각이 미쳤다. 조석상식과 주다례가 보통 망자의 생전 일상 상차림과 비슷하게 차려지기 때문이다. 상식上食이란 상가喪家에서 아침저녁으로 죽은 이에게 올리는 음식을 말하는데, 아침에 올리는 상식은 조상식, 저녁에 올리는 상식은 석상식이라고 부른다. 그리고 낮에는 주다례의 형식으로 상을 올렸다.

조선 시대에는 국상國喪 기간 동안 망자에게 계속해서 음식을 올렸다. 약 3년 동안 여러 의식이 순차적으로 시행되는 유교 상례喪禮에서 음식은 육체를 잃은 망자의 영혼을 안정시키기 위한 것으로 매우 중요한 의미를 지녔다. 상례 절차에 따라 올리는 상차림도 달랐다. 음식을 올리는 의식은 시신을 무덤에 안장하는 시점을 기준으로 전奠과 제祭로 구분했다. 하관下官 이후부터 제祭가 등장하는데 이때부터 망자를 산 자가 아닌 조상의 신으로 간주했기 때문이다.

이러한 전奠이나 제祭와는 별도로 매일 식사 시간에 올리는 상식이 있었다. 특히 조선 후기 사회에서 돌아가신 부모님께 올리는 경우 상식을 생전과 똑같이 봉양하는 효의 실천으로 간주하여 매우 중요시했다. 국상에서는 관官에서 올리는 상식과 왕실에서 올리는 상식을 각각 외상식外上食과 내상식內上食으로 구분했으며, 궁궐의 빈전과 혼전 외에 왕릉에서도 상식을 올렸다.

상식을 올리는 예는 제물을 차린 후 축관祝官제사 시 축문을 읽는 사람이 메밥를 담은 주발의 뚜껑을 열어 숟가락을 꽂고 젓가락을 고기 제물 위에 올리는 것으로 시작해서 잠시 후 숟가락과 젓가락을 원래 자리에 다시 놓고 술을 올리고 분향하는 순으로 진행한다. 조선 왕실에서도 같은 방식으로 상식을 올렸는데 보통 왕이 직접 상식의 예를 행했다. 조선 후기에 상식을 마치는 시점을 두고 논쟁이 있었지만 상기喪期가 끝날 때까지 거행하는 것으로 정해졌다. 보통 27개월간 매일 아침저녁으로 음식을 바쳐 망자에 대한 추모의 마음을 다했다. 이러한 상식례는 상주로 하여금 효의 실천을 통해 죽음의 충격을 극복하고 일상으로 돌아올 수 있게 해주었다.

왕실의 상식례 음식을 기록한 음식발기를 상식발기라고 한다. 현재 고종의 상식발기가 다수 남아 전해진다. 조선 제26대 왕이자 대한제국 제1대 황제(재위 1863~1907)를 지낸 고종은 1919년 1월 21일 승하했다. 고종 승하 이후 3년상으로 상식과 주다례가 경운궁德壽宮 함녕전에 모신 고종의 혼전인 효덕전에서 이루어졌다. 창덕궁에 거주하던 순종은 매일 창덕궁에서 경운궁으로 행차하기가 어려워 상복을 입고 전화로 경운궁의 혼전과 금곡 능에 전화 문상을 했다는 일화가 전해진다.● 상복으로 갈아입고 전화기 앞에 대기하고 있다가 혼백에 전화기를 대면 순종도 전화기에 대고 부왕의 혼백에 문상했다는 것이다. 혼전에 직접 행차하여 배례를 할 때면 부왕이 즐겨 잡수시던 밤, 사과, 증편 등이 차려져 있는지를 살펴본 후에야 배례를 했다고 한다. 음식 올리는 것을 중시한 순종의 효심을 엿볼 수 있는 대목이다. 한번은 배례에 올린 음식에 약간 상한 사과가 끼어 있는 것을 발견하고는 마음이 상해서 수라상을 받지 않으셨다고 전한다. 제사상에 올리는 음식을 얼마나 중요하게 여겼는지 잘 보여준다. 이후 혼전은 경운궁 함녕전에서 창덕궁 선전정으로 옮기게 된다. 고종 혼전에 올린 음식이 상식발기와 주다례발기에 상세히 기록되어 있다. 이

● 김명길, 《낙선재 산책》, 중앙일보사, 1977.

고종 국장　1919년 1월 21일 고종이 승하한 후 상식과 주다례가 경운궁 함녕전에 모신 고종의 혼전인 효덕전에서 3년상으로 이루어졌다. 그림은 일본식으로 차려진 고종 빈전殯殿(위)과 대한문을 출발하는 국장 행렬(아래).《덕수궁국장화첩德壽宮國葬畵帖》(경성일보사, 1919)에 수록되어 있다. 국립중앙도서관 소장.

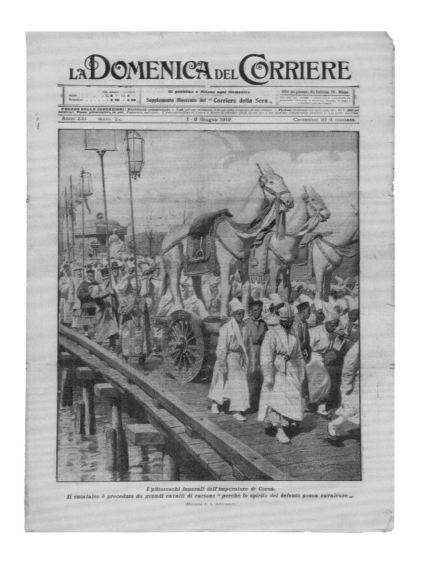

고종 국장 삽화 　1899년부터 1989년까지 이탈리아에서 매주 일요일에 간행된 주간지 《도메니카 델 코리에레La Domenica del Corriere》의 1919년 6월 8일자 발행본에 수록된 고종 국장 행렬 삽화. 앞쪽 대형의 죽산마竹散馬와 그 뒤의 대여大輿 등이 다리를 건너는 광경을 보여주고 있다. 국립고궁박물관 소장.

가운데 상식발기는 대부분 경상대학교 문천각에서 소장하고 있으나 현재 공개하지 않고 있다.

상식발기로 본 왕실 상차림

이성우, 〈조선조의 궁중
음식건기에 관한 고찰〉,
1988.

여기에서는 이성우가 공개한 상식발기● 위주로 상식발기와 주다례발기를 소개하고자 한다(〈표 11〉). 소개하는 상식발기는 고종 사후 윤7월의 3건과 10월의 3건 그리고 11월 2건 등 총 8건이다. 우리나라는 사계절이 뚜렷해서 계절별 상차림이 구별되었기 때문에 여름과 가을, 초겨울의 상차림을 살필 수 있다. 점심에 올린 주다례발기는 총 12건이 남아 있는데 윤7월 6건, 10월 5건, 음력 11월이 1건으로 상식발기와 계절은 비슷했다.

〈표 13〉은 고종 사후인 기미년 고종 상식발기 8건에 나오는 음식명을 정리한 것으로 총 17~19기의 그릇 수가 명기된 상차림이 나온다. 조석상차림을 보면 흰수라와 팥수라를 두 가지로 준비하고, 탕, 찜, 볶음, 구이, 감장, 초, 적, 전, 편육, 채, 자반, 포, 장과, 김치, 장 등의 부식류로 상을 차리고, 후식으로 과일과 화채를 올렸다. 전체 그릇 수는 총 19기였다. 흥미로운 점은 고종의 상식 상차림에서 후식으로 과일과 화채가 반드시 올라갔다는 사실이다. 그동안 왕의 일상식으로 소개된 12첩 반상에는 과일과 화채가 보이지 않았다. 그러나 과일과 화채가 포함되어 있어 상식 상차림이 고종의 일상식 상차림이었다는 점을 명확하게 밝혀준다. 고기나 생선 위주의 고단백질

<표 11> 1919년(기미) 고종 상식발기

번호	일자	소장처	행수	가로×세로(cm)
1	윤7월 6일	김치박물관	43	24.4×120.2cm
2	윤7월 11일	김치박물관	48	24.4×115.4cm
3	윤7월 21일	김치박물관	44	24.4×97.5cm
4	10월 1일	김치박물관	46	24.4×109.2cm
5	10월 11일	김치박물관	45	24.4×100.5cm
6	10월 16일	김치박물관	43	24.4×105.3cm
7	11월 1일	김치박물관→황혜성	47	24.4×111.5cm
8	11월 26일	김치박물관	45	24.4×108.1cm

<표 12> 1919년(기미) 고종 주다례발기

번호	일자	소장처	행수	가로×세로(cm)
1	윤7월 1일	김치박물관	14	24.4×34.0cm
2	윤7월 6일	김치박물관	13	24.4×34.1cm
3	윤7월 11일	김치박물관	14	24.4×34.1cm
4	윤7월 16일	김치박물관	14	24.4×34.1cm
5	윤7월 21일	김치박물관→김춘련	14	24.4×34.1cm
6	윤7월 26일	김치박물관	13	24.4×34.1cm
7	10월 1일	김치박물관	14	24.4×34.1cm
8	10월 6일	김치박물관→김춘련	14	24.4×34.1cm
9	10월 10일	김치박물관→김춘련	14	24.4×34.1cm
10	10월 21일	김치박물관	14	24.4×34.1cm
11	10월 26일	김치박물관	14	24.4×34.1cm
12	11월 1일	김치박물관	33	24.4×68.0cm

<표 13> 1919년(기미) 고종 상식발기 음식명

번호	날짜	음식명		갯수
1	1919년 긔미 칠월 초뉵일(초십일) 1919년 7월 6일(7월 10일)	조 수 라	수라 1기, 적두수라 1기, 갈비탕 1기, 양볶기 1기, 생선감장 1기, 족적 1기, 생선전유아+양전유아 1기, 편육 1기, 각색좌반 1기, 각색채 1기, 각색장과 1기, 식혜 1기, 조침채 1기, 침채 1기, 진장 1기, 개자 1기, 초장 1기, 적니 1기, 화채 1기	19 기
		석 수 라	수라 1기, 적두수라 1기, 잡탕 1기, 생선감정 1기, 양볶기 1기, 섭산적 1기, 양원전+육원전 1기, 우설편 1기, 각색좌반 1기, 길경채+궐채 1기, 사태조리니 1기, 식혜 1기, 조침채 1기, 침채 1기, 진장 1기, 개자 1기, 초장 1기, 사과 1기, 화채 1기	19 기
2	1919년 긔미 윤칠월 십일(십오일) 1919년 7월 10일(7월 15일)	조 수 라	수라 1기, 적두수라 1기, 잡탕 1기, 생선감장 1기, 갈비찜 1기, 어포구이 1기, 생선전유아+간전유아 1기, 우육산적 1기, 편육 1기, 각색좌반 1기, 청과채 1기, 식혜 1기, 조침채 1기, 침채 1기, 진장 1기, 개자 1기, 초장 1기, 사과 1기, 산사수정과 1기	19 기
		석 수 라	수라 1기, 적두수라 1기, 내심육탕 1기, 진어조치 1기, 잡찜 1기, 염통적 1기, 생선전유아+간전유아 1기, 편육 1기, 각색좌반 1기, 청과채 1기, 장산적+란장과 1기, 식혜 1기, 조침채 1기, 침재 1기, 진장 1기, 개자 1기, 자두 1기, 산사수정과 1기	19 기
		망일은 적두점미수라 1기, 생선전탕 1기, 어만두 1기		
3	1919년 긔미 윤칠월 이십일일(이십오일) 1919년 7월 21일(7월 25일)	조 수 라	수라 1기, 적두수라 1기, 갈비탕 1기, 양볶기 1기, 계내장초 1기, 염통적 1기, 생선전유아+양전유아 1기, 편육 1기, 각색좌반 1기, 각색채 1기, 각색장과 1기, 식혜 1기, 조침채 1기, 침채 1기, 진장 1기, 개자 1기, 초장 1기, 사과 1기, 화채 1기	19 기
		석 수 라	수라 1기, 적두수라 1기, 토란탕 1기, 갈비찜 1기, 두태볶기 1기, 섭산적 1기, 생선전유아+양전유아 1기, 우설편 1기, 각색좌반 1기, 길경채+궐채 1기, 안심조리니 1기, 식혜 1기, 조침채 1기, 침채 1기, 진장 1기, 개자 1기, 초장 1기, 온산사 1기, 화채 1기	19 기

4	1919년 긔미 음 십월 초일(초오일) 1919년 10월 1일(10월 5일)	조 수 라	수라 1기, 적두점미수라 1기, 잡탕 1기, 갈비찜 1기, 양볶기 1기, 생태적+우육적 1기, 생선전유아+양전유아 1기, 각색느름적 1기, 편육 1기, 각색좌반 1기, 각색채 1기, 각색장과 1기, 각색혜 1기, 식혜 1기, 조침채 1기, 침채 1기, 진장 1기, 개자 1기, 초장 1기, 수시 1기, 생니수정과 1기	21 기
		석 수 라	수라 1기, 적두수라 1기, 두골탕 1기, 잡감장 1기, 청포황볶기 1기, 우육산적 1기, 간전유아+곤자손전유아 1기, 만하편 1기, 각색좌반 1기, 태아채 1기, 도가니+사태 조리니 1기, 식혜 1기, 조침채 1기, 침채 1기, 진장 1기, 개자 1기, 초장 1기, 생률 1기, 화채 1기	19 기
5	1919년 긔미 음십월 십일(십오일) 1919년 10월 10일(10월 15일)	조 수 라	수라 1기, ○○, 두태볶기 1기, 우육적 1기, 생선전유아+해삼전 1기, 편육 1기, 각색좌반 1기, 나복+숙자숙채 1기, 족장과 1기, 식혜 1기, 혜숙침채 1기, 침채 1기, 진장 1기, 개자 1기, 초장 1기, 생대조 1기, 화채 1기	19 기
		석 수 라	수라 1기, 적두수라 1기, 명태탕 1기, 갈비찜 1기, 청포볶기 1기, 편포구이 1기, 이원전+육원전 1기, 편육 1기, 각색좌반 1기, 태아채 1기, 각색장과 1기, 식혜 1기, 혜숙침채 1기, 침채 1기, 진장 1기, 개자 1기, 초장 1기, 감귤 1기, 화채 1기	19 기
			망일 3상식 점미수라 1기, 잡느름적 1기, 각색혜 1기	
6	1919년 긔미 음십월 십뉵일(이십일) 1919년 10월 16일(10월 20일)	조 수 라	수라 1기, 적두수라 1기, 백양탕 1기, 명태감장 1기, 천엽볶기 1기, 갈비적 1기, 백어전+육전유아 1기, 우설편+족편 1기, 각색좌반 1기, 각색채 1기, 나복+백채 장과 1기, 식혜 1기, 혜숙침채 1기, 침채 1기, 생률 1기, 두충수정과 1기 (진장 1기, 개자 1기, 초장 1기 책에서 빠짐)	19 기
		석 수 라	수라 1기, 적두수라 1기, 백채탕 1기, 수어초 1기, 간볶기 1기, 염통적 1기, 간전유아+천엽전유아 1기, 만하편 1기, 각색좌반 1기, 길경채+궐채 1기, 우육조리니 1기, 식혜 1기, 혜숙침채 1기, 침채 1기, 진장 1기, 개자 1기, 초장 1기, 생대조 1기, 생니수정과 1기	19 기

* 더하기표(+)는 한 그릇에 올린 음식.

7	1919년 긔미 음십일월 초일(초오일) 1919년 11월 1일(11월 5일)	조수라	수라 1기, 적두점미수라 1기, 잡탕 1기, 갈비찜 1기, 명태감장 1기, 양볶기 1기, 잡산적 1기, 생선전유아+양전유아 1기, 편육 1기, 각색느름적 1기, 각색좌반 1기, 각색채 1기, 각색장과 1기, 식혜 1기, 혜숙침채 1기, 침채 1기, 진장 1기, 개자 1기, 초장 1기, 감귤 1기, 두충수정과 1기	21기
		석수라	수라 1기, 적두수라 1기, 백양탕 1기, 잡감장 1기, 청포황육볶기 1기, 우육산적 1기, 간전유아+곤자손전유아 1기, 만하편 1기, 각색좌반 1기, 태아채 1기, 도가니+사태 조리니 1기, 식혜 1기, 혜숙침채 1기, 침채 1기, 진장 1기, 개자 1기, 초장 1기, 생대조 1기, 생니수정과 1기	19기
8	1919년 긔미 음십일월 이십뉵일 1919년 11월 26일	조수라	수라 1기, 적두수라 1기, 고음탕 1기, 두태볶기 1기, 잡감장 1기, 염통적 1기, 생선전유아+양전유아 1기, 편육 1기, 각색좌반 1기, 길경채+궐채 1기, 각색장과 1기, 식혜 1기, 조침채 1기, 침채 1기, 진장 1기, 개자 1기, 초장 1기, 생니 1기, 산사수정과 1기	19기
		석수라	수라 1기, 적두수라 1기, 백어탕 1기, 완자찜 1기, 명란조치 1기, 섭산적 1기, 간전유아+전느름적 1기, 편육 1기, 각색좌반 1기, 각색채 1기, 나복+란장과 1기, 식혜 1기, 조침채 1기, 침채 1기, 진장 1기, 개자 1기, 감귤 1기, 화채 1기	19기

식사가 아니라 비타민과 섬유소가 풍부한 균형 잡힌 식사였다는 점도 보여준다.

이 상차림에서 보면 밥, 국, 장류진장, 겨자, 초장, 김치, 과일, 화채를 제외한 반찬 가짓수는 대략 7~9기그릇다. 반찬 수 7~9기의 상차림은 그간 왕의 일상 밥상이라고 알려진 12첩 반상과는 거리가 있다. 12첩 왕실 수라상의 근거를 1919년의 조석상식 상차림에서는 찾기 어려운 것이다. 앞 장에서 살펴본《원행을묘정리의궤》의 수라상 분석 결과와도 일맥상통한다.《원행을묘정리의궤》에 따르면 자궁혜경궁 홍씨은

흑칠주반黑漆足盤에 13~15기, 대전과 군주청조는 원반 한 상의 장류를 제외한 총 7기의 수라상을 받았다. 자궁이 받은 반수라상은 찬품에 대한 규정은 없었고 원반에는 반, 갱, 조치, 적이炙伊, 좌반, 해, 채, 침채, 담침채, 장과 만두, 전, 편육, 증 등이 차려졌고, 협반에는 탕, 적, 증, 편육, 회, 어육 등이 올랐다고 했다.

김춘련, 〈18세기 궁중음식 고: 《원행을묘정리의궤》를 중심으로〉, 《대한가정학회지》 제22권 4호, 1984.

〈표 14〉는 점심에 올린 주다례발기의 음식명을 날짜별로 정리한 것이다. 이에 따르면 점심에는 총 11기의 음식이 올라갔다. 그동안 왕실에서는 점심으로 면상을 많이 차렸다고 알려져 있었는데 이 주다례발기에서도 냉면으로 추정되는 목면메밀면 중심의 면상차림이 확인된다. 이외에 두 종류의 떡이 1기에 올라갔으며 부식류로 찜, 전, 적, 편육, 탕이 올라갔다. 장류로는 개자겨자와 초장, 떡을 찍어먹기 위한 추청꿀이 올라갔다. 그리고 상식과 마찬가지로 제철 과일 1기와 화채류 1기가 반드시 올라갔는데 이는 발기음식명의 나열에서 맨 앞쪽에 적혀 있다.

고종의 아침상, 조상식발기의 음식

앞서 제시한 음식발기인 1919년의 7월, 10월, 11월의 총 8건의 조상식발기에 나오는 음식명을 조리법에 따라 분류해 보았다(〈표 15, 16, 17〉 참조). 밥으로는 흰밥과 팥물밥 두 그릇을 매 끼니 올렸다. 탕 종류로는 갈비탕, 잡탕, 백양탕이 올랐다. 우리가 익히 아는 갈비탕이 가장 많이 올랐다. 잡탕은 여러 가지 고급재료를 섞어 만든 탕으로

〈표 14〉 고종 주다례발기 음식명

번호	날짜	음식명	기
1	1919년 긔미 칠월 초일일(초오일) 1919년 7월 1일(7월 5일)	서과 1기, 수단 1기, 잡과밀설고병+석이단자 1기, 잡찜 1기, 해삼전+천엽전유아 1기, 제숙편 1기, 초계탕 1기, 목면 1기, 튜청 1기, 개자 1기, 초장 1기	11기
2	1919년 긔미 칠월 초뉵일(초십일) 1919년 7월 6일(7월 10일)	진과 1기, 화채 1기, 잡과백설고증병+대조자박병 1기, 간전유아+곤자손전유아 1기, 각색느름적 1기, 편육 1기, 갈비탕 1기, 목면 1기, 튜청 1기, 개자 1기, 초장 1기	11기
3	1919년 긔미 윤칠월 십일(십오일) 1919년 7월 11일(7월 15일)	사과 1기, 산사수정과 1기, 잡과감태증병+대조자박병 1기, 생선전유아+양전유아 1기, 계적 1기, 편육 1기, 족탕 1기, 목면 1기, 튜청 1기, 개자 1기, 초장 1기	11기
4	1919년 긔미 윤칠월 십육일(이십일) 1919년 7월 16일(7월 20일)	생니 1기, 산사수정과 1기, 잡과석이증병+대조자박병 1기, 갈비찜 1기, 간전유아+온란전 1기, 편육 1기, 양탕 1기, 목면 1기, 튜청 1기, 개자 1기, 초장 1기	11기
5	1919년 긔미 윤칠월 이십일(이십오일) 1919년 7월 21일(7월 25일)	적니 1기, 화채 1기, 잡과녹두증병+청자박병 1기, 간전유아+양전유아 1기, 제숙편 1기, 완자찜 1기, 생선전탕 1기, 목면 1기, 튜청 1기, 개자 1기, 초장 1기	11기
6	1919년 긔미 윤칠월 이십육일(회일긔) 1919년 7월 26일(회일긔)	포도 1기, 화채 1기, 잡과녹두점증병+대조자박병 1기, 간전유아+곤자손전유아 1기, 전체숙 1기, 홍합탕 1기, 목면 1기, 튜청 1기, 개자 1기, 초장 1기	11기
7	1919년 긔미 윤십월 초일일(초오일) 1919년 10월 1일(10월 5일)	생니 1기, 화채 1기, 잡과백두나복증병+대조자박병 1기, 낙제전유아+간잔유아 1기, 완자찜, 편육 1기, 족탕 1기, 목면 1기, 튜청 1기, 개자 1기, 초장 1기	11기
8	1919년 긔미 음십월 초뉵일(초십일) 1919년 10월 6일(10월 10일)	생니 1기, 산사수정과 1기, 잡과백두점증병+잡과석이단자 1기, 생선전유아+양전유아 1기, 갈비찜 1기, 제숙편 1기, 양탕 1기, 목면 1기, 튜청 1기, 개자 1기, 초장 1기	11기
9	1919년 긔미 음십월 십일(십오일) 1919년 10월 11일(10월 15일)	생니 1기, 화채 1기, 잡과녹두증병+대조자박병 1기, 간전유아+생합전 1기, 각색느름적 1기, 편육 1기, 갈비탕 1기, 목면 1기, 튜청 1기, 개자 1기, 초장 1기	11기
10	1919년 긔미 음십월 이십일(이십오일) 1919년 10월 21일(10월 25일)	생률 1기, 화채 1기, 잡과백두나복증병+청자박병 1기, 잡찜 1기, 생선전유아+천엽전유아 1기, 제숙편 1기, 홍합탕 1기, 목면 1기, 튜청 1기, 개자 1기, 초장 1기	11기
11	1919년 긔미 음십월 이십뉵일(회일긔) 1919년 10월 26일(회일긔)	생률 1기, 화채 1기, 잡과녹두증병+잡과병 1기, 간전유아+천엽전유아 1기, 완자찜 1기, 편육 1기, 잡탕 1기, 목면 1기, 튜청 1기, 개자 1기, 초장 1기	11기
12	1919년 긔미 음십일월 초일일(초오일) 1919년 11월 1일(11월 5일)	생니 1기, 두충수정과 1기, 잡과백두증병+잡과병 1기, 잡찜 1기, 천엽전유아+해산전 1기, 제숙편 1기, 티각탕 1기, 목면 1기, 튜청 1기, 개자 1기, 초장 1기	11기

* 더하기표(+)는 한 그릇에 올린 음식.

<표 15> 조리법에 따른 고종 조상식발기 음식 분류

날짜	1919.7.6 (1919.7.10)	1919.7.10 (1919.7.15*①)	1919.7.21 (1919.7.25)	1919.10.1 (1919.10.5)
밥	수라/적두수라	수라/적두수라	수라/적두수라	수라/적두점미수라
탕	갈비탕	잡탕	갈비탕	잡탕
찜		갈비찜		갈비찜
볶이	양볶이		양볶이	양볶이
감장	생선감장	생선감장		
초			계내장초	
적	족적	우육산적	염통적	생태적+ 우육적
구이		어포구이		
느름적				각색느름적
전유아	생선전유아+ 양전유아	생선전유아+ 간전유아	생선전유아+ 양전유아	생선전유아+ 양전유아
편육	편육	편육	편육	편육
좌반	각색좌반	각색좌반	각색좌반	각색좌반
채	각색채	청과채	각색채	각색채
장과	각색장과		각색장과	각색장과
각색혜				각색혜
식혜	식혜	식혜	식혜	식혜
침채	조침채/침채	조침채/침채	조침채/침채	조침채/칙채
장	진장/개자/초장	진장/개자/초장	진장/개자/초장	진장/개자/초장
과일	적니	사과	사과	수시
음료	화채	산사수정과	화채	생니수정과

* 더하기표(+)는 한 그릇에 올린 음식.

날짜	1919.10.10 (1919.10.15*②)	1919.10.16 (1919.10.20)	1919.11.11 (1919.11.5)	1919.11.26
밥	수라○	수라/적두수라	수라/적두점미수라	수라/적두수라
탕	○	백양탕	잡탕	고음탕
찜	○		갈비찜	
볶이	두태볶이	천엽볶이	양볶이	두태볶이
감장		명태감장	명태감장	잡감장
초				
적	우육적	갈비적	잡산적	염통적
구이				
느름적			각색느름적	
전유아	생선전유아+ 해삼전	백어전+ 육전유아	생선전유아+ 양전유아	생선전유아+ 양전유아
편육	편육	우설편+ 족편	편육	편육
좌반	각색좌반	각색좌반	각색좌반	각색좌반
채	나복+ 숙자숙채	각색채	각색채	길갱채 궐채
장과	족장과	나복백채장과	각색장과	각색장과
각색혜				
식혜	식혜	식혜	식혜	식혜
침채	혜숙침채/침채	혜숙침채/침채	혜숙침채/침채	조침채/침채
장	진장/개자/초장	진장/개자/초장	진장/개자/초장	진장/개자/초장
과일	생대조	생률	생니	생니
음료	화채	두충수정과	산사수정과	산사수정과

* ① 1919.7.15. 망일에는 적두점미수라, 생선전탕, 어만두를 추가로 올림.
  ② 1919.10.15. 망일에는 점미수라, 잡느름적, 각색혜를 추가로 올림.
  더하기표(+)는 한 그릇에 올린 음식.

소의 고기와 여러 내장 부위인 곤자손이, 곱창, 양 등과 해삼, 전복, 채소들이 들어간다. 백양탕은 소의 양^위을 하얗게 벗겨서 끓인 탕, 고음탕은 쇠고기를 오래 고아 끓이는 곰국을 말한다.

찜은 갈비찜이 주로 올랐다. 볶기 종류로는 소의 내장인 양과 천엽^{소의 위}, 두태^{콩팥}볶기가 올랐다. 감장은 감정이라고도 하는데 고추장을 풀어서 끓인 찌개 종류인 생선감장, 명태감장 그리고 잡감장이 올랐다. 초 요리로는 유일하게 계내장초가 올랐는데 간장과 녹말로 윤기나게 졸인 요리인 듯하다. 구이로는 어포구이가, 꼬치에 꿰어 만드는 적으로는 족적, 우육산적, 우육적, 염통적, 잡산적, 갈비적이 매 끼니 빠지지 않고 올랐다. 누름적으로는 여러 재료를 함께 꿰어 만드는 각색누름적이 올랐다. 전으로는 생선전유어, 간전유아 그리고 백어^{뱅어}전유아가 올랐다. 편육과 족편 및 소의 혀로 만드는 우설편이 올랐다.

여러 가지 반찬을 함께 담는 각색좌반과 각색장과 및 소족을 간장에 조려 만드는 족장과와 나복백채장과가 올랐는데 이는 무배추장과를 뜻한다. 각색혜와 식혜가 올랐는데 식혜는 고종이 생전에 즐긴 음료인 식혜로, 각색혜는 각색해^醯로 보아 여러 종류의 젓갈로 추측된다. 김치류는 침채와 조침채가 나온다. 조침채는 교침채로 보이는 나박김치류로, 혜숙침채는 혜^醯 혹은 해^醯가 발효를 의미하므로 젓갈이 들어간 김치로 생각된다. 그리고 조미료류로 진장^{간장}, 초장^{초간장}, 개자^{겨자}가 올랐다. 과일로는 적니^{붉은 배}, 생니^배, 사과, 생대조^{대추}, 생률^밤이 올랐다. 음료로는 수정과^{배, 산사, 두충}가 올랐고, 화채도 올랐다.

고종의 저녁상, 석상식발기의 음식

다음은 기미년 고종 승하 이후 효덕전에 올린 석상식발기의 내용을 토대로 발기에 나오는 음식명을 정리한 것이다. 저녁 상차림으로 볼 수 있는데 흰수라와 팥수라 두 가지로 준비하고 탕으로는 잡탕, 내심육탕^{안심}, 토란탕, 명태탕, 백채^{배추}탕, 백어^{뱅어}탕, 두골탕^{소골을 얇은 막과 핏줄을 떼어내고 얇게 저며 밀가루와 달걀 입혀 전을 지져 육수에 넣어 끓인 국}, 백양탕 등이 올라갔다. 찜으로는 잡찜, 갈비찜, 완자찜이, 볶이로는 양, 두태, 간볶이와 청포묵에 쇠고기를 넣어 복은 청포황육볶이가 올랐다. 감장으로는 잡감장과 생선감장이, 초음식으로는 수어^{숭어}초가, 조치^{찌개} 종류로는 진어^{준치}조치와 명란조치가 올랐다.

적으로는 섭산적과 우육산적, 염통적이, 구이로는 편포구이가, 전 종류로는 육원전^{동그랑땡}, 양원전, 생선전유아, 간전유아, 천엽전유아, 곤자손전유아, 전누름적이 올랐다. 편육류로는 편유, 우설편, 만하소^{의 비장}편, 우설편이, 나물류를 뜻하는 채종류로는 길경^{도라지채}채, 궐고사리채와 과^{오이}채, 태아채^{콩나물}, 잡채가 올랐다. 장과류로는 각색장과, 장산적장과, 나복란장과가, 조림인 조리니로는 우육, 사태, 안심, 도가니조림이, 김치류로는 침채와 조침채, 혜숙침채가, 조미료류로는 진장^{간장}, 초장^{초간장}, 개자^{겨자}가 올랐다. 과일로는 사과, 온산사, 자두, 감귤, 생대조^{대추}, 생률^밤이, 음료로는 산사수정과와 생니수정과 및 화채가 올랐는데 화채는 여러 번 올랐다.

전체 그릇 수는 아침과 마찬가지로 총 19기였다. 그러나 밥, 국, 탕, 김치, 장 3종지, 과일, 화채를 제외하면 반찬 수로는 7~9기의 찬

고종의 저녁상, 석상식발기의 음식

다음은 기미년 고종 승하 이후 효덕전에 올린 석상식발기의 내용을 토대로 발기에 나오는 음식명을 정리한 것이다. 저녁 상차림으로 볼 수 있는데 흰수라와 팥수라 두 가지로 준비하고 탕으로는 잡탕, 내심육탕(안심), 토란탕, 명태탕, 백채(배추)탕, 백어(뱅어)탕, 두골탕(소골을 얇은 막과 핏줄을 떼어내고 얇게 저며 밀가루와 달걀 입혀 전을 지져 육수에 넣어 끓인 국), 백양탕 등이 올라갔다. 찜으로는 잡찜, 갈비찜, 완자찜이, 볶이로는 양, 두태, 간볶이와 청포묵에 쇠고기를 넣어 복은 청포황육볶이가 올랐다. 감장으로는 잡감장과 생선감장이, 초음식으로는 수어(숭어)초가, 조치(찌개) 종류로는 진어(준치)조치와 명란조치가 올랐다.

적으로는 섭산적과 우육산적, 염통적이, 구이로는 편포구이가, 전 종류로는 육원전(동그랑땡), 양원전, 생선전유아, 간전유아, 천엽전유아, 곤자손전유아, 전누름적이 올랐다. 편육류로는 편유, 우설편, 만하소(의 비장)편, 우설편이, 나물류를 뜻하는 채종류로는 길경(도라지채)채, 궐고사리채와 과(오이)채, 태아채(콩나물), 잡채가 올랐다. 장과류로는 각색장과, 장산적장과, 나복란장과가, 조림인 조리니로는 우육, 사태, 안심, 도가니조림이, 김치류로는 침채와 조침채, 혜숙침채가, 조미료류로는 진장(간장), 초장(초간장), 개자(겨자)가 올랐다. 과일로는 사과, 온산사, 자두, 감귤, 생대조(대추), 생률(밤)이, 음료로는 산사수정과와 생니수정과 및 화채가 올랐는데 화채는 여러 번 올랐다.

전체 그릇 수는 아침과 마찬가지로 총 19기였다. 그러나 밥, 국, 탕, 김치, 장 3종지, 과일, 화채를 제외하면 반찬 수로는 7~9기의 찬

〈표 16〉 조리법에 따른 고종 석상식발기 음식 분류

날짜	1919.7.6 (1919.7.10)	1919.7.10 (1919.7.15)	1919.7.21 (1919.7.25)	1919.10.1 (1919.10.5)
밥	수라/적두수라	수라/적두수라	수라/적두수라	수라/적두수라
탕	잡탕	내심육탕	토란탕	두골탕
찜		잡찜	갈비찜	
볶이	양볶이		두태볶이	청포황볶이
감장	생선감장			잡감장
초				
조치		진어조치		
적	섭산적	염통적	섭산적	우육산적
구이				
전유아	육원전+ 양원전	생선전유아+ 간전유아	생선전유아+ 양전유아	간전유아+ 곤자손전유아
편육	우설편	편육	우설편	만하편
좌반	각색좌반	각색좌반	각색좌반	각색좌반
채	길경채+궐채	청과채	길경채+궐채	태아채
장과	각색장과	장산적란장과		
조림	사태조리니		안심조리니	도가니사태조리니
식혜	식혜	식혜	식혜	식혜
침채	조침채/침채	조침채/침채	조침채/칙채	조침채/칙채
장	진장/개자/초장	진장/개자/초장	진장/개자/초장	진장/개자/초장
과일	사과	자두	온산사	생률
음료	화채	산사수정과	화채	화채

날짜	1919.10.10 (1919.10.15)	1919.10.16 (1919.10.20)	1919.11.11 (1919.11.5)	1919.11.26
밥	수라/적두수라	수라/적두수라	수라/적두수라	수라/적두수라
탕	명태탕	백채탕	백양탕	백어탕
찜	갈비찜			완자찜
볶이	청포볶이	간볶이	청포황육볶이	
감장			잡감장	
초		수어초		
조치				명란조치
적		염통적	우육산적	섭산적
구이	편포구이			
전유아	이원전+ 육원전	간전유아+ 천엽전유아	간전유아+ 곤자손전유아	간전유아+ 전느름적
편육	편육	만하편	만하편	편육
좌반	각색좌반	각색좌반	각색좌반	각색좌반
채	태아채	길경채+궐채	태아채	각색채
장과	각색장과			나복란장과
조림		우육조리니	도가니사태조리니	
식혜	식혜	식혜	식혜	식혜
침채	혜숙침채/침채	혜숙침채/침채	혜숙침채/침채	조침채/침채
장	진장/개자/초장	진장/개자/초장	진장/개자/초장	진장/개자/초장
과일	감귤	생대조	생대조	감귤
음료	화채	생니수정과	생니수정과	화채

※ 더하기표(+)는 한 그릇에 올린 음식.

품을 올렸다. 아침과 저녁은 거의 같은 비중으로 상을 차렸다. 이 석
상식에서도 조상식과 마찬가지로 후식으로 과일과 화채가 올랐다.

고종의 점심상, 주다례발기의 음식

주다례畫茶禮는 낮에 치르는 다례라는 의미의 점심상차림이다. 주다
례발기는 음력 7월과 10월, 11월의 총 12건이다. 역시 점심으로 차
린 면상이 주류다. 고종이 즐겼다는 목면冷麵을 기본으로 탕류초계탕, 갈비
탕, 족탕, 양탕, 생선전탕, 홍합탕 등에 전유어, 적, 편육과 떡, 과일, 화채들이 추
가된 상차림이다.

　과일로는 계절에 따라 서과水박, 진과참외, 생니배, 적니붉은 배, 포도, 생
률밤 등이 진설되었고, 음료로는 화채, 수단, 산사수정과, 두충수정
과가 올랐다. 떡류는 잡과밀설고병, 석이단자, 잡과백설고증병, 대
조자박병, 잡과감태증병, 잡과석이증병, 청자박병, 잡과녹두증병,
잡과백두나복증병 등이 올랐다. 여기서 병은 떡을, 증병은 찐 떡을
뜻한다. 잡과는 여러 가지 재료를 뜻하는데 대조는 대추, 감태는 파
래류의 일종인 해조류, 석이는 버섯 종류, 청자는 푸른 콩, 백두는
흰콩, 나복은 무를 의미한다. 이러한 명칭들은 여러 가지 다양한 재
료를 쪄서 만든 떡이라는 이름이다.

　찜으로는 잡찜, 갈비찜, 완자찜이, 전유아로는 소의 내장 부분인
천엽전유아, 간전유아, 양전유아, 곤자손전유아와 해삼전, 생선전,
낙지전, 생합전이 나온다. 적으로는 각색누름적과 닭을 이용한 계

〈표 17〉 조리법에 따른 고종 주다례발기 음식 분류

날짜	1919.7.1 (1919.7.5)	1919.7.6 (1919.7.11)	1919.7.11 (1919.7.15)	1919.7.16 (1919.7.20)	1919.7.21 (1919.7.25)	1919.7.26 (회일긔)
과일	서과	진과	사과	생니	적니	포도
음료	수단	화채	산사수정과	산사수정과	화채	화채
떡	잡과밀설고병+석이단자	잡과백설고증병+대조자박병	잡과감태증병+대조자박병	잡과석이증병+대조자박병	잡과녹두증병+청자박병	잡과녹두점증병+대조자박병
찜	잡찜			갈비찜	완자찜	
전유아	해삼전+천엽전유아	간전유아+곤자손전유아	생선전유아+양전유아	간전유아+온란전	간전유아+양전유아	간전유아+곤자손전유아
적		각색느름적	계적			
편육	제숙편	편육	편육	편육	제숙편	전체숙
탕	초계탕	갈비탕	족탕	양탕	생선전탕	홍합탕
면	목면	목면	목면	목면	목면	목면
장	튜청/개자/초장	튜청/개자/초장	튜청/개자/초장	튜청/개자/초장	튜청/개자/초장	튜청/개자/초장

날짜	1919.10.1 (1919.10.5)	1919.10.6 (1919.10.10)	1919.10.11 (1919.10.15)	1919.10.21 (1919.10.25)	1919.10.26 (회일긔)	1919.11.1 (1919.11.5)
과일	생니	생니	생니	생률	생률	생니
음료	화채	산사수정과	화채	화채	화채	두충수정과
떡	잡과백두나복증병+대조자박병	잡과백두점증병+잡과석이단자	잡과녹두증병+대조자박병	잡과백두나복증병+청자박병	잡과녹두증병+잡과병	잡과백두증병+잡과병
찜	완자찜	갈비찜		잡찜	완자찜	잡찜
전유아	낙제전유아+간잔유아	생선전유아+양전유아	간전유아+생합전	생선전유아+천엽전유아	간전유아+천엽전유아	천엽전유아+해삼전
적			각색느름적			
편육	편육	제숙편	편육	제숙편	편육	제숙편
탕	족탕	양탕	갈비탕	홍합탕	잡탕	티각탕
면	목면	목면	목면	목면	목면	목면
장	튜청/개자/초장	튜청/개자/초장	튜청/개자/초장	튜청/개자/초장	튜청/개자/초장	튜청/개자/초장

* 더하기표(+)는 한 그릇에 올린 음식.

적, 편육으로는 돼지고기로 만드는 제숙편, 닭으로 만드는 전체숙이 나온다. 탕도 다양한데 닭으로 만드는 초계탕, 갈비탕, 족탕, 양탕, 생선탕, 홍합탕, 다시마로 만드는 티각탕이 올라갔다. 면으로는 고종이 즐겨 먹었다는 목면^{냉면}이, 장 종류로는 개자, 초장, 떡을 찍어 먹기 위한 튜청^꿀의 세 종지가 올라갔다.

고종의 사후 상식발기 이외에 현재 남아 있는 상식발기로는 1890년(고종 27)에 조대비로 알려져 있는 익종비 신정왕후 조씨神貞王后 趙氏(1808~1890)의 상식발기가 있다. 이 상식발기는 빈전을 이룬 후 산릉에 행차하여 차린 석상식이다. 여기에 진설된 음식의 종류는 수라, 고음탕, 수어탕^{숭어탕}, 전복숙, 해찜^{게찜}, 두태볶기^{콩팥볶음}, 편포구이^{다진 고기를 뭉쳐 말린 뒤 구운 것}, 편육, 어적, 양원전·계원전^{양과 닭을 각각 다져 만든 완자전}, 각색좌반, 각색장과, 각색채, 각색혜, 염수어적^{소금에 절인 숭어구이}, 침채, 진장으로 모두 17그릇이다. 고종의 상식발기와 비교했을 때 과일과 화채가 빠진 것 외에는 큰 차이가 보이지 않는다.

고종의 조상식 상차림

고종은 조선 제26대 왕이자 대한제국 제1대 황제를 지냈다.
그의 재위 동안 개화와 수구의 양파가 대립했고, 병자수호조약, 한미수호통상조약,
한영수호통상조약 등이 이루어졌다. 명성황후와 대원군의 세력 다툼 사이에서
일본을 비롯한 열강의 내정 간섭을 겪다가 1919년 1월 21일 승하했다.
고종 승하 이후 27개월간 상식과 주다례가 효덕전에 올려졌다.
이때 올린 음식이 상식발기와 주다례발기에 상세히 기록되어 있다.
이 조석상식과 주다례발기 중에서 임의로 1919년 10월 10일자의 발기를 선택하여
아침, 점심, 저녁의 상차림을 만들어보았다. 음식발기에 음식명만 기록되어 있어
비슷한 시기의 조리서들°을 참조했다. 이런 이유로 조리법은 재현이라기보다는
현대에 맞게 재해석한 것이라고 보는 편이 타당할 듯하다.

한희순 외, 《이조궁정요리통고》, 학총사, 1957; 작자미상, 《시의전서》, 19세기 말경;
방신영, 《조선요리제법》, 신문관, 1917; 조자호, 《조선요리법》, 광한서림, 1938; 이용기, 《조선무쌍신식요리제법》, 영창서관, 1943;
빙허각 이씨(1809), 정양완 옮김, 《국역 규합총서》, 보진재. 1975.

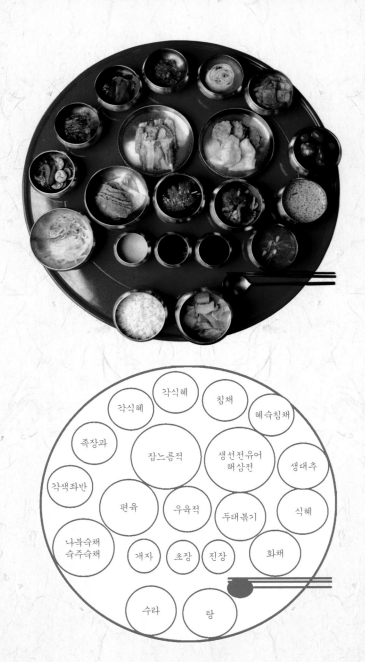

각식혜

각식혜　침채

혜숙침채

족장과　　잡느름적　　생선전유어
해삼전　　　생대추

각색좌반

편육　　우육적　　두태볶기　　식혜

나북숙채
숙주숙채　　개자　초장　진장　　화채

수라　탕

一九一九年긔미음십월십일됴셕상식볼긔-십오일긔

원문		그릇 수	현대역	
슈라	일긔	1	수라	1기
망일 三 상식*			망일 3상식	
졈미슈라	일긔	2	점미수라	1기
잡느름젹	일긔	3	잡느름적	1기
각색혜	일긔	4	각색혜	1기
두틔봇기	일긔	5	두태볶기	1기
우육젹	일긔	6	우육적	1기
싱션젼유ᄋᆞ 희삼젼 ┐	일긔	7	생선전유어 해삼전 ┐	1기
편육	일긔	8	편육	1기
각식좌반	일긔	9	각색좌반	1기
나복 숙즈 · 숙치	일긔	10	나복 숙주 · 숙채	1기
족장과	일긔	11	족장과	1기
식혜	일긔	12	식혜	1기
혜숙침치	일긔	13	혜숙침채	1기
팀치	일긔	14	침채	1기
진쟝	일긔	15	진장	1기
개즈	일긔	16	개자	1기
초쟝	일긔	17	초장	1기
싱대조	일긔	18	생대추	1기
화치	일긔	19	화채	1기
이샹십구긔			이상 19기	

* 망일 3상식은 1919년 10월 15일 망일에 점미수라, 잡느름적, 각색혜를 추가로 올렸음을 의미.

팥수라 | 흰수라

재료

쌀 3컵, 적두(붉은 팥) ½컵, 팥물 3컵 반

'수라水剌'는 고려 말 몽골어 '술런'에서 유래하여 이후 왕실에 정착된 것으로 알려져 있는데,
왕이 일상에서 먹는 밥을 가리킨다. 보통 수라상에는 멥쌀로 짓는 흰수라[白飯]와 팥수라[紅飯]를 올린다.
조상식발기에도 수라와 점미수라가 나란히 올랐는데 점미는 찹쌀을 뜻하며
이는 흰쌀밥과 팥수라로 보인다. 왕실에서도 밥맛을 중시하여 정성을 기울였다.
쌀은 전국에서 최상급을 진상 받아 지었다. 솥은 새옹이라는 조그마한 곱돌솥에 쌀밥과 팥밥을 각각
한 그릇씩만 지었는데 지은 화로에 숯불을 담아 그 위에 놓고 은근히 뜸을 들여 지었다고 한다.
팥수라는 쌀과 팥을 한데 넣어 지은 밥이 아니라 쌀에 팥 삶은 물만 부어 붉은색이 나도록 지은 밥으로
홍반, 팥물밥, 적두수화취赤豆水火炊^{팥물을 조화시켜 밥을 짓는다} 혹은 중등밥이라고도 한다.
팥물을 삶을 때 팥알이 터지지 않고 팥의 붉은 물이 나올 때까지 삶는다.
멥쌀 3컵에 팥물 3컵 반의 비율로 밥을 하면 좋다.

조리법
① 팥을 일어 건져 물을 잠기게 붓고 삶아 끓으면 물을 따라 버리고 다시 찬물 5컵을 부어
　　팥알이 터지지 않을 정도까지 삶은 팥물을 받는다.
② 쌀은 물에 씻어 30분 정도 불린 다음 체에 건져 물기를 뺀다.
③ 쌀을 섞어 솥에 안치고 ①의 분량의 팥물을 붓는다.
④ 밥물이 끓으면 주걱으로 아래위 고루 섞고 중불로 줄인다.
　　밥물이 거의 없어지면 약불로 하여 뜸을 들인다.

잡느름적

재료

소고기(우둔) 100g, 전복 1개, 불린 해삼 1개, 낙지 100g, 말린 표고버섯 2개,
통도라지 100g, 당근 ½개, 대파 2대, 밀가루 ½컵, 달걀 3개

* 고기·해물·채소 양념: 간장 3큰술, 설탕 1 ½큰술, 다진 파 1큰술,
  다진 마늘·깨소금·참기름 ½큰술씩

원래 '적炙'은 고기구이 요리의 대명사다.

적은 꼬치에 꿰어 직화로 굽는 음식을 지칭한다. 이후 꼬치에 꿰어 모양을 갖추어

직화에 굽거나 지지는 산적 형태, 굽거나 지진 것에 즙을 쳐서 먹는 누르미, 즙을 치는 형태가 아닌

밀가루와 달걀물을 입혀 번철에 지지는 누름적이 나왔다고 보지만 확실한 조리법을 알기는 어렵다.

왕실 의궤에는 적 음식으로 어음적과 화양적이 많이 등장한다.

잡느름적은 채소, 육류, 어패류 등의 다양한 재료를 색스럽게 꿰어 굽거나 지져낸 음식으로 보았다.

여기서 '잡'은 소고기, 전복, 해삼, 낙지 등의 산해진미가 종합된 고급한 음식을 뜻하는

궁중 음식 용어로 자주 등장한다. 잡느름적은 잡누름적, 잡누르미라고도 하며

주로 왕가에서 해먹던 음식으로 탄신이나 주안상에도 올랐다.

조리법

① 소고기는 1센티미터 두께로 준비해 손바닥 크기로 썰고 칼등으로 가볍게 두드려 고기를 연하게 한 후

　　양념장을 넣는다. 양념한 고기를 팬에 올려 겉만 익힌 후 폭 0.7센티미터, 길이 6센티미터의

　　막대 모양으로 썰어 다시 팬에 올려 속까지 익힌다.

② 전복은 깨끗이 손질하여 살을 발라내고 소금물에 살짝 데쳐 같은 크기로 썰어 양념장에 무쳐 살짝 볶는다.

③ 낙지는 6센티미터 길이로 썰어서 양념해 살짝 볶는다.

④ 불린 해삼은 소고기와 같은 길이로 썰어 양념해 살짝 볶는다.

⑤ 말린 표고버섯은 되도록 큰 것으로 골라 물에 불렸다가 0.8센티미터 폭으로 썰고,

　　통도라지와 당근도 소고기와 같은 길이로 썰어 소금물에 살짝 데친다. 데친 통도라지와 당근은 양념해

　　각각 팬에 볶아 넓은 그릇에 펴서 식힌다. 대파는 6센티미터 길이로 잘라 2등분해 양념한다.

⑥ 달걀은 노른자와 흰자를 나누어 각각 지단을 부친 다음 길이 5센티미터로 곱게 채 썬다.

⑦ 준비한 소고기, 해물, 채소를 대꼬치에 색을 맞추어 번갈아 꿴 다음 끝을 가지런히 다듬고

　　지단과 잣가루를 고루 뿌린다.

두
태
볶
기

재료

소 콩팥 600g, 말린 표고버섯 2개, 느타리버섯 80g, 마늘 2톨, 대파 8센티미터, 생강 ½톨, 잣가루 약간

* 소 콩팥 삶기: 물 10컵, 소금 1큰술, 대파 ½대, 마늘 3톨, 생강 1톨, 통후추

* 양념장: 간장 2큰술, 물 5큰술, 설탕 1큰술, 깨소금·후춧가루·참기름 2작은술씩

'두태豆太'는 소의 내장인 콩팥을 말한다. 한자어 그대로 콩[豆]과 팥[太]을 이르는 말로
콩팥을 한자의 뜻을 빌려 쓴 말이다. 콩팥의 모양이 마치 콩과 팥처럼 생겨서 나온 말로 보인다.
조선 왕실에서는 소의 내장을 음식 재료로 많이 활용했다.
두태볶기는 콩팥볶음이라고도 할 수 있는데 여기서는 소의 콩팥에 표고버섯과 느타리버섯 등을
함께 넣어 양념한 후 볶아서 만들었다. 두태는 소의 내장이라
단백질과 무기질이 풍부하며 기름기가 없고 맛이 연한 것이 특징이다.

조리법

① 소 콩팥은 두꺼운 쪽에 붙은 기름과 핏줄을 떼어내고 칼등으로 긁어서 씻은 후 찬물에 담가 핏물을 뺀다.
② 핏물을 뺀 콩팥을 끓는 물에 넣고 다시 물이 끓어오르면 파와 저민 마늘, 생강, 통후추를 넣는다.
　중간 중간 거품을 걷어 내고 불을 줄여 서서히 삶아 익힌다.
　1시간 정도 끓여서 젓가락으로 찔러 보고 익었으면 건져서 흰색의 두꺼운 막을 칼로 벗긴 후
　다시 솥에 소금과 함께 넣어 좀 더 끓인다. 다 삶은 콩팥은 채 썬다.
③ 말린 표고버섯은 물에 불려 채 썰고, 느타리버섯은 먹기 좋은 크기로 찢는다.
④ 대파는 2센티미터 길이로 채 썰고, 마늘과 생강도 채 썰어 준비한다.
⑤ 참기름을 제외한 분량의 양념장과 채 썬 ④의 재료를 섞어 냄비에 끓이다가
　콩팥, 표고버섯, 느타리버섯을 넣고 볶은 후 마지막에 참기름을 두른다.
⑥ 고명으로 잣을 올려 마무리한다.

발기에서 각색혜는 젓갈류를 뜻하는 '각색해'로서 여러 가지 젓갈을 의미하는 것으로 보인다.
'식혜'로 보는 이유는 같은 상차림에 음료인 '식혜'가 있기 때문이다. 왕실에서는 여러 어패류로
젓갈을 담았다. 어리굴젓은 석화해石花醢, 명란젓은 명란해明卵醢, 조기젓은 석어해石魚醢,
황석어로 담근 젓은 황석어해黃石魚醢, 조개젓은 합해蛤醢, 새우젓은 하해蝦醢라 했다.
조기젓은 5~6월에 담그는데 서해에서 잡은 조기를 마포나루를 통해 서울에 들여왔다고 한다.
새우젓은 5월에 담근 것을 오젓, 6월에 담근 것은 육젓, 가을에 담근 것을 추젓,
겨울에 담근 것은 백하젓, 잔새우로 담근 것을 곤쟁이젓자하해紫蝦醢이라 했다.
계절별로 담아 두고 왕실에서 사용했다.

합해는 조개젓을 말한다. 바지락, 소합 등과 같이 작은 조갯살을 소금에 절여
노랗게 삭힌 젓갈이다. 주로 초여름에 담근다.

재료
조갯살 1kg, 소금 150g
* 양념장: 홍고추 1개, 풋고추 1개, 다진 파 2큰술, 다진 마늘·고춧가루·
  깨소금 1큰술씩, 식초 1작은술

조리법
① 조갯살은 알이 작고 또렷한 것으로 골라 소금물에 살살 흔들어 씻어
  소쿠리에 건져서 밑에 고이는 물을 받는다.
② ①의 받은 물을 냄비로 옮겨 거품을 걷어내며 끓여 식힌다.
③ 조갯살에 소금을 넣고 버무려 용기에 담아 ②를 붓고
① 뚜껑을 덮어 서늘한 곳에서 2주 정도 삭힌다.
④ 상에 내기 전에 적당량의 양념장을 넣고 무친다.

황석어는 민어과에 속하는 작은 물고기로, 주로 소금에 절여 젓갈로 만든다.
서울로 북송되어 세력 있고 신분 높은 사람에게 보내질 정도로 당시에는 진귀하고
맛있는 음식이었다고 한다. 황석어로 담그는 황석어젓은 궁중에서도 애용했다.

재료
황석어 200g, 소금 1컵
* 양념장: 무 100g, 홍고추 ½개, 풋고추 ½개, 다진 대파 20g,
  고춧가루·다진 마늘 2큰술씩, 깨소금 1큰술

조리법
① 황석어는 신선한 것으로 골라 깨끗이 씻어 체에 건져 물기를 뺀다.
② 물기가 빠진 아가미와 생선 전체에 소금을 고루 뿌리고 버무려 작은 용기에 담는다.
③ 용기 윗부분에 황석어가 보이지 않을 정도로 소금을 넉넉히 뿌리고
  뚜껑을 덮어 서늘한 곳에 두어 두 달 이상 익힌다.
④ 잘 익은 황석어젓에 잘게 썰고 작게 나박 썬 무와 굵게 다진
  · 홍고추·풋고추를 넣어 분량의 양념장과 함께 무쳐낸다.

우
육
적

재료

소고기(등심 또는 안심) 300g, 잣가루 약간

* 고기 양념: 간장 2큰술, 설탕 1큰술, 다진 파 2큰술, 다진 마늘·깨소금·참기름 1큰술씩, 후춧가루 ¾작은술

우육적은 적의 일종으로 쇠고기로 만든 적을 말한다.

적은 재료를 각각 같은 길이로 잘라 양념하여 꼬챙이에 꿰어 구운 것이다.

육산적 혹은 정육산적이라고도 하는 우육적은, 반상에 놓기도 했고 면이나 떡국의

웃기로 쓰기도 했다. 쇠고기를 양념하여 꼬치에 꿰어 만들기도 했고,

부재료로 데친 도라지와 파를 번갈아 꼬치에 꿰어 만들기도 했다.

조리법

① 소고기를 1센티미터 두께로 넓게 썬 후 잔칼질을 넣어 폭 2센티미터, 길이 5~6센티미터로 썬다.

② 분량의 고기 양념에 ①의 소고기를 넣고 간이 배이게 주물러 재운다.

③ 고기를 꼬치에 꿰어 도마에 놓고 자근자근 칼질을 해서 판판하게 한다.

④ 석쇠에 올려 은근한 불로 구운 뒤 잣가루를 뿌린다.

편육

양지머리 편육

삼겹살 편육

편육은 고기를 삶아 편편하게 만든 음식을 말한다. 무거운 것으로 눌러 모양을 잡아 굳혀 얇게 저며서
만든다. 재료로는 소와 돼지고기가 주로 쓰였다. 소고기는 소머리, 양지머리, 사태, 부아, 지라,
우설소의 혀, 유통소의 가슴 등이 쓰였고, 돼지고기는 돼지머리, 삼겹살 등이 쓰였다.
소고기와 돼지고기가 한데 쓰였기 때문에 이를 통틀어 '편육'이라고 한 듯하다. 궁중의 편육에는
소고기와 돼지고기의 다른 부위를 한 가지씩 이용했는데, 각각 삶아서 얇게 썬 후 한 그릇에 어울리게 담은
것으로 보인다. 여기서는 소는 양지머리, 돼지고기는 삼겹살을 이용하여 만들어보았다.

재료

양지머리 600g, 물 20컵, 소금 1 ½큰술, 대파 1대, 마늘 3톨

조리법

① 두툼한 양지머리를 구해 찬물에 담가 핏물을 뺀다.

② 끓는 물에 ①을 넣고 국물이 다시 끓어오르면 크게 썬 파와 저민 마늘을 넣는다.

③ 1시간 정도 삶아서 젓가락으로 찔러 맑은 물이 나오면
   소금을 넣고 10분 정도 더 삶아 건진다.

④ 삶아 건진 양지머리는 젖은 면보자기에 싸서 위에 무겁고 평평한
   도마를 얹어 반듯한 모양으로 굳힌다.

⑤ 눌러 놓은 고기를 5센티미터 폭으로 나누고,
   고깃결의 반대 방향으로 0.5센티미터 두께로 얇게 썬다.

⑥ 초간장이나 겨자장을 곁들인다.

재료

삼겹살 600g, 물 20컵, 소금 1 ½큰술, 생강즙 1큰술, 대파 1대, 마늘 3톨

조리법

① 두꺼운 부위의 삼겹살을 끓는 물에 넣고 국물이 끓어오르면
   생강즙과 크게 썬 파, 저민 마늘을 넣는다.

② 1시간 정도 삶은 후 삼겹살을 젓가락으로 찔러 맑은 물이 나오면
   소금을 넣고 10분 정도 더 삶아 건진다.

③ ②의 삼겹살은 젖은 면보자기에 싸서 위에 무겁고 평평한
   도마를 얹어 반듯한 모양으로 굳힌다.

④ 눌러 놓은 고기는 5센티미터 폭으로 나누고 고깃결 반대로
   0.5센티미터 두께로 얇게 썬다.

生선전유어

전은 우리의 가장 대표적인 음식이다. 잔치나 제사 때면 으레 만드는 음식이다.
전의 고소한 기름 냄새로 잔치나 제사 준비가 시작된다고 할 정도다. 왕실에서도 마찬가지였다.
생선으로 만든 전은 생선전유어, 생선전유화, 어전유화로 표기한다. 이때 사용되는 생선은 민어, 숭어, 도미,
대구 같은 흰살 생선을 주로 썼다. 궁중의 생선전은 흰살 생선을 살만 발라 얇게 저민 다음 소금을 뿌린 후
녹말이나 밀가루를 묻히고 달걀 푼 것에 담갔다가 번철에 기름을 두르고 지져 낸다.
때로는 달걀 없이 가루만 입혀서 밀가루로 즙을 만들어 지져 내기도 한다.
기름에 깨끗하게 잘 지져내는 것이 중요하다.

재료
생선살(민어) 300g, 소금 적당량, 후춧가루 약간, 밀가루 ½컵, 달걀 2개, 식용유 적당량

조리법
① 내장을 제거한 민어를 깨끗이 씻어 3장 포뜨기를 해 살만 깨끗이 4×5센티미터 크기로 저민다.
② ①의 생선살에 소금과 후춧가루를 고루 뿌려 밑간한다.
③ 달걀은 소금 간을 조금 하여 멍울 없이 잘 푼다.
④ ②의 생선살은 물기를 닦아 밀가루, 달걀물 순서로 옷을 입혀
　　달군 팬에 식용유를 두르고 앞뒤로 노릇하게 지진다.

해삼전

건해삼을 물에 잘 불려서 고기와 두부 등의 소를 채운 후 밀가루와 달걀물을 입혀서 지진 전이 해삼전이다.
해삼전은 다양한 재료가 쓰인 고급스러운 음식으로 왕실 잔치에 빠지지 않았다.
주재료인 해삼에 다진 쇠고기살과 두부, 밀가루, 달걀, 잣, 쌀가루 등이 쓰였고,
양념으로 간장, 소금, 후춧가루, 참기름, 파, 생강, 마늘, 깨소금이 쓰였다.
조선 시대 일부 문헌에는 뮈쌈이라고 쓰여 있기도 하다.

재료
불린 해삼(소) 3마리, 밀가루 적당량, 달걀 2개, 식용유·잣가루 적당량
* 소 : 다진 소고기 80g, 두부 50g
* 소 양념 : 간장 1작은술, 소금 ¼작은술, 설탕 ½큰술, 다진 파 2작은술, 다진 마늘·깨소금·참기름 1작은술씩, 후춧가루 약간

조리법
① 불린 해삼은 배를 갈라서 내장을 꺼내고 깨끗이 씻어 물기를 없앤다.
② 두부는 곱게 으깨어 물기를 꼭 짠 다음 다진 소고기, 소 양념과 섞어 치댄다.
③ ①의 해삼 안쪽에 밀가루를 고루 묻힌 다음 ②를 꼭꼭 눌러 채운 것을 2센티미터 두께로 썬다.
④ ③에 밀가루, 달걀물 순서로 옷을 입혀 식용유를 두른 달군 팬에 놓아 속이 익으면 뒤집어서 조금 더 지진다.
⑤ 그릇에 담아 잣가루를 뿌린다.

각색좌반

좌반은 자반이라고도 하며 밥과 같이 먹을 수 있는 밑반찬을 의미한다.

각색좌반은 여러 종류의 밑반찬을 말한다. 굴비자반, 북어보푸라기, 북어무침, 어란魚卵, 매듭자반,

미역자반, 더덕자반, 김자반, 장볶이장볶음, 김부각, 다시마부각, 육포다식肉脯茶食,

건치다식, 새우다식 등이 있다. 《원행을묘정리의궤》에 의하면 주수라자궁상에 굴비건석어乾石魚와

어란이 좌반으로 올랐다는 기록이 있다. 특히 어란은 숭어알이나 민어알을 이용하여 만드는

귀한 반찬이었다. 육포다식은 육포를 말려 찧어서 차과자인 다식을 만드는 다식판에 박아 낸 것으로

모양이 무척 아름답다. 조선 시대 중요한 반찬류였는데 《원행을묘정리의궤》의 조수라자궁상에는

소고기로 만드는 황육다식黃肉茶食, 우포다식牛脯茶食이 올랐다고 나온다.

여기서는 김좌반과 어란, 육포다식을 만들어보았다.

김좌반

재료

김 10장, 통깨 1큰술

* 양념장: 간장 2큰술, 설탕 2작은술, 고춧가루·참기름 ½작은술씩

조리법

① 티를 골라낸 김을 넷으로 접는다.

② 쟁반에 접은 김을 놓고 양념장을 숟가락으로 떠서 구석구석 고루 바른 후
  다시 위에 김을 놓고 같은 요령으로 발라서 잠시 겹쳐서 꼭꼭 눌러 둔다.

③ 간이 배면 채반에 한 장씩 펴서 겹치지 않게 널고 위에 통깨를 고루 뿌려 말린다.
  이때 가끔 자리를 옮겨야 채반에 눌어붙지 않는다.

④ 바싹 마른 ③의 김자반을 석쇠에 올려 살짝 굽고
  가장자리를 다듬어서 한입 크기로 썬다.

어란

재료

민어 2마리, 소금: 민어알의 10% 소금, 참기름

* 소금물: 물 3컵, 천일염 2큰술

조리법

① 민어를 손질하여 알을 꺼낸 후 소금물에 30분 정도 담궈서 핏기를 제거한다.

② 핏기를 뺀 어란에 소금을 뿌려 하루 정도 냉장 보관하여 단단하게 한 뒤 한번 씻어낸다.

③ 채반에 어란을 널어 말리고 참기름을 계속 발라가면서 말린다.
  (보통 2주 정도 선풍기 바람에 말린다.)

육
포

재료

소고기(우둔살) 400g

* 고기 양념: 간장 4큰술, 설탕·꿀 1큰술씩, 후춧가루 ½작은술,

생강 1톨, 말린 고추 ½개

조리법

① 소고기를 결 방향으로 0.4센티미터 두께로 넓게 포를 뜬 다음
　힘줄이나 지방이 없도록 손질한다.

② 간장에 설탕, 생강편, 말린 고추를 넣고 한소끔 끓여 식힌 후 꿀을 섞는다.

③ ①을 한 장씩 양념장에 담가 고루 적셔 간이 배도록 둔다.

④ ③을 한 장씩 겹치지 않게 펴 통풍이 잘되고 햇볕이 좋은 곳에 널고 3~4시간 지난 뒤
　꾸덕하게 마르기 시작하면 자주 뒤집어 안팎을 고루 말린다.

⑤ 먹기 전에 참기름을 발라 석쇠에 올려 살짝 굽는다.

⑥ ⑤를 적절히 썰어서 접시에 담고 잣가루를 뿌리거나 잣을 고명으로 올린다.

육
포
다
식

재료

육포 50g, 올리고당 10g, 깨소금 3g, 잣 40g

조리법

① 육포를 잘라 팬에 볶거나 살짝 굽는다.

② 분쇄기에 ①과 깨소금을 각각 곱게 간다.

③ 간 육포에 ②의 깨소금과 올리고당을 넣어 반죽한다.

④ 잣은 기름기 없이 곱게 다진다.

⑤ 다식판에 잣가루를 먼저 넣고 ③을 그 위에 놓아 눌러 박아 모양을 낸다.

숙주숙채 │ 나복숙채

나물류는 생채와 숙채로 나눈다. 생채는 채소를 생으로 무친 것을, 숙채는 삶아서 양념에 무친 것을 말한다.
궁에서는 주로 숙채를 먹었다. 나복蘿蔔이 무를 뜻하므로 나복숙채는 무나물이다.
대개 무, 미나리, 파, 고추, 생강, 깨가 재료로 쓰였으며, 무와 미나리를 한데 담은 것으로 보인다.
무에 소고기를 넣기도 한다. 다진 고기를 양념해 볶다가 무채를 넣어 볶아 무의 숨이 죽으면
양념을 넣고 고루 섞는다. 여기에 물을 두르고 뚜껑을 덮어 약한 불로 익힌 후
실고추를 얹고 깨소금을 뿌린다. 숙주숙채는 녹두나물을 말한다. 데친 숙주와 각각 볶은
소고기, 미나리, 당근, 양파를 양념하여 한데 무친 후 고명으로 실고추와 구운 김을 올리기도 한다.
미나리를 데쳐 물기를 짜고 숙주와 함께 겨자장에 무친 것은 숙주채라 한다.

나복숙채

재료

무 300g, 물 ⅓컵, 깨소금 ½큰술

* 양념장: 다진 파 1큰술, 다진 마늘 ½큰술, 다진 생강 ½작은술,

　소금·참기름 1큰술씩

조리법

① 무는 껍질을 벗겨 0.3센티미터 두께로 얇게 썬 후 5센티미터 길이로 채썬다.

② 바닥이 두꺼운 냄비를 달구어 무채에 분량의 물을 넣고 끓이다가 무가 숨이 죽으면

　양념장을 넣고 뚜껑을 덮어 약한 불에서 뜸을 들인다.

③ 국물이 조금 남을 정도가 되면 깨소금을 넣어 고루 섞는다.

숙주숙채

재료

숙주 150g, 미나리 30g, 깨소금 1작은술

* 양념장: 소금 ⅓작은술, 국간장 ½작은술, 다진 파 1작은술,

　다진 마늘 ½작은술, 참기름 1작은술

조리법

① 숙주는 꼬리를 다듬어 씻은 다음 소금을 넣은 끓는 물에 삶아 찬물에 헹궈 물기를 짠다.

② 미나리는 다듬어 끓는 물에 소금을 넣고 파랗게 데친 뒤 찬물에 헹궈

　물기를 짜고 5센티미터 길이로 썬다.

③ 숙주와 미나리에 분량의 양념장을 넣고 살살 버무려 그릇에 담고 깨소금을 뿌린다.

족
장
과

재료

우족 1개(1kg), 사태 600g, 대파 2대, 마늘 10톨, 생강 50g, 달걀 2개, 잣 1큰술,
실고추·석이채 약간씩, 간장 3큰술, 다진 마늘 1큰술, 후춧가루 약간

우족을 고아서 만드는 조선 시대의 유명한 보양식으로 족편이 있다.
족편은 소의 다리를 푹 곤 다음 뼈를 추린 후 양념하여 끓여 여러 재료를 넣고
묵같이 굳혀 낸 아름다운 음식이다. 콜라겐이 풍부한 고단백 보양식으로
조선 시대에 많이 만들어 먹었다. 족장과는 이 족편과 비슷한 음식으로 삶은
우족의 살만 발라서 주로 간장으로 양념하여 굳혀 낸 찬류다.

조리법
① 우족은 말끔히 털을 깎아 내고 솔로 문질러서 깨끗이 씻어 토막을 낸 후 물에 담가서 피를 뺀다.
② 냄비에 물을 넉넉히 끓여서 ①을 넣고 한소끔 끓으면 건져내어 다시 깨끗이 씻는다.
③ 달걀은 노른자와 흰자로 나누어 각각 얇게 지단을 부친 다음 채 썬다.
④ ②의 우족과 사태를 냄비에 넣고 충분히 잠기도록 물(약 6L)을 붓고 삶다가 끓어오르면 파와 마늘,
　생강을 저미며 넣는다. 중간중간 거품을 걷어내고 불을 줄여 서서히 삶아 익힌다.
⑤ 우족의 골수가 쉽게 빠질 정도까지 끓여서 뼈를 추린 다음 체에 쏟아 국물은 받고
　고기는 곱게 다져 간장으로 간을 맞춘다. 다진 고기와 받은 국물을 다시 냄비에 담고 분량의
　소금, 간장, 다진 마늘, 후춧가루를 넣고 약한 불에서 서서히 끓인다.
⑥ 네모진 틀에 물을 고루 바르고 ⑤를 부어 식힌다. 윗면이 약간 굳기 시작하면
　황백 지단, 석이채, 실고추, 잣을 고루 얹고서 냉장고에 넣어 굳힌다.

식
혜

재료
엿기름 180g, 물 15컵, 멥쌀 2컵, 생강 20g, 설탕 1 ½컵, 실백 1큰술

식혜는 흰밥이나 찹쌀밥을 엿기름 우린 물로 삭혀서
단맛이 나게 한 우리의 전통 음청류다.
조선 시대 왕실에서도 즐겼으며 특히 소화에 좋아
왕의 일상식 상차림에 자주 올랐다.
보통 잣 고명을 올린다.
유자가 나는 철에는 유자를 띄우기도 하는데
그 맛이 향긋하고 좋다.

조리법

① 엿기름 가루를 미지근한 물에 불려 바락바락 주무른 다음 고운체에 밭인 후 윗물만 쓴다.
② 쌀은 물에 불려 밥을 되직하게 짓는다.
③ ①의 엿기름물에 밥을 부어 40℃ 정도에서 계속 당화시킨다.
④ 5~6시간 두어 밥알이 떠오르면 밥알을 모두 건져 찬물에 헹궈 건져 둔다.
⑤ 밥알을 건져낸 식혜물에 저민 생강과 설탕을 넣어 끓인 다음 체로 거른다.
⑥ 식혜물을 시원하게 식혀서 그릇에 담고 밥알과 잣을 띄워낸다.

혜
숙
침
재

재료

통배추 2통, 절임 소금 1kg, 물 5L, 무 2개, 배 ½개, 밤 3개, 갓 200g, 미나리 100g,

청각 25g, 대파 100g, 다진 마늘 100g, 다진 생강 50g, 고춧가루 200g,

낙지 1마리, 조기 젓국 100g, 새우젓 ¼컵, 양지머리 육수 8컵

침채沈菜는 김치의 한자어라 볼 수 있다.

왕실의 한글 상식발기에는 김치가 아닌 침채가 나온다.

지금도 김치는 우리의 중요한 발효 음식이지만 왕의 반상에서도 조석으로 중요한 찬류였다.

발기에는 두 종류의 침채가 등장한다. 바로 '혜숙침채'와 '침채'다.

궁에서는 일반적으로 고춧가루가 들어가지 않은 백김치를 즐겼는데 이는 침채라고 기록하고,

여러 가지 젓갈과 해물을 넣어 담근 김치는 혜숙침채로 기록한 것이 아닐까 추측된다.

조선 말기에는 귀한 해물을 넣어 감동젓으로 담근 무김치인 감동젓무도 있고,

무를 익혀서 담근 숙깍두기도 있었다. 장으로 담근 김치를 장김치,

깍두기를 송송이라고 부르기도 했다.

여기서는 각종 해물을 넣어 담근 혜숙침채를 소개한다.

조리법

① 물 5L에 소금 600g을 넣은 소금물에 네 쪽으로 가른 배추를 담그고
   소금을 뿌려 절인 다음 맑은 물에 여러 번 헹궈 엎어 놓는다.

② 조기젓은 살을 발라 저미고 뼈는 물을 붓고 끓여 한지에 밭아 맑은 젓국을 만든다.

③ 무는 채 썰고, 남은 것은 큼직하게 썰어 소금에 절인다.

④ 배는 채 썰고, 밤은 저며 썬다. 갓, 미나리, 청각은 3센티미터 길이로 썰고,
   낙지도 같은 길이로 썰어 준비한다.

⑤ 고춧가루는 양지머리 육수 2컵을 넣어 불린다.

⑥ ⑤에 무채를 비벼 붉은 색을 입힌 다음 낙지, 새우젓, 조기젓국,
   갓, 미나리, 청각, 파, 마늘, 생강, 배, 밤을 넣어 고루 섞는다.

⑦ 절여 놓은 배추에 ⑥의 배추속감을 넣어서 독에 차곡차곡 담고
   소금에 절여 놓은 무도 사이사이에 넣은 후 배추 겉잎으로 잘 덮어준다.

침
채

재료

통배추 2통, 무 2개, 갓 100g, 실파 50g, 낙지 1마리, 조기젓 100g, 밴댕이젓 100g,

마늘 5통, 물 6컵, 청각 50g, 소금 적당량

김치는 궁중의 일상식 상차림뿐만 아니라 잔칫상에도 오를 정도로 중요한 찬류였다.
1848년과 1877년의 《진찬의궤》에는 '숭침채'라는 이름으로 등장한다.
'숭菘'이 '배추'를 뜻하는 한자이므로 숭침채는 배추김치,
그중에서도 고추를 사용하지 않은 담백한 백김치를 뜻하는 것으로 보인다.

조리법
① 배추는 네 쪽으로 가르고 무는 껍질을 벗겨 큼직하게 썰어 소금물에 짜지 않게 절인다.
② 마늘은 얇게 저며 준비하고 갓과 실파는 절여 꽈리를 돌린다.
③ 낙지는 씻어 3센티미터 길이로 썬다. 젓갈들의 살은 저미고
　　나머지는 물을 붓고 끓여 한지에 밭여 국물을 만든다.
④ 항아리에 배추와 무를 깔고, 갓, 실파, 마늘, 청각, 젓갈, 낙지를 올리는 방식으로
　　켜켜이 담은 다음 배추 겉잎으로 잘 눌러준다.

진
장

왕의 반상차림에는 반드시 간장을 올렸다.

이는 반가에서 식사 전에 가장이 상에 오른 간장 맛을 보고

식사를 시작한 것과 같은 의미로 보인다.

그 외에 음식을 찍어 먹으려는 목적도 있었을 것이다.

조선 시대에는 궁에서도 간장을 담갔다.

장독대는 '장고醬庫'라고 하여 엄격하게 관리했다.

궁에서는 민가처럼 장을 솥에 달이지 않고,

햇볕만 쬐어 조리기도 했다고 한다.

그러니까 생간장이라고 볼 수 있다.

개자

개자^{겨자}도 음식의 맛을 돋우는 중요한 조미료로 사용되었다.
겨잣가루나 통겨자에 물을 조금 치고 되게 갈아서 식초, 소금, 설탕을 넣어
따뜻한 곳에 엎어 두었다가 사용했다.

재료
겨잣가루 1컵, 소금 1작은술, 꿀·식초·배즙 2큰술씩

조리법
① 겨자를 따뜻한 물로 개어서 따뜻한 곳에 2시간 정도 두고 발효시킨다.
② 발효된 겨자에 뜨거운 물을 부어 매운맛을 빼준다.
③ ②에 소금, 꿀, 식초, 배즙을 넣어 간을 맞춘다.

초장

반상에 음식 맛을 더하기 위해 초장을 함께 놓았다. 초장은 간장에 꿀, 식초,
잣가루를 뿌려서 만들었고 음식을 찍어 먹는 데 사용했다.

재료

간장 4큰술, 꿀 1큰술, 식초 4큰술, 잣가루 약간

조리법

분량의 간장에 꿀, 식초를 넣고
잘 섞은 후 잣가루를 뿌린다.

생
대
추

발기에 생대조가 나오는데, 이는 식후에 먹는 과실로 올린 대추로 보인다.
생대추가 있는 10월이라 생대추 그대로 올렸을 것이다.

화채

화채는 의궤에도 자주 등장하는 음청류다. 왕은 일상식에서 후식으로 화채를 주로 마셨다.
계절에 따라 봄이면 책면, 화면, 앵두화채를, 여름에는 오미자화채, 보리수단을, 가을이면 유자화채,
배화채를, 겨울이면 배숙, 원소병 등을 상에 올렸다. 싱싱한 제철 과실을 골라서
씨를 빼고 적당히 썰어 그릇에 담고 오미잣물이나 꿀물을 붓고 잣을 띄워 냈다. 여기서는 색깔이
그지없이 아름다운 오미잣물에 배를 띄운 화채를 만들어보았다.

재료
오미자 45g, 물 6컵, 꿀 혹은 설탕 4큰술, 배 ½개, 잣 1작은술

조리법
① 오미자를 물에 씻어서 찬물 2컵을 부어 하루 정도 우려낸 후 면보자기에 밭친다.
② ①에 물 4컵과 설탕을 섞어 녹인다.
③ 배는 채 썬다.
④ 화채 그릇에 ②의 오미잣물을 담고 배 채와 잣을 띄운다.

고종의 주다례 (점심)상차림

앞서 조상식이 이루어진 10월 10일의 주다례발기를 현대적으로 만들어보았다.

주晝가 '낮'이라는 뜻의 한자이므로 주다례발기는 왕실의 점심상차림을 의미한다.

내용을 보면 알겠지만 수라밥가 없고 목면메밀면으로 차려진 면상차림이다.

점심은 '낮것'이라 하여 왕실의 낮것상은 면상차림이 일반적이었다.

지금과 달리 조선 시대에 국수는 귀한 음식이었다. 주로 잔치를 할 때 많이 먹었다.

왕실에서는 점심상이나 손님접대상으로도 많이 차렸다.

一九一九年 긔미음십월십일듀다례볼긔–십오일긔

원문		그릇 수	현대역	
싱니	일긔	1	생니	1기
화치	일긔	2	화채	1기
잡과녹두증병 딕조즛박병 ㄱ	일긔	3	잡과녹두증병 대조자박병 ㄱ	1기
각색느름적	일긔		각색느름적	
간전유ㅇ 싱합전 ㄱ	일긔	4	간전유아 생합전 ㄱ	1기
갈비탕	일긔	5	갈비탕	1기
편육	일긔	6	편육	1기
목면	일긔	8	목면	1기
튜청	일긔	9	추청	1기
개즛	일긔	10	개자	1기
초장	일긔	11	초장	1기
이샹십일긔			이상 11기	

대조자박병

잡과녹두증병

조선 시대 수라에는 떡이 올라가지 않았지만 점심상이나
점심 후에 올리는 다과상인 주다소반과에는 여러 가지 떡과 약반이 올려졌다.
이 주다례 상차림에도 떡 종류로 잡과녹두증병과 대조자박병이 올랐다.

잡과녹두증병雜果綠豆甑餅은 녹두와 멥쌀을 주재료로 써서 쪄낸 녹두시루떡으로
의궤에도 자주 나온다. '증蒸'은 찐다는 의미이며, '잡과'는 대추나 밤 등의
여러 과실을 넣었다는 뜻이다.

재료
멥쌀 5컵, 꿀 1큰술, 물 3큰술, 설탕 2큰술, 밤 7개, 대추 10개,
녹두 고물 3컵(깐 녹두 ⅔컵, 소금 ½작은술)

조리법
① 멥쌀은 깨끗이 씻어 5시간 이상 물에 불린 후 건져서 30분 정도 물기를 빼고 소금을 넣어 빻는다.
② 밤은 작으면 통으로 사용하고 크면 반으로 자른다. 대추는 씨를 뺀 후 대추 모양으로 말아 놓는다.
③ 깐 녹두는 2시간이상 물에 불려 거피한 다음 찜통에 무르게 쪄
　　소금으로 간을 하여 빻고 어레미에 내려 고물을 만든다.
④ 꿀과 물을 ①에 넣고 골고루 섞어 중간 체에 내린 후 설탕을 골고루 섞어 2등분한다.
⑤ 찜통에 젖은 면보자기를 깔고 ③의 녹두 고물의 반을 펴 안치고 ④의 반을 펴놓고 밤,
　　대추를 얹고 ④의 나머지, 녹두 고물 순서로 안친다.
⑥ 가루 위로 골고루 김이 오른 후 30분 정도 더 찐다.

대조자박병大棗煮朴餅은 찹쌀가루와 멥쌀가루에 곱게 다진 대추를 섞어 반죽한 다음
소를 넣고 주머니 모양으로 빚어 쪄낸 떡으로 왕실에서 즐겨 먹었다.

재료
찹쌀 3컵, 멥쌀 2컵, 대추100g, 꿀·계핏가루 약간씩

조리법
① 찹쌀과 멥쌀은 여러 번 씻어 물에 5시간 이상 불린 뒤 체에 건져
　　물기를 빼고 소금을 넣어 빻는다.
② 대추는 깨끗이 씻어 돌려 깎아서 씨를 제거하고 곱게 다진다.
③ ①의 찹쌀가루와 멥쌀가루를 곱게 다진 대추와 섞어 익반죽한다.
④ 곱게 다진 대추에 꿀과 계핏가루를 넣고 반죽해서 콩알만큼씩 빚어 소를 만든다.
⑤ ③의 반죽을 동글납작하게 펴서 소를 넣고 가운데를 오므려
　　주머니 모양으로 주름을 넣어 빚는다.
⑥ 김이 오른 찜통에 10분 정도 찐 다음 꺼내서 한 김 식힌 뒤 그릇에 담는다.

생합전 | 간전유아

전유아는 전, 저냐, 전유어, 전유화라고도 하며 육류, 어패류, 채소류 등의 재료를
얇게 저미거나 다져서 반대기를 지어 밀가루와 달걀물을 입혀 번철에 지진 음식을 말한다.
전유아는 상에 올릴 때 초장, 겨자와 함께 내놓는다. 과거에는 달걀 대신
녹말가루를 묻혀 지지기도 했다.

간전유아는 소간이 주재료다. 왕실에서는 간전에 주로 밀가루와
달걀물을 입혀 지졌는데, 1892년 이후에는 메밀가루과 깨소금을 묻혀서 참기름에
지진 것으로 보인다. 잔칫상이나 제사상에도 간전을 올렸다.

재료
소간 300g, 소금 1큰술, 후춧가루 약간, 메밀가루·깨소금 3큰술씩, 식용유 적당량

조리법
① 소간은 겉면이 미끄러워 칼집을 넣기 어려우므로 끓는 물에 살짝 데쳐 겉만 익힌 다음
　　얇은 막을 벗겨 0.5센티미터 두께, 4×5센티미터 크기로 포를 뜬다. 포 뜬 소간을
　　소금으로 살살 주물러 물에 헹궈 핏물을 빼고 채반에 건져 물기를 뺀다.
② 메밀가루와 깨소금 섞고 소금 간을 해 옷을 만든 다음 ①에 소금과 후춧가루를 뿌리고
　　옷을 고루 묻힌 후 양손으로 두들겨 털어 낸다.
③ 달군 팬에 식용유를 넉넉히 두르고 양면이 완전히 익도록 지진다.

생합전은 대합전으로 궁중에서는 대합을 갈라 펴서 밀가루와 달걀물을 입혀
기름에 지진 것으로 보인다. 맛이 연하고 담백하며 주안상에도 잘 어울린다.
생합에 소금을 직접 뿌리면 물이 생기므로 달걀물에 소금 간을 한다.

재료
대합 10마리, 소금·후춧가루 약간씩, 생강 1조각, 술 1큰술, 밀가루 ½컵,
달걀 2개, 실파 2뿌리, 식용유 적당량

조리법
① 대합을 바락바락 주물러 씻어 소금물에 담가 해감한 다음 대합살을 바르고 내장을 뺀다.
② 손질한 조갯살에 후춧가루를 뿌리고, 밀가루와 소금을 넣은 달걀물 순서로
　　옷을 입혀 노릇하게 지진다.

갈
비
탕

재료

갈비 1.2kg, 양 300g, 부아 200g, 곱창 200g, 소금 2큰술, 무 400g, 달걀 1개, 대파 1대, 물 15컵

* 부아·양 삶기: 물 20컵, 대파 1대, 마늘 5톨, 생강 2톨, 술 2큰술

갈비탕은 가리탕이라고도 하는데 '가리'는 갈비를 뜻한다.

궁중의 갈비탕은 다양한 재료를 사용하여 호화롭게 끓였다.

소갈비, 양, 곤자소니, 부아와 전복, 해삼 등의 주재료 외에 무, 참버섯, 미나리 등의 채소가 쓰인다.

갈비와 소 내장, 무를 한데 무르게 삶은 후 건더기는 썰어서 양념하고 육수는 기름을 걷어낸다.

여기에 무르게 삶은 해삼, 전복과 참버섯, 미나리 등을 넣고 달걀지단과 잣을

고명으로 얹으면 궁중 갈비탕이 된다.

조리법

① 갈비는 기름기를 떼어 내고 3센티미터 토막을 낸다.

② 양, 부아, 곱창은 누린내가 안 나도록 분량의 삶기 재료를 넣어 따로 삶는다.

③ 냄비에 물을 붓고 ①의 갈비를 넣고 삶다가 도중에 무를 넣는다.

    무는 무르면 건져 3×2×0.7센티미터 크기로 썬다.

④ 갈비 삶은 물에 ②의 양, 부아, 곱창과 ③의 무를 넣고 끓인다.

⑤ 달걀은 황백 지단을 부쳐 마름모꼴로 썰고, 대파는 어슷하게 썰어 완성된 갈비탕에 얹는다.

목면

재료

소고기(양지머리) 300g, 동치미 국물 5컵, 동치미 무 1개, 배 ½개, 달걀 2개, 메밀국수(냉면용)

* 냉면장국 : 동치미국물 5컵, 육수 5컵, 소금 1큰술, 식초 2큰술, 설탕 2큰술

목면은 메밀국수를 뜻한다. 조선 왕실에서는 면상에 메밀국수를 주로 올렸는데
따뜻한 온면과 차가운 냉면이 있다. 고종은 냉면을 좋아했다고 전해지니 주다례에 올린 면은
냉면이었을 것이다. 냉면은 1600년대부터 의궤에도 기록된 대표적인 궁중의 면 음식이다.
고기소 양지머리나 돼지 사태 육수와 동치미 국물로 육수를 만들었다.

조리법
① 양지머리로 육수를 내고 고기는 건져 면보자기에 감싸 무거운 것으로 눌러 편육을 만든다.
② 양지머리 육수는 차게 식혀 면보자기에 맑게 거른다.
③ 동치미 국물과 ②의 육수 5컵을 섞고 소금, 설탕, 식초로 간을 맞춰 차게 둔다.
④ 잘 익은 동치미 무를 골라 골패 모양으로 얇게 썰어 둔다.
⑤ 배는 껍질을 벗겨서 곡선을 살려 얇게 썬다.
⑥ 달걀은 노른자와 흰자를 나눠 얇게 지단을 부친 다음 가늘게 채 썬다.
⑦ 메밀국수를 삶아 준비한 그릇에 넓적하게 썬 편육, 동치미 무, 배, 달걀지단을
    고명으로 올린 뒤 ③의 차가운 육수를 붓는다.

화
채

재료

유자 1개, 배 ½개, 물 5컵, 설탕 170g,
석류 알 2큰술, 잣 1큰술

화채는 유자화채로 만들어보았다. 유자는 뛰어난 맛과 향 때문에 궁중에서
화채 재료로 많이 애용되었다. 원산지는 중국이지만 우리나라 유자가 맛과 향이
더 좋은 것으로 알려져 있다. 전라도와 경상도에 유자와 감자를 심게 했다는
《세종실록》31권의 기록은 유자가 그만큼 중요한 작물이었음을 보여준다.
유자화채는 설탕에 재워둔 유자 알맹이와 채 친 유자 껍질, 배를 설탕물에 띄워 만든다.
색도 아름답고 향이 향기로운 가을 냄새가 물씬 풍기는 화채다.

조리법

① 유자는 4등분하여 껍질을 벗긴다.

② 유자 과육은 설탕에 재우거나 깨끗한 행주에 싸서 즙을 내 설탕물에 섞는다.
　 유자 껍질은 곱게 채 썬다.

③ 배는 껍질을 벗겨서 곱게 채 썬다.

④ 분량의 물과 설탕을 섞어 녹인다.

⑤ 화채 그릇에 ②의 유자와 ③의 배를 세 군데로 나누어 담고
　 설탕물을 가만히 부은 후 랩을 덮어 30분 정도 유자 향이 우러나도록 한다.

생니
(배)

생실과를 후식으로 많이 사용했는데,
음력 10월이라서인지 배를 올렸다.

고종의 석상식 상차림 ^(저녁)

1919
년
10
월
10
일

앞에서 소개한 조상식, 주다례와 같은 날의 석상식 상차림을 만들어보았다.

석상식발기를 보면 조상식발기 상차림처럼 흰수라와 팥수라에 탕, 찜, 볶기 등 곁들여진 상차림이다.

전체적으로 조상식 상차림과 비슷하며 총 19기의 음식을 올렸다.

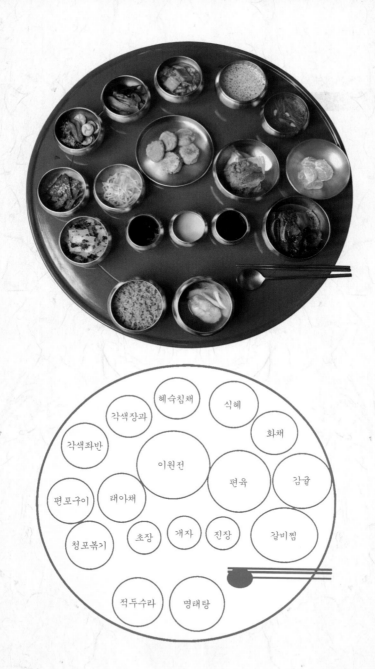

一九一九年긔미음십월십일셕상식볼긔-십오일긔

원문		그릇 수	현대역	
슈라	일긔	1	수라	1기
젹두슈라	일긔	2	적두수라	1기
명틱탕	일긔	3	명태탕	1기
갈비찜	일긔	4	갈비찜	1기
청포붓기	일긔	5	청포볶기	1기
편포구이	일긔	6	편포구이	1기
리원전 육원전 ⌐⌐	일긔	7	이원전 육원전 ⌐⌐	1기
편육	일긔	8	편육	1기
각식좌반	일긔	9	각색좌반	1기
태아치	일긔	10	태아채	1기
각식장과	일긔	11	각색장과	1기
식혜	일긔	12	식혜	1기
혜숙침치	일긔	13	혜숙침재	1기
팀치	일긔	14	침채	1기
진쟝	일긔	15	진장	1기
개즈	일긔	16	개자	1기
초쟝	일긔	17	초장	1기
감귤	일긔	18	감귤	1기
화치	일긔	19	화채	1기
이샹 십구긔			이상 19기	

명태탕

재료

명태 500g, 무 200g, 두부 ¼모, 소고기 100g, 홍고추·풋고추 1개씩, 대파 1대,
물 10컵, 다진 마늘 2작은술, 소금·국간장 약간씩

* 고기 양념: 국간장 1작은술, 다진 마늘 1작은술, 후춧가루

왕실의 탕은 맛이 좋고 오래 끓였을 때 국물이 잘 우러나오는
고기 부위와 내장류를 푹 고아서 만드는 곰탕류가 많았지만 육류나 어패류,
그리고 채소 등을 넣어 다양하게 끓이기도 했다. 특히 담백한 생선으로도 탕을 많이 끓였다.
생선으로 탕을 끓일 땐 국물맛을 중시하여 먼저 고기 장국을 만들고
여기에 생선과 채소 등을 넣었다. 살이 물러 부스러지기 쉬운 생선은 밀가루와
달걀물을 입히고 번철에 지져서 고기 장국에 넣어 끓이기도 했다.
생선은 주로 민어, 대구, 도미, 준치, 명태, 조기 등을 사용했으며,
맛이 시원한 명태탕도 먹었다.

조리법
① 명태를 손질하여 5센티미터 토막낸다.
② 소고기는 납작하게 저며 썬 다음 분량의 고기 양념으로 밑간한다.
③ 무는 두툼하고 납작하게 썰고, 홍고추, 청고추, 대파는 어슷썰기한다.
　 두부는 3×2×0.5센티미터 크기로 썬다.
④ 냄비에 물을 붓고 끓으면 양념한 ②의 고기와 ③의 무를 넣고 한소끔 끓으면 다진 마늘을 넣는다.
⑤ ④에 명태를 넣고 끓으면 국간장과 소금으로 간을 맞춘 다음
　 두부, 홍고추, 풋고추, 대파를 넣는다.

갈
비
찜

재료

소갈비 1.2kg, 양 300g, 전복 200g, 불린 해삼 200g, 소금 2큰술, 밀가루 4큰술,

무 400g, 표고버섯 8개, 잣 1큰술, 미나리 20g, 달걀 1개, 대파 1대, 물 3L

* 양념장: 간장 1컵, 설탕 6큰술, 다진 파 4큰술, 다진 마늘·깨소금·참기름 2큰술씩, 후춧가루 약간

찜은 고기와 채소에 갖은 양념을 하여 국물이 바특할 정도로 삶거나 쪄서 만드는 음식이다.
육류찜, 어패류찜, 채소찜 등이 있는데 특히 갈비찜은 궁중에서 즐겨 먹던 음식이다.
《원행을묘정리의궤》에는 갈이(乫伊)찜으로 나오고 가리찜이라 하기도 했다.
궁중의 갈비찜은 특히 해삼과 전복과 같은 고급 식재료를 함께 넣어 만들었다.
갈비는 한번 삶아 식히면 굳기름(脂肪)을 쉽게 걷어낼 수 있고 육질이 부드러워진다.
양념장은 두어 번 나누어 넣고, 갈비를 삶아 낸 육수를 보충하면서
서서히 끓여야 부드러운 찜이 된다.

조리법
① 갈비는 기름기를 떼어 내고 3센티미터 토막을 낸다.
② 냄비에 물을 넣고 갈비를 삶다가 무를 넣는다. 무는 무르면 건져 3×2×2센티미터 크기로 갸름하게 썰고,
   갈비 삶은 육수는 식혀 굳기름을 걷어낸다.
③ 해삼과 전복, 양은 3센티미터 길이로 저며 썰고 불린 표고버섯은 두 쪽으로 자른다.
④ ②의 갈비와 무에 해삼, 전복, 표고버섯을 넣고 분량의 양념장과 함께
   건지가 잠길 정도로 갈비 육수를 붓고 국물이 자작해질 때까지 끓인다.
⑤ 달걀은 황백 지단을 부치고 미나리는 초대를 만들어 마름모꼴로 썬다.
⑥ 갈비찜에 달걀지단, 미나리 초대, 잣을 고명으로 얹는다.

청
포
볶
기

재료

청포묵 200g, 소고기 50g, 김 1장, 미나리 2줄기

* 고기 양념: 간장 1작은술, 설탕·다진 파 ½작은술, 다진 마늘·깨소금·참기름 ¼작은술씩, 후춧가루 약간

* 볶이 양념: 간장 2작은술, 설탕·참기름·깨소금 1작은술, 후춧가루·소금 약간

청포볶기는 청포묵볶이를 말하며 묵채라고도 한다.

묵볶이는 양념한 고기를 볶다가 묵을 골패 모양으로 썰어 넣고 볶은 후

깨소금, 참기름, 후춧가루를 넣고 양념하는 음식이다.

청포묵으로 만드는 음식으로 탕평채가 있다.

탕평채는 녹두묵에 고기볶음과 데친 미나리, 구운 김 등을 섞어 만든 묵무침으로

청포묵무침이라고도 부른다. 탕평채라는 이름은 탕탕평평蕩蕩平平에서 유래했다.

조선 21대 왕인 영조 때에 탕평책을 의논하는 자리에 여러 가지를

잘 섞어 만드는 음식인 탕평채가 등장했다고 한다.

어느 한쪽으로의 치우침 없이 조화와 화합을 중시하는

음식이라는 의미를 담고 있는 것이다.

그러니까 잘 알려진 왕실 음식이라고 할 수 있다.

그런데 정작 음식발기에는 청포볶기로 나온다.

조리법

① 청포묵은 폭 3.5센티미터, 두께 0.7센티미터, 길이 2센티미터 네모지고 두툼하게 썬다.

② 소고기는 다져서 분량의 양념을 넣고 밑간한다.

　미나리는 2.5센티미터 길이로 썰고 김은 불에 살짝 구워 부순다.

③ 냄비에 ②의 소고기를 볶다가 국물이 조금 남고 고기가 보슬보슬해지면 ①의 청포묵을 넣고 뒤적인다.

　재료가 잘 어우러지면 김과 미나리를 넣고 버무린 후 불에서 내려

　참기름과 깨소금을 넣고 마무리한다.

편포구이

재료

소고기(우둔살) 150g, 잣가루 1작은술

* 고기 양념: 간장 2작은술, 소금 ½작은술, 설탕 ½큰술, 다진 파 2작은술,

다진 마늘·깨소금·참기름 1작은술씩

편포는 육포의 일종으로 소고기를 부드럽게 다져서 판판하게 모양을 내고
갖은 양념을 한 다음 채반에 펴서 말린 음식이다.
편포구이는 이렇게 만든 편포에 참기름을 발라 석쇠에 구운 것이다.
상에 낼 땐 한입 크기로 썰어 잣가루를 뿌린다.
편포는 다양한 모양으로 만들었는데 대추 모양으로 빚은 대추편포,
일곱 개의 보석을 상징하는 잣을 박아 만든 칠보족두리 모양의 칠보편포 등이 있다.

조리법
① 소고기는 기름기가 없는 부위로 곱게 다진다.
② ①에 분량의 고기 양념과 섞어 고루 끈기가 날 때까지 치댄다.
③ ②를 1센티미터 두께의 네모진 모양으로 만들어
　　윗면을 칼등으로 두드려 모양을 잡은 다음 햇빛에 잘 말린다.
④ ③에 참기름을 발라 석쇠에 올려 노릇하게 구운 후
　　3×2센티미터 크기로 썰고 잣가루를 뿌려준다.

이
원
전

재료

소고기 300g, 두부·밀가루 100g씩, 달걀 2개, 식용유 적당량

* 고기 양념: 소금·간장 1작은술씩, 다진 파 1큰술, 다진 마늘 ½큰술,

깨소금·참기름 1작은술씩, 후춧가루 ½작은술

이원전은 전의 한 종류로 보이나 확실하지 않다.

육원전을 잘못 기록한 것이거나 둥근 완자저냐가 아닐까 추측된다.

동그랗게 부친 전으로 보여 다진 고기에 으깬 두부를 넣고

갖은 양념을 해서 동글납작하게 모양을 낸 후

밀가루와 달걀옷을 입혀 지진 전으로 만들어보았다.

조리법

① 소고기는 곱게 다지고, 두부는 으깨서 물기를 꼭 짠다.

② 다진 소고기, 두부, 분량의 고기 양념을 고루 섞어 끈기 나게 치댄 다음

　　지름 3센티미터, 높이 0.5센티미터 크기로 완자를 빚는다.

③ ②의 완자는 밀가루와 소금 간한 달걀물 순서로 옷을 입혀

　　팬에 기름을 두르고 노릇하게 지진다.

장과醬瓜는 제철 채소를 간장진간장, 고추장, 된장 등에
절여 만드는 발효 저장 음식, 즉 장아찌로 보기도 한다.
그러나 궁중 장과는 오이나 무, 열무, 미나리, 배추속대 등을 소금에 절이거나
햇볕에 말려 소고기와 함께 볶아 실고추, 참기름, 깨소금을 넣어서
버무린 음식을 말하기도 한다.

무나 오이를 이용한 장아찌로 볼 수도 있지만
왕실에서는 무와 오이를 소금에 잠깐 절여 양념한 소고기를 넣고
간장으로 양념해 볶아내는 형태로 먹었다.
여기에서는 이 조리법으로 만들어보았다.

재료
무·오이 150g씩, 소고기 50g, 잣가루 ½작은술
* 소고기 양념: 간장 ½큰술, 다진 파·다진 마늘·설탕 1작은술씩,
  깨소금 ½작은술, 참기름 1작은술, 생강즙 ½작은술
* 조림 양념: 국간장·설탕 1 ½큰술씩, 참기름 1큰술

조리법
① 무와 오이는 두께와 너비 0.5센티미터, 길이 4센티미터로 썰어 소금에 절였다가
   물에 씻어 각각 면보자기에 싸서 눌러 물기를 뺀 후 햇볕에 잠시 건조시킨다.
② 소고기는 가늘게 채 썰어 분량의 양념에 볶은 다음 ①의 무와 오이를 넣고
   조림 양념을 넣어 거무스름한 빛깔이 나도록 조린다.
③ 완성된 음식은 그릇에 담고 잣가루를 조금 뿌린다.

송이버섯 장아찌는 맛과 향이 좋은 귀한 장아찌다.
절임물(간장 1 : 물 1 : 설탕 0.5)을 끓여
송이버섯에 붓고 식혀 냉장 보관한다.
상에는 얇게 썰어 낸다.
명이나물 장아찌는 명이나물을
절임물(국간장 1 : 진간장 1 : 설탕 1 : 식초 1.3)에 담가 만든다.

태
아
채

태아채 역시 나물 종류로 보이나 정확히 알 수 없는 음식이다.
왕실에서 많이 먹었던 숙주나물은 녹두나물 혹은 숙주나물로 기록되어 있다.
두아채로 불렀던 콩나물의 오기일 수도 있으나 확실하지 않다.
조선 말기에는 왕실에서도 민가에서 많이 먹던 콩나물 혹은
숙주나물로 만들어 먹었을 것으로 추측한다.

재료
콩나물 혹은 숙주나물 150g
* 양념장: 소금 1작은술, 다진 파 2작은술, 다진 마늘·깨소금·참기름 1작은술씩

조리법
① 콩나물이나 숙주나물을 꼬리를 다듬어 씻은 다음 끓는 소금물에 삶아 찬물에 헹궈 물기를 꼭 짠다.
② ①의 콩나물 혹은 숙주나물에 분량의 양념장을 넣고 무쳐 그릇에 담는다.

간　개　초
장　자　장

감
귤

조선 시대 감귤은 제주도 진상품으로
후식으로 반상에 올렸다.

화
채

조상식과 동일한 화채라 생략한다.

02

탄일발기를 통해 본 왕실 생신 잔칫상

조선 왕실에서도 생일은 가장 큰 기념일

우리가 태어난 후 일생을 통해 치르는 의례 중에서 생일은 음식을 매개로 한 최고의 행사일 것이다. 우리나라에서는 고려 시대 성종 때 천춘절이라는 이름으로 왕의 생일을 축하했고, 그 후 천추절, 장령절, 응천절 등으로 이름을 바꿔가면서 탄일을 축하했다. 이후 조선 시대 왕실에서도 생일은 가장 큰 기념일이었으며 이를 기념한 생신 상차림^{탄일상}이 차려졌다. 보통 손아랫사람에게는 생일, 손윗사람에게는 생신, 그리고 왕에게는 탄신이라는 표현을 쓴다. 탄일상이란 왕실의 왕과 왕비, 태자, 공주 등 왕족과 종친의 생일을 축하하기 위해 차린 음식상이다. 왕실에서 대규모로 진행되는 진연에 비해 규모

<표 18> 한국학중앙연구원 장서각 소장 탄일발기 목록

인물	번호	날짜	발기명
고종	1	1900.7.25	경즈칠월이십오일천만셰탄일진어상볼긔
	2	1900.7.26	경즈칠월이십뉵일후물니진어상볼긔
	3	1902.7.25	임인칠월이십오일억만셰탄일진어상수찬상볼긔
	4	1903.7.25	계묘칠월이십오일억만셰탄일진어상수찬상볼긔
	5	1904.7.25	갑진칠월이십오일억만셰탄일진어상볼긔
	6	1906.7.25	병오칠월이십오일억만셰탄일진어상수찬음식볼긔
	7	1906.7.25	병오칠월이십오일억만셰탄일진어상수찬상볼긔
	8	1911.7.16*	신히칠월십뉵일억만셰탄일낫것상볼긔
	9	1911.7.16*	신히칠월십뉵일만슈셩절탄일낫것상볼긔
순종	1	1906.2.8	병오이월쵸팔일쳔만셰동궁마마탄일진어수찬상볼긔
	2	1906.2.8	병오이월쵸팔일쳔만셰동궁마마탄일진어상수찬상볼긔
	3	1906.2.8	병오이월쵸팔일쳔만셰동궁마마탄일진어상수찬상볼긔
	4	1906.2.9	병오이월초구일쳔만셰동궁마마탄일후물니진어상볼긔
	5	1913.2.8	계축이월십팔일동궐마마탄일진어상볼긔
영친왕	1	1898.9.25	무술구월이십오일진어상손님상볼긔
	2	1899.9.25	긔히구월이십오일쳔빅셰아기시싱신어상손님상볼긔
	3	1902.9.25	임인구월아기시싱신조반상진어상볼긔
	4	1906.9.25	병오구월이십오일영친왕쳔빅셰싱신음식진어상볼긔
귀비 엄씨	1	1902.11.5	임인십일월초일일슌비즈가싱신음식볼긔
	2	1906.11.6	병오십일월초뉵일귀비마마쳔빅셰싱신진어상볼긔

* 탄일 날짜가 다른 것은 1910년 이후 양력사용을 실시한 후 음력을 양력으로 바꾸어 지냈기 때문이다.

는 작으나 거의 연례적으로 치러지던 소규모 접대식이었다.

조선 말기의 왕인 고종의 탄일은 음력으로 7월 25일, 순종의 탄일
은 2월 19일이었다. 양력으로는 고종은 8월 8일, 순종은 3월 25일,

영친왕은 11월 20일이었다. 왕실에서는 왕과 왕족 등 탄신을 맞이한 당사자들에게는 진어상을 차리고, 종친 및 신하들에게는 사찬상을 마련하여 왕실 잔치를 열었다.

〈표 18〉은 한식아카이브에 정리, 소개된 장서각 소장의 탄일발기 20건을 관련 인물별로 정리한 것이다.[*] 장서각 소장 음식발기에 주로 등장하는 인물인 고종, 순종, 영친왕 그리고 영친왕의 생모인 귀비 엄씨의 탄일 상차림이다.

탄일 발기를 이용한 생신 상차림 연구는 이성우와 한복진에 의해서 주로 이루어졌다. 이에 따르면 한국학중앙연구원 장서각에 소장되어 있는 탄일 발기 18건을 분석하여 상차림의 음식 종류를 상세히 분석했다(이성우·한복진, 〈조선조 궁중 탄일상 발기의 분석적 연구〉, 《한국식생활문화학회지》 4권 1호, 1989). 여기에 한국학중앙연구원의 김지영은 2건의 발기를 더해 총 20종의 탄일 발기를 분석하여 정리한 논문을 발표했다(김지영, 〈장서각 소장 탄일 발기에 대한 고찰〉, 《정신문화연구》 35(3), 한국학중앙연구원, 2012). * 참고: 한식진흥원 아카이브(www.hansik.or.kr)

고종의 탄일발기 음식

1852년 7월 25일에 태어난 고종은 후사가 없던 철종의 뒤를 이어 12세의 어린 나이에 즉위했다. 조대비와 흥선대원군의 수렴청정하에 있던 고종은 1874년부터 친정을 실시했지만 이후 역사적 부침을 겪는다. 1876년 일본과 수호조약인 강화도조약을 체결하면서 개항과 함께 개화 정책을 시행한다. 이로 인해 조선에 커피, 홍차, 과자 등 서구의 음식과 식생활이 들어오면서 변화를 겪는다. 이 중 커피는 고종을 상징하는 음식이 되었다.

1863년 왕이 된 이후 고종은 매해 음력 7월 25일 탄일상을 받았다. 현재 고종의 탄일과 관련 발기는 1900년부터 1911년까지 총 9건 남아 있다. 〈표 19〉는 9건의 고종의 탄일발기에 나오는 음식명을 정리한 것이다. 1902년은 51세가 된 해로 육순을 바라보는 망육순이면서 즉위 40년이 된 해이자 기로소에 들어간 해이기도 하다. 그리고 1911년은 고종이 60세가 되는 해인데 육순의 탄일 잔칫상 관련 발기 2건이 중요한 기록으로 남아 있다. 한 건은 탄일날 발기이고 다른 한 건은 탄일 다음 날 내린 후물니상이다.

9건의 탄일발기에는 특히 여러 상차림과 상을 받는 대상이 적혀 있어 주목해볼 만하다. 예를 들어 진어 두상은 바로 고종과 순종을 가리킨다(〈표 19〉 주 참조). 탄일상은 대부분 고임상으로 차려지므로

〈표 19〉 고종 탄일 상차림

번호	연도	대상(고임 높이)	음식명
1	1900	진어 두상(−)	다식과·만두과, 홍매화연사과·백매화연사과·온백자송자연사과, 홍세강반강정·백세강반강정·말백자강정, 각색절육, 생리·포도, 사과, 서과, 능금·적리, 승도·산사, 사색다식, 각색숙실과, 각색정과, 산사수정과, 임자꿀찰시루편·녹두찰시루편·당귀메시루편·백설고, 대조조악·청조악·석이단자·밀쌈·국화엽전, 약식, 전복초, 연계증, 생선전유어·해전, 양전유어·간전유어, 편육·족숙편, 저숙편·저태, 각색어채, 각색누름적, 임자수잡탕, 초계탕, 면, 냉면, 수단, 청, 초장, 개자 (33기/51종)
		왕대비마마·빈마누라·순화자가·아기씨·군부인·귀인(−)	유밀과, 사색다식·각색숙실과, 생리·사과능금·승도·적리·포도, 각색정과, 산사수정과, 당귀찰시루편·녹두찰시루편, 임자메시루편·대조조악·청조악·석이단자·밀쌈, 약식, 연계증·누름적, 생선전유어·양전유어·해전, 편육·족숙편, 각색어채, 수단, 냉면, 임자수잡탕, 청, 초장, 개자 (17기/33종)
2	1900	진어 두상(−)	중약과·중만두과, 삼색 연사과·삼색 강정, 각색절육, 사색다식, 각색숙실과, 생리·포도, 능금·사과, 적리·승도, 서과, 각색정과, 산사수정과, 임자꿀찰시루편·녹두찰시루편·당귀메시루편·백설고, 대조조악·청조악·석이단자·밀쌈·국화엽전, 약식, 전복초·누름적, 연계증, 생선전유어·해전, 양전유어·간전유어, 편육·족편, 저태·저숙편, 각색어채, 임자수잡탕, 수단, 냉면, 온면, 청, 초장, 개자 (28기/45종)
		왕대비마마·빈마누라·순화자가·군부인·아기씨·귀인(−)	각색다식·각색숙실과, 생리·사과·능금·적리·승도·포도, 각색정과, 산사수정과, 각색편, 약식, 전복초·누름적, 생선전유어·양전유어·해전, 편육·족편, 각색어채, 연계증, 수단, 잡탕, 냉면, 청, 초장, 개자 (17기/27종)

그 높이가 받는 이의 위상을 드러냈다.

3	1902	진어상 두상 (1척 2촌)	다식과·만두과, 홍매화연사과·백매화연사과·온백자송자연사과, 홍세강반강정·백세강반강정·말백자강정, 각색절육, 생리·포도, 사과, 서과, 능금·적리, 승도·산사, 각색다식, 각색숙실과, 각색정과, 산사수정과, 임자꿀찰시루편·녹두찰시루편·당귀메시루편·백설고, 대조조악·청조악·밀쌈·국화엽전, 약식, 연계증, 전복초, 각색누름적, 생선전유어·해전, 양전유어·간전유어, 편육·족숙편, 저숙편·저태, 각색어채, 임자수잡탕, 초계탕, 온면, 냉면, 수단, 청, 초장, 개자 (32기/50종)
		아기씨(1척)	다식과·만두과, 홍매화연사과·백매화연사과, 홍세강반강정·백세강반강정·말백자강정, 각색절육, 각색다식, 각색숙실과, 생리·사과·능금·승도·적리·포도, 각색정과, 산사수정과, 당귀찰시루편·녹두찰시루편, 임자메시루편·대조조악·청조악·석이단자·밀쌈, 약식, 연계증, 전복초·누름적, 생선전유어·양전유어·해전, 편육·족숙편, 각색어채, 임자수잡탕, 냉면, 수단, 청, 초장, 개자 (22기/41종)
3	1902	왕대비마마·빈마누라·순화자가·군부인·순비자가(8촌)	유밀과, 각색다식·각색숙실과, 생리·사과·능금·승도·적리·포도, 각색정과, 산사수정과, 당귀찰시루편·녹두찰시루편, 임자메시루편·대조조악·청조악·석이단자·밀쌈, 약식, 연계증, 전복초·누름적, 생선전유어·양전유어·해전, 편육·족숙편, 각색어채, 임자수잡탕, 냉면, 수단, 청, 초장, 개자 (18기/34종)
4	1903	진어 사상(1척 3촌) 영친왕(1척)	다식과, 만두과, 홍매화연사과·백매화연사과·온백자송자연사과, 홍세강반강정·백세강반강정·말백자강정, 각색절육, 용안·여지, 사당·귤병·각색당, 생리·포도, 능금·적리, 승도·산사, 사과, 서과, 각색다식, 각색숙실과, 각색정과, 산사수정과, 임자꿀찰시루편·녹두찰시루편·당귀메시루편·백설고, 대조조악·청조악·석이단자·밀쌈·국화엽전, 약식, 연계증, 전복초, 각색누름적, 생선전유어·해전, 양전유어·간전유어, 편육·족숙편, 저숙편·저태, 각색어채, 임자수잡탕, 초계탕, 온면, 냉면, 수단, 청, 초장, 개자 (35기/56종)
		순화자가·귀비마마·군부인(8촌)	유밀과, 각색다식·각색숙실과, 생리·능금·사과·승도·적리·포도, 각색정과, 산사수정과, 당귀찰시루편·녹두찰시루편, 임자메시루편·대조조악·청조악·밀쌈, 약식, 연계증, 전복초·누름적, 생선전유어·양전유어·해전, 편육·족숙편, 각색어채, 임자수잡탕, 냉면, 수단, 청, 초장, 개자 (18기/33종)

5	1904	진어 두상·영친왕 (1척 2촌)	다식과·만두과, 홍매화연사과·백매화연사과·온백자송자연사과, 홍세강반강정·백세강반강정·말백자강정, 각색절육, 용안·여지, 생리·포도, 사당·귤병·각색당, 생리·포도, 능금·적리, 승도·산사, 사과, 서과, 각색다식, 각색숙실과, 각색정과, 산사수정과, 임자꿀찰시루편·녹두찰시루편·당귀메시루편·백설고, 대조조악·청조악·석이단자·밀쌈·국화엽전, 약식, 연계증, 전복초, 각색누름적, 생선전유어·해전, 양전유어·간전유어, 편육·족숙편, 저숙편·저태, 각색어채, 임자수잡탕, 초계탕, 온면, 냉면, 수단, 청, 초장, 개자 (35기/56종)
		귀비마마·순화자가· 군부인(7촌)	유밀과, 각색다식·각색숙실과, 각색생실과, 각색정과, 산사수정과, 각색편, 약식, 연계증, 전복초·누름적, 생선전유어·양전유어·해전, 편육·족숙편, 각색어채, 임자수잡탕, 냉면, 온면, 수단, 청, 초장, 개자 (19기/24종)
6	1906	진어상 두상 (1척 3촌)	다식과, 만두과, 홍매화연사과·백매화연사과·온백자송자연사과, 홍세강반강정·백세강반강정·말백자강정, 각색절육, 용안·여지, 사당·귤병·각색당, 생리·포도, 능금·적리, 승도·산사, 사과, 서과, 각색다식, 각색숙실과, 각색정과, 산사수정과, 임자꿀찰시루편·녹두찰시루편·당귀메시루편·백설고, 대조조악·청조악·석이단자·밀쌈·국화엽전, 약식, 연계증, 전복초, 누름적, 생선전유어·해전, 양전유어·간전유어, 편육·족숙편, 저숙편·저태, 각색어채, 임자수잡탕, 초계탕, 온면, 냉면, 수단, 청, 초장, 개자 (35기/56종)
6	1906	의친왕·영친왕· 순비마마(1척)	다식과·만두과, 홍매화연사과·백매화연사과·온백자송자연사과, 홍세강반강정·백세강반강정·말백자강정, 용안·여지, 사당·귤병·각색당, 생리·포도, 능금·적리, 승도·산사, 사과, 서과, 각색다식, 각색숙실과, 산사수정과, 임자꿀찰시루편·녹두찰시루편·당귀메시루편·백설고, 대조조악·청조악·석이단자·밀쌈·국화엽전, 약식, 연계증, 전복초, 누름적, 생선전유어·해전, 양전유어·간전유어, 편육·족숙편, 저숙편·저태, 각색어채, 임자수잡탕, 초계탕, 온면, 냉면, 수단, 청, 초장, 개자 (33기/55종)
		순화자가·군부인(8촌)	유밀과, 각색다식·각색숙실과, 생리·능금·사과·승도·적리·포도, 각색정과, 산사수정과, 당귀찰시루편·녹두찰시루편, 임자메시루편·대조조악·청조악·밀쌈, 약식, 연계증, 전복초·누름적, 생선전유어·양전유어·해전, 편육·족숙편, 각색어채, 임자수잡탕, 냉면, 수단, 청, 초장, 개자 (18기/33종)

7	1906	진어 두상·영친왕(1척 3촌)	음식 없음
		순화자가(8촌)	
		의친왕·귀비마마(1척)	
		군부인(8촌)	
8	1911	세분 마마·친왕 내외분(一)	임자꿀찰시루편·녹두찰시루편·당귀메시루편·백설고, 대조조악·청조악·밀쌈·국화엽전·약식, 연계증, 전복초, 각색누름적, 생선전유어·해전, 양전유어, 간전유어, 편육·족숙편, 저숙편·저태, 각색어채, 임자수잡탕, 초계탕, 온면, 냉면, 수단, 개자 (17기/27종)
9	1911	진어상 삼상(1척)	다식과·만두과, 홍매화연사·백매화연사·온백자송자연사, 홍세강반강정·백세강반강정·말백자강정, 각색절육, 용안·여지, 사당·귤병·각색당, 생리·생률, 능금·적리, 승도·산사, 사과, 조홍, 각색다식, 각색숙실과, 각색정과, 산사수정과, 임자꿀찰시루편·녹두찰시루편·당귀메시루편·백설고, 대조조악·청조악·밀쌈·국화엽전, 약식, 연계증, 전복초, 각색누름적, 생선전유어·해전, 양전유어·간전유어, 편육·족숙편, 저숙편·저태, 각색어채, 임자수잡탕, 초계탕, 온면, 냉면, 수단, 청, 개자, 초장 (34기/55종)
		친왕 내외분(8촌)	

* 주: 1) 진어 두상·진어상 두상·진어 이상: 고종, 순종

덕수궁·상감마마: 고종

동궁마마: 순종

세분 마마·진어상 삼상: 고종, 순종, 영친왕

진어상 삼상: 고종, 순종, 순종의 계비인 순정효황후純貞孝皇后 윤씨

창덕궁: 순종, 순종의 계비인 순정효황후 윤씨

진어 사상: 고종, 순종, 그리고 2인 아기씨

왕대비마마: 헌종의 계비인 효정왕후孝定王后 홍씨

빈마누라·빈마마: 순명효황후 민씨

순화자가·순화마마: 헌종의 후궁인 경빈慶嬪 김씨

군부인: 의친왕의 부인인 연원군부인延原郡夫人 김씨

귀인·순비자가·순비마마·귀비마마: 귀비 엄씨

친왕내외분: 의친왕, 연원군부인 김씨

2) 1척≒30센티미터, 1촌≒3센티미터

3) 기는 그릇 수, 종은 음식 수를 가리킨다.

고종高宗   조선 제26대 왕이자 대한제국 제1대 황제(1852~1919, 재위 1863~1907). 고종은 1863년 왕이 된 이후 매해 음력 7월25일 탄일 상을 받았는데 현재 고종의 탄일 관련 발기는 총 9건 남아 있다. 이 9건의 탄일발기에는 여러 가지 상차림뿐만 아니라 상을 받는 대상이 적혀 있어 가치가 크다. 국립고궁박물관 소장.

순종의 탄일발기 음식

순종(1874~1926, 재위 1907~1910)의 이름은 척坧, 자는 군방君邦, 호
는 정헌正軒이다. 1874년 2월 19일 창덕궁에서 고종과 명성황후의
둘째아들로 태어났다. 1907년 일제의 강요로 고종의 양위를 받아 대
한제국의 황제로 즉위했고, 연호를 융희隆熙로 고쳤다. 4년의 재위
기간 동안 순종은 왕조의 멸망을 지켜봐야 했다. 일본에 의한 한반
도 무력 강점 공작으로 조선의 국권이 점차적으로 약해졌고, 1910년
8월 29일에는 마침내 이른바 한일병합조약으로 대한제국은 일본 제
국의 식민지가 되었다. 이후 폐위된 순종은 창덕궁에 거처하며 망국
의 한을 달래다 1926년 4월 25일에 승하했다.

　순종은 왕이 되기 전인 1906년의 탄일 발기 4건과 폐위된 후인
1913년의 탄일발기 1건을 남기고 있다. 이 발기를 살펴보면 1906년
과 1913년의 진어상의 고임 높이는 둘 다 1척 3촌이었다. 1913년은
순종이 폐위된 직후임에도 상차림은 50기 74종으로 오히려 1906년
의 37기 58종보다 그릇 수와 음식 수가 많아서 왕조 몰락에 따른 상
차림의 변화는 보이지 않는다.

번호	연도	대상(고임 높이)	음식명
1	1906	진어 이상·영친왕(1척 3촌)	대약과, 대만두과, 홍매화연사과·백매화연사과·온백자송자연사과, 홍세강반강정·말백자강정·임자강정·태말강정·당귀말강정, 각색절육, 용안·여지, 사당·귤병·각색당, 생리·오미자병, 준시, 생률, 생대조, 사색다식, 각색숙과, 각색정과, 산사수정과, 생리숙, 붉은팥시루편·녹두찰시루편·당귀메시루편·백설고, 대조조악·청조악·생강단자·석이단자·색산병, 약식, 전복초, 잡찜, 생선전유어·해삼전, 양전유어·간전유어, 편육·족편, 저태·저숙편, 각색누름적, 각색회, 수란, 청포, 잡탕, 초계탕, 면, 만두, 원소병, 청, 초장, 개자 (37기/58종)
		의친왕·귀비마마(1척)	대약과, 대만두과, 홍매화연사과·백매화연사과·송백자송자연사과, 홍세강반강정·말백자강정·임자강정·태말강정·당귀말강정, 각색절육, 용안·여지, 사당·귤병·각색당, 생리·오미자병, 준시, 생률, 생대조, 사색다식, 각색숙실과, 각색정과, 산사수정과, 생리숙, 붉은팥찰시루편·녹두찰시루편·당귀메시루편·백설고, 대조조악·청조악·생강단자·석이단자·색산병, 약식, 전복초, 잡찜, 생선전유어·해삼전, 양전유어·간전유어, 편육·족편, 저태·저숙편, 각색누름적, 각색회, 수란, 청포, 잡탕, 초계탕, 면, 만두, 원소병, 청, 초장, 개자 (37기/58종)
		순화자가·군부인 (8촌)	유밀과, 꿀찰시루편·녹두찰시루편·당귀메시루편·대조조악·석이단자·색산병, 약식, 전복초·누름적, 생선전유어·양전유어, 편육·족편, 수란, 청포, 잡탕, 면, 청, 초장, 개자, 생리·준시·생률·오미자병, 각색다식·각색숙실과, 각색정과, 산사수정과, 청 (17기/29종)
2	1906	진어 두상·영친왕 (1척 3촌)	음식 없음.
		순화자가(8촌)	
		의친왕·귀비마마(1척)	
		군부인(8촌)	
3	1906	진어 두상·영친왕(1척 3촌)	음식 없음.
		순화자가(8촌)	
		의친왕·귀비마마(1척)	
		영친왕·군부인(8촌)	

번호	연도	대상(고임 높이)	음식명
4	1906	진어 이상·영친왕(8촌)	중약과·중다식과(고 1척), 홍세강반연사과·백세강반연사과·송백자송자연사과, 말백자강정·임자강정·홍말강정·태말강정, 각색절육, 생리·오미자병, 준시, 생률, 생대조, 사색다식, 각색숙실, 각색정과, 생리숙, 산사수정과, 꿀찰시루편·녹두찰시루편·당귀메시루편·백두메시루편, 대조조악·청조악·석이단자·생강단자·색산병, 약식, 전복초, 떡찜, 생선전유어·해삼전, 양전유어·간전유어, 편육·저태, 족편, 각색누름적, 각색회, 수란, 청포, 잡탕, 초계탕, 면, 만두, 청, 초장, 개자 (33기/50종)
		순화자가(6촌)	유밀과, 꿀찰시루편·녹두찰시루편·당귀메시루편·대조조악·석이단자·색산병, 약식, 전복초·누름적, 생선전유어·양전유어, 편육·족편, 수란, 청포, 잡탕, 면, 청, 초장, 개자, 생리·준시·생률·오미자병, 각색다식·각색숙실과, 각색정과, 산사수정과 (17기/29종)
		귀비마마(8촌)	
		군부인(6촌)	
5	1913	덕수궁·창덕궁 [진어상 삼상](1척 3촌)	대약과, 만두과, 다식과, 홍매화연사과·백매화연사과·온백자연사과, 홍세강반 연사과·백세강반연사과, 임자강정·태말강정·당귀강정·말백자강정, 각색감사과, 홍매자·백매자, 각색절육, 용안·여지, 사당·귤병·각색당, 오미자다식·율다식·흑임자다식, 강분다식·청태다식·송화다식, 생리·오미자병, 준시, 생률, 생대조, 황률, 왜감자, 사과, 생강병·율병, 백자병·조병, 각색정과, 산사수정과, 생리숙, 두텁편·당귀시루편·밀설고, 대조조악·청조악·황조악, 생강단자·석이단자·색산병, 약식, 전복초, 잡찜, 생선전유어, 해삼전, 양전유어, 간전유어, 편육, 족숙편, 저숙편·저태, 각색 누름적, 각색회, 수단, 청포, 잡탕(신선로), 초계탕, 면, 만두, 원소병, 청, 초장, 개자 (50기/74종)

* 주: 1) 진어 두상·진어상 두상·진어 이상: 고종, 순종

　　덕수궁·상감마마: 고종

　　진어상 삼상: 고종, 순종, 순종의 계비인 순정효황후純貞孝皇后 윤씨

　　창덕궁: 순종, 순종의 계비인 순정효황후 윤씨

　　순화자가·순화마마: 헌종의 후궁인 경빈慶嬪 김씨

　　군부인: 의친왕의 부인인 연원군부인延原郡夫人 김씨

　　귀인·순비자가·순비마마·귀비마마: 귀비 엄씨

　2) 1척≒30센티미터, 1촌≒3센티미터

　3) 기는 그릇 수, 종은 음식 수를 가리킨다.

순종純宗   조선의 제27대 왕이자 대한제국 최후의 황제(1874~1926, 재위 1907~1910). 순종 관련 탄일발
기는 순종이 왕이 되기 전인 1906년 탄일발기 4건과 폐위된 후인 1913년 탄일발기 1건이 남아 있다.
1913년 탄일발기 속 상차림의 그릇 수와 음식 수가 1906년 탄일발기에 기록된 것보다 많은데 이는 왕
조 몰락에도 상차림에는 변화가 없었음을 시사한다. 국립고궁박물관 소장.

고종과 순종 탄일상은 왕실의 왕족과 종친의 생일을 축하하기 위해 차린 음식상이다. 왕실에서 대규모로 진행되는 진연에 비해 규모는 작지만 거의 연례적으로 치러지던 소규모 접대식이었다. 조선 말기의 왕인 고종과 순종의 탄일에도 탄일상이 차려졌는데 어떤 음식을 누구에게 올렸는지가 탄일발기를 통해 전해지고 있다. 국립고궁박물관 소장.

영친왕의 탄일발기 음식

1897년 9월 25일에 태어난 영친왕(1897~1970)은 고종의 일곱째 아들이며, 어머니는 귀비 엄씨貴妃다. 1900년 8월 영왕에 봉해졌으며, 1907년 황태자에 책봉되었으나 일본에 인질로 잡혀갔다. 1910년 국권 상실과 함께 순종이 폐위되어 이왕李王이 됨에 따라, 황태자였던 영왕 역시 왕세제王世弟로 격하되었다. 1920년 4월 일본 황실의 이른바 내선일체 융합 정책에 따라 일본 왕족 나시모토梨本宮의 맏딸인 마사코한국명 방자方子와 결혼했다. 1926년 순종이 승하하자 형식상 왕위 계승자가 되어 이왕이라 불렸으나 귀국하지 못하다가 1963년에야 국적을 회복하고 귀국했다.

영친왕과 관련된 탄일발기는 돌이 되던 해인 1898년과 그다음 해인 1899년, 그리고 아버지 고종 시절의 1902년과 1906년의 총 4건이 남아 있다. 영친왕 탄일의 진어 상차림은 돌이던 1898년보다 1899년이 더욱 풍성했고 이후 1906년의 상차림 규모도 크게 다르지 않았다.

번호	연도	대상	음식명
1	1898	진어 두상·왕대비마마·빈마누라·아기씨·군부인(−)	각색생실과, 각색다식·각색숙실과, 각색정과, 화채, 각색편, 약식, 전복초·누름적, 잡찜, 생선전유어·양전유어·해전, 편육·족편, 면, 잡탕, 초장, 개자, 청 (15기/20종)
2	1899	진어 두상·아기씨·귀인(8촌)	중약과·중만두과, 삼색 연사과·삼색 강정, 각색절육, 용안·여지, 사색다식, 사당·귤병·각색당, 각색숙실과, 생리·포도, 유자·석류, 침시·수시, 생률·생대조, 각색정과, 생리숙, 꿀찰시루편·녹두찰시루편·당귀메시루편·백설고, 양색조악·석이단자·율단자·화전, 약식, 전복초·누름적, 잡찜, 생선전유어·생합전, 양전유어·간전유어, 편육·족편, 저태·저숙편, 각색어채, 잡탕, 면, 만두, 청, 초장, 개자 (28기/49종)
		순화자가·군부인(6촌)	유밀과, 각색다식·각색숙실과, 생리·포도·유자·석류·침시·수시·생률, 각색정과, 생리숙, 각색편, 약식, 전복초·누름적, 생선전유어·양전유어·생합전, 편육·족편, 각색어채, 잡찜, 잡탕, 면, 만두, 청, 초장, 개자 (18기/29종)
3	1902	진어 두상·아기씨·순비자가(−)	꿀찰시루편·녹두찰시루편·당귀메시루편·백설고, 양색조악·석이단자·율단자·화전, 약식, 전복초·누름적, 잡찜, 생선전유어·생합전, 양전유어·간전유어, 편육·족편, 저태·저숙편, 각색어채, 잡탕, 면, 만두, 초장, 개자 (14기/26종)
		빈마누라·순화자가·군부인(−)	각색편, 약식, 전복초·누름적, 생선전유어·양전유어·생합전, 편육·족편, 각색어채, 잡찜, 잡탕, 면, 만두, 초장, 개자 (12기/16종)
4	1906	진어 두상·영친왕·귀비마마·순화자가·군부인(8촌)	유밀과, 각색다식·각색숙실과, 유자·석류·생리·포도·침수시·생률, 각색정과, 생리숙, 각색편, 약식, 전복초·누름적, 생선전유어·양전유어·생합전, 편육·족편, 각색어채, 잡찜, 잡탕, 면, 만두, 청, 초장, 개자 (18기/28종)

* 주: 1) 진어 두상·진어상 두상·진어 이상: 고종, 순종

세분 마마·진어상 삼상: 고종, 순종, 영친왕

왕대비마마: 헌종의 계비인 효정왕후孝定王后 홍씨

빈마누라·빈마마: 순명효황후 민씨

순화자가·순화마마: 헌종의 후궁인 경빈慶嬪 김씨

군부인: 의친왕의 부인인 연원군부인延原郡夫人 김씨

귀인·순비자가·순비마마·귀비마마: 귀비 엄씨

2) 1척≒30센티미터, 1촌≒3센티미터

3) 기는 그릇 수, 종은 음식 수를 가리킨다.

영친왕英親王   고종의 일곱째 아들(1897~1970). 1907년 형인 순종이 즉위한 뒤에 황태자가 되었고, 1926년 순종이 죽은 뒤에는 이왕의 지위를 계승했다. 영친왕 관련 탄일발기는 총 4건 남아 있다. 돌이 던 1898년보다 1899년 진어상차림이 더욱 풍성했고 1906년 상차림 규모도 1899년과 크게 다르지 않 았다. 국립고궁박물관 소장.

귀비 엄씨의 탄일발기 음식

1854년 1월 5일생인 순헌황귀비 엄씨純獻皇貴妃嚴氏(1854~1911)는 고종의 후궁이다. 8세에 입궐하여 을미사변 직후 고종의 시중을 들다 총애를 받아 영친왕을 낳았다. 이후 상궁에서 귀인으로, 순빈을 거쳐 1903년 황귀비로 진봉된다. 현재 남아 있는 귀비 엄씨의 탄일발기는 1902년과 1906년의 총 2종이다. 이를 살펴보면 귀비 엄씨 탄일의 상차림 규모는 영친왕 탄일의 상차림과 비슷했던 것으로 보인다.

〈표 22〉 귀비 엄씨 탄일 상차림

번호	연도	대상(고임 높이)	음식명
1	1902	진어상 두상·왕대비마마·빈마마·아기씨·군부인·순비자가(-)	유밀과, 각색실과, 각색정과, 화채, 각색편, 약식, 잡찜, 전복초·누름적, 생선전유어·양전유어, 편육·족편, 신선로탕, 면, 만두, 청, 초장, 개자 (16기/19종)
2	1906	상감마마·동궁마마·영친왕·귀비마마(7촌)	유밀과, 각색다식·각색숙실과, 생리·유자·석류·수시·생률, 각색정과, 화채, 각색편, 약식, 전복초·누름적, 잡찜, 생선전유어·양전유어·해삼전, 편육·족편, 신선로탕, 면, 만두, 청, 초장, 개자 (17기/26종)
		순화마마·군부인(6촌)	

* 주: 1) 진어 두상·진어상 두상·진어 이상: 고종, 순종
　　　왕대비마마: 헌종의 계비인 효정왕후孝定王后 홍씨
　　　동궁마마: 순종
　　　순화자가·순화마마: 헌종의 후궁인 경빈慶嬪 김씨
　　　군부인: 의친왕의 부인인 연원군부인延原郡夫人 김씨
　　　귀인·순비자가·순비마마·귀비마마: 귀비 엄씨
　　2) 1척≒30센티미터, 1촌≒3센티미터
　　3) 기는 그릇 수, 종은 음식 수를 가리킨다.

순헌황귀비 엄씨純獻皇貴妃嚴氏　　고종의 후궁(1854~1911). 명성황후의 시위상궁으로 있다가 명성황후
가 살해된 후 고종을 섬기면서 아들 은垠(영친왕)을 낳았다. 1902년과 1906년 탄일발기가 남아 있는데
영친왕의 상차림 규모와 비슷했던 것으로 보인다. 국립고궁박물관 소장.

탄일 음식발기에 나오는
음식명의 분류

이상 총 20여 건의 탄일발기에 나오는 음식명들을 조리법별로 분류하여 표로 정리하면 〈표 23〉과 같다. 이를 통해 왕실의 탄일상에 주로 차려졌던 음식이 무엇이었는지 대략 알 수 있다. 먼저 밥은 나오지 않는다. 우리가 잔치 음식으로 알고 있는 면, 즉 국수를 주로 먹고 만두도 상에 올랐다. 탄일상에는 초계탕, 임자수탕, 잡탕, 신선노탕, 잡탕신선노와 같은 화려한 탕 종류가 올랐다. 찜 종류로는 연계증, 잡찜, 떡찜이, 전 종류로는 생선전유어, 해삼전, 생합전유어, 해전, 양전유어, 해전유어가 올랐다. 고기를 삶아서 만드는 편육, 족편, 족숙편, 저숙편, 저태 등도 올랐다. 적 종류로는 느름적과 각색느름적이 올랐는데 각색느름적은 여러 가지 적 종류로 보인다. 초음식으로는 전복초가 올랐다. 각색회, 수란, 청포, 각색절육과 같은 잔치 음식들도 탄일발기에 나온다. 조미료로는 청꿀, 초장, 개자가 나온다.

무엇보다 떡과 한과류가 압도적으로 많이 올랐으며 종류도 매우 다양했다. 앞에서 살펴본 떡과 한과류 거의 대부분이 탄일상에 차려졌다. 그런데 이 다양한 떡과 한과에 대해 우리는 얼마나 알고 있을까? 유명 케이크에 열광하며 외국의 명소까지 찾아다니지만 정작 우리 떡과 한과에 대해서는 아는 것이 별로 없다는 생각이 든다.

또한 우리나라는 다른 나라에 비해 음식 중에서도 후식, 즉 디저트 문화가 덜 발달했다는 지적이 많다. 아마도 디저트 문화가 서양

〈표 23〉 탄일발기에 나오는 음식명 분류

조리법		음식명
주식	국수(3)	면, 온면, 냉면
	만두류(1)	만두
부식	탕(5)	초계탕, 임자수탕, 잡탕, 신선노탕, 잡탕신선노
	찜(3)	연계증, 잡찜, 떡찜
	전유어(7)	생선전유어, 해삼전, 생합전유어, 해전, 양전유어, 해전유어, 각색어전,
	편육(5)	편육, 족편, 족숙편, 저숙편, 저태
	적(2)	느름적, 각색느름적
	초(1)	전복초
	회(1)	각색회
	수란(1)	수란
	청포(1)	청포
	절육(1)	각색절육
조미료류(3)		청, 초장, 겨자
떡	시루편(9)	백설고, 밀설고, 봇근팥시루편, 녹두찰시루편, 임자꿀차시루편, 당귀메시루편, 임자메시루편, 백두메시루편
	조악(4)	대조조악, 청조악, 황조악, 양색조악
	단자(3)	생강단자, 석이단자, 율단자
	약식(1)	약식
	기타병이류(8)	국화엽전, 밀쌈, 색산병, 율병, 백자병, 조병, 각색편
한과류	유밀과류(7)	중약과, 중만두과, 대약과, 대만두과, 다식과, 만두과, 유밀과
	연사과(7)	홍매화연사과, 백매화연사과, 홍세강반연사과, 백세강반연사과, 강정백자연사과, 송백자송자연사과, 삼색연사과
	강정(7)	임자강정, 홍말강정, 태말강정, 홍세강반강정, 백세강반강정, 말백자강정, 당귀말강정
	감사과 (1)	각색감사과
	미자(2)	홍미자, 백미자
	다식류(8)	사색다식, 각색다식, 오미자다식, 율다식, 흑임자다식, 강분다식, 청태다식, 송화다식
	숙실과(1)	각색숙실과

한 과 류	정과(1)	각색정과
	당(3)	각색당, 사당, 귤병
	과편(1)	오미자병
음청류(4)		산사수정과, 생리숙, 원소병, 화채
생과류(21)		생니, 적니, 포도, 서과, 승도, 조홍, 수시, 침수시, 준시, 유자, 석류, 야사과, 사과, 산사, 용안, 예지, 왜감자, 생률, 황률, 생대조, 각색실과

음식 문화라고 알고 있기 때문이 아닐까 싶다. 그런데 이 탄일발기들을 보면 그렇지 않다. 무엇보다 서양의 케이크와 과자류에 해당하는 다양한 떡류와 한과류가 존재했음을 알 수 있다. 일상식과 달리 탄일과 잔칫상에서는 아주 다양한 떡과 한과를 만들어 먹었다. 특히 한과류는 종류만 해도 유밀과, 연사과, 강정, 감사과, 미자, 다식, 숙실과, 정과, 당류, 과편 등 무려 10여종에 달했다. 음식발기 속 떡과 한과류 연구를 통해 자취를 감추고 있는 왕실 다과류의 화려한 부활이 이루어지기를 기대해본다.

여기에서는 왕실의 탄일 상차림을 엿볼 수 있는 탄일 음식발기로

〈신ᄒᆡ칠월십뉵일억만세탄일낮것상ᄇᆞᆯ긔〉를 살피고자 한다.

이 발기는 1911년신ᄒᆡ후亥 7월 16일* 고종의 60세 탄일에 올린 낮것상낮것상의 상차림을 적은 것이다.

그 전해인 1910년(대한제국 융희 4) 한일병합조약에 따라 국권을 상실하면서

초라해진 조선 왕실이지만 탄일과 같은 왕실의 행사는 그대로 행해졌던 것으로 보인다.

앞서 〈표 18〉에 제시한 고종 탄일발기 9건 중 60세 탄일을 기록한 것은 8번과 9번 음식발기다.

8번 음식발기는 세 분 마마와 친왕 내외에게 차린 낮것상이고, 9번 음식발기는

진어상 삼상과 친왕 내외분을 위한 고배상, 즉 고임상차림이다.

·

《고종실록》 33권의 1895년(고종 32) 11월 3일자 기사에는 고종의 탄일인 1852년(壬子, 철종 3) 7월 25일을 양력으로 환산하면,
9월 8일이라고 되어 있다. 1911년 9월 8일(양력)은 음력으로 1911년 7월 16일이므로, 이 발기에서는 양력으로 지낸 고종의 탄일을
그해의 음력 날짜로 기록한 것이다. 1896년 대한제국 선포와 동시에 건양 연호 선포하면서 '양력'을 공식적으로 사용했다.
《고종실록》 역시 고종 33년 건양 원년(1896) 1월 1일부터 양력으로 기재하고 있다.

이 가운데 망상인 탄일 고임상을 선택하지 않고 탄일의 주인공인
왕이 점심상으로 실제 먹었던 음식들이 오른 8번 음식발기를 선택했다.
당사자들이 실제로 먹었던 음식으로 비교적 만들기도 쉽고
현대에 적용하기도 쉽다고 판단했기 때문이다.
발기에서 음식을 올린 '세 분 마마'는 당시 태왕太王이었던 고종,
순종과 순종의 계비繼妃인 순정효황후 윤씨, '친왕 내외분'은 고종과 귀인 장씨의 소생인
의친왕과 그 부인인 연원군부인 김씨다. 그러니까 1911년 당시 탄일 잔치의 주인공인
고종을 포함하여 가장 중요한 왕족 5인에게 올린 점심상인 셈이다.
각각 받은 상은 17기 27종으로 같으며 실제 먹은 상이기 때문에 고임의 높이는 적혀 있지 않다.
잔치에 차려지는 고임상은 실제로 먹기 위해서가 아니라 잔치를 치른 후에
허물어 음식을 나누어 주는 데 주로 사용했다.

대한제국 황실 가족大韓帝國皇室家族
대한제국 황실 주요 인물들의 초상사진을 인쇄한 족자.
강사포絳紗袍에 통천관通天冠을 착용한 고종황제의 좌상 사진이 상단에,
그 아래에는 강사포에 통천관을 착용한 순종황제의 사진과
원삼을 입고 있는 순정황후純貞皇后의 사진이, 가장 아랫단에는
젊은 영친왕 부부의 모습이 배치되어 있다.
국립고궁박물관 소장.

원문	현대역	그릇 수
임자꿀출시ㄹ편	임자꿀찰시루편	
녹두출시ㄹ편	녹두찰시루편	1
당귀믜시시ㄹ편	당귀메시루편	
빅설ㄱ	백설고	
대조조악	대조조악	
청조악	청조악	2
밀쏨	밀쌈	
국화엽	국화엽전	
약식	약식	3
연계증	연계증	4
전복초	전복초	5
각식느름적	각색누름적	6
싱션전유ᄋ	생선전유어	7
히전	해전	
양전유ᄋ	양전유어	8
간젼유ᄋ	간전유어	
편육	편육	9
족슉편	족숙편	
졔슉편	저숙편	10
졔티	저태	
각식어치	각색어채	11
임ᄌ슈잡탕	임자수잡탕	12
ᄎ계탕	초계탕	13
온면	온면	14
닝면	냉면	15
슈단	수단	16
쳥	청	17
겨ᄌ	개자	18
초장	초장	19

백설고

당귀메시루편

녹두찰시루편

임자꿀찰시루편

우리나라 잔치에서 떡은 뺄 수 없는 별식이다.

탄일 상차림에서도 떡은 가장 중요한 음식이었다.

다양한 우리 떡 중에서도 기본이 되는 것은 시루에 쪄서 만드는 시루떡이다.

깨시루떡, 녹두시루떡, 당귀시루떡, 백설기 네 가지를 한 접시에 담아 올렸다.

임자荏子, 즉 참깨로 고물을 만들고 '찰',
즉 찹쌀가루에 밤과 대추, 꿀 등을 넣어 시루에 안쳐 찐 떡을 말한다.
의궤에는 임자점증병荏子粘甑餠으로 나온다.
의궤류에 가장 많이 등장하는 떡이다.

재료
찹쌀 500g, 흰깨 2컵, 물·꿀 2큰술씩, 설탕 3큰술, 밤·대추 5개씩

조리법
① 찹쌀은 깨끗이 씻어 물에 5시간 이상 불린 후 체에 건져 30분 정도 물기를 뺀다.
② ①의 찹쌀에 소금을 넣고 가루로 빻는다.
③ 흰깨는 반나절 이상 물에 불려 껍질을 벗긴 후 볶아
　소금을 약간 넣고 분쇄기에 갈아 고물을 만든다.
④ 밤은 껍질을 벗기고 대추는 돌려 깎아서 씨를 뺀다.
⑤ ②의 찹쌀가루에 물을 넣고 잘 섞은 후 체에 내린 다음 꿀을 넣는다.
⑥ 찜기에 젖은 면보자기를 깔고 흰깨 고물, ⑤의 찹쌀가루 반을
　순서로 안친 다음 밤, 대추를 가장자리에 돌려 담고
　나머지 찹쌀가루, 흰깨 고물을 순서대로 올린다.
⑦ 김이 오른 찜통에 20분 찌고 5분 뜸 들여 완성한다.

의궤에는 녹두점증병綠豆粘甑餅이라고 되어 있다.
떡 이름 그대로 녹두로 고물을 만들고
찹쌀가루에 대추, 밤, 꿀 등을 넣고 시루에 안쳐 찐 떡으로
고물이 특히 맛있는 떡이다.

재료
찹쌀 500g, 녹두 1½컵, 물 2큰술, 설탕 5큰술, 밤·대추 5개씩

조리법
① 찹쌀은 깨끗이 씻어 5시간 이상 물에 불린 후
   체에 건져 30분 정도 물기를 뺀다.
② ①의 찹쌀에 소금을 넣고 가루로 빻는다.
③ 녹두는 반나절 이상 물에 불려 껍질을 벗긴 후 김이 오른 찜통에
   40분간 쪄서 소금 간을 하고 체에 내린다.
④ 밤은 껍질을 벗기고 대추는 돌려 깎아서 씨를 뺀다.
⑤ ②의 찹쌀가루에 물을 넣고 잘 섞은 후 체에 내려 설탕을 넣는다.
⑥ 찜기에 젖은 면보자기를 깔고 녹두 고물,
   ⑤의 찹쌀가루 반을 순서로 안친 다음 밤,
   대추를 가장자리에 돌려 담고 나머지 찹쌀가루,
   녹두 고물을 순서대로 올린다.
⑦ 김이 오른 찜통에 20분 찌고 5분 뜸 들여 완성한다.

의궤에는 당귀경증병이라고 기록되어 있다.

당귀는 대표적인 약용식물로 승검초, 신감초라고 한다.

잎이나 뿌리를 약용으로 쓰는데 음식 재료나 떡 재료로도 많이 사용한다.

잎을 말린 후 가루를 내서 썼다. 멥쌀과 찹쌀가루에 당귀가루와

대추, 꿀 등을 넣어 시루에 안쳐 찐 떡이다. 왕실에서는 메시루떡이라도

멥쌀가루에 찹쌀가루 5분의 1을 섞어서 사용했다.

재료

멥쌀 500g, 찹쌀 100g, 흰깨 2컵, 승검초가루 10g, 물 2큰술, 설탕·꿀 3큰술씩, 밤·대추 5개씩,

* 승검초가루는 당귀 잎을 그늘에 말린 후 곱게 갈아 체에 쳐서 만든다.

조리법

① 멥쌀과 찹쌀은 씻어 물에 5시간 이상 물에 불린 후 체에 건져 30분 정도 물기를 뺀다.

② ①의 멥쌀과 찹쌀에 소금을 넣고 가루로 빻아 섞는다.

③ 흰깨는 반나절 이상 물에 불려 껍질을 벗긴 후 볶아

   소금을 약간 넣고 분쇄기에 갈아 고물을 만든다.

④ 밤은 껍질을 벗기고 대추는 돌려 깎아서 씨를 뺀다.

⑤ ②에 물을 넣고 잘 섞은 후 승검초가루를 넣고 체에 내려 설탕을 넣는다.

⑥ 찜기에 젖은 면보자기를 깔고 흰깨 고물, ⑤의 쌀가루 반을 순서로 안친 다음

   밤, 대추를 가장자리에 돌려 담고 나머지 쌀가루, 흰깨 고물을 순서대로 올린다.

⑦ 김이 오른 찜통에 20분 찌고 5분 뜸 들여 완성한다.

백설고白雪糕는 요즘도 즐겨 먹는 백설기를 말한다.
멥쌀가루에 증기를 올려 시루에 쪄낸 떡으로 백일, 돌 등에
하얀 백설기白편를 만들어 나누어 먹었다.
백설기는 멥쌀가루에 설탕물과 꿀을 내려 시루에 안쳐 찌는
가장 기본이 되는 흰 무리떡으로《규합총서閨閤叢書》(1809)에
'백설고白雪糕'로 기록되어 있다.
흰 눈과 같다는 의미의 백설기는 예로부터 순진무구하고
신성한 음식으로 여겨져 어린아이의 삼칠일·백일·첫돌 등의 의례행사에
꼭 등장했다. 의궤에는 왕실에서의 백설고가 민간과 달리
멥쌀, 찹쌀 외에도 석이버섯, 생률, 대추, 잣 등 다양한
고명 재료를 썼다고 한 것으로 기록되어 있다.
여기서는 일반적인 형태의 백설기를 만들어보았다.

재료
멥쌀 500g, 물 3큰술, 설탕 5큰술, 밤·대추 5개씩

조리법
① 멥쌀은 깨끗이 씻어 물에 5시간 이상 물에 불린 후
   체에 건져 30분 정도 물기를 뺀다.
② ①의 멥쌀에 소금을 넣고 가루로 빻는다.
③ 밤은 껍질을 벗기고 대추는 돌려 깎아서 씨를 뺀다.
④ ②의 멥쌀가루에 물을 넣고 잘 섞은 후 체에 내려 설탕을 넣는다.
⑤ 찜기에 젖은 면보자기를 깔고 ④의 멥쌀가루 반을 안치고
   밤, 대추를 가장자리에 돌려 담고 나머지 멥쌀가루를 올린다.
⑥ 김이 오른 찜통에 20분 찌고 5분 뜸 들여 완성한다.

국화엽전

밀쌈

청조악

대조조악

찹쌀가루에 소를 넣고 송편 모양으로 조그맣게 빚어
기름에 지진 떡을 조악^{주악}이라고 한다.
주로 떡을 괼 때에 웃기로 쓰는 떡이다. 여러 가지 색을 넣어
조그맣고 예쁘게 빚기 때문에 모양이 매우 아름답다.

대조조악

대조조악^{대추주악}은 찹쌀가루에 대조^{대추}를 다져 넣고 반죽하여
소를 박아 빚어 지진다. 대추가 달콤하면서 맛있다.

재료
찹쌀가루 200g, 대추 10개, 끓는 물 5큰술, 지짐기름 적당량
＊소: 대추 5개·꿀 1∼2작은술·계핏가루 ½작은술
＊즙청꿀: 꿀 ⅔컵·계핏가루 약간

조리법
① 찹쌀가루에 대추를 곱게 다져 넣고 끓는 물에 익반죽한다.
② 소는 곱게 다진 대추(대추 5개)에 계핏가루,
   꿀을 약간 넣고 반죽한 후 콩알만 하게 빚어 놓는다.
③ ①의 반죽을 조금씩 떼어 소를 넣고 송편 모양으로 빚어
   식용유를 두른 팬에 올려 지진다.
④ 꿀에 계핏가루를 섞어 만든 즙청꿀(시럽)에
   지진 조악을 넣었다 건져 완성한다.

청조악은 파래 가루로 푸른색을 낸 조악이다.
색을 중시하여 황黃·백白·청靑의 삼색 중 청색을 구현한 웃기떡이다.

재료
찹쌀가루 200g, 파래 가루 2큰술, 대추 10개, 끓는 물 5큰술, 지짐기름 적당량
* 파래 가루는 감태를 잘 말린 후 곱게 갈아서 쓴다.
* 소: 대추10개·꿀 1작은술·계핏가루 ½작은술
* 즙청꿀: 꿀 ⅔컵·계핏가루 약간

조리법
① 찹쌀가루에 파래 가루를 넣고 끓는 물에 익반죽한다.
② 소는 곱게 다진 대추에 계핏가루, 꿀을 약간 넣고
　　반죽한 후 콩알만 하게 빚어 놓는다.
③ ①의 반죽을 조금씩 떼어 소를 넣고 송편 모양으로 빚어
　　식용유를 두른 팬에 올려 지진다.
④ 꿀에 계핏가루를 섞어 만든 즙청꿀에 지진 조악을 넣었다 건져 완성한다.
⑦ 김이 오른 찜통에 20분 찌고 5분 뜸 들여 완성한다.

밀
쌈

밀가루로 동그랗게 부친 밀전병에 깨, 곶감, 유자청, 대추 등으로
소를 만들어 넣고 돌돌 말아 기름에 지진 떡을 말한다.
모양이 아름다워 웃기떡으로도 쓰인다.
조선 시대 밀가루는 진말眞末진짜 가루이라고 할 정도로
매우 귀한 식재료였다.

재료
밀가루 100g, 물 1컵, 소금·지짐기름 적당량
* 소: 다진대추 12g(대추 3개), 꿀 약간

조리법
① 밀가루는 동량의 물을 넣고 소금 간을 한 후 잘 풀어서 체에 거른다.
② 대추는 돌려 깎아서 씨를 제거한 후 곱게 다져 꿀을 넣고
　 되직하게 반죽하여 콩알만 하게 빚는다.
③ 지짐기름을 두른 팬에 ①의 반죽을 한 숟가락씩 떠서 놓고
　 둥글게 밀전병을 부친다.
④ 익힌 밀전병 안에 ②의 소를 넣고 돌돌 말아 준다.

찹쌀가루를 익반죽하여 둥글납작하게 빚은 후
국화꽃과 잎을 얹어 기름에 지진 떡이다.
국화가 피는 중양절9월 9일 무렵에 주로 만들어 먹었으며
가을의 정취를 느낄 수 있는 아름다운 떡이다.

재료
찹쌀가루 200g, 물 3~4큰술, 국화꽃, 국화잎, 식용유, 꿀 적당량

조리법
① 찹쌀가루에 끓는 물을 넣고 익반죽하여 둥글납작하게 빚는다.
② 국화꽃과 잎은 씻어 물기를 제거한 후 붙이기 좋게 손질한다.
③ 식용유를 두른 팬에 ① 찹쌀 반죽을 올려 약한 불에서 지진다.
④ 한 면이 다 익으면 뒤집어서 꽃과 잎을 얹고 마저 익힌다.
⑤ 앞뒤 고루 익으면 그릇에 꿀을 발라 붙지 않게 담는다.

약
식

찹쌀에 대추·밤·잣 등을 넣고 간장·꿀·참기름으로 버무려 찐 떡이다.
몸에 좋은 각종 재료가 들어가 약식이라 불리며 의궤에는 약반藥飯으로 나온다.
《삼국유사》 고사에 따르면 신라 소지왕 10년 정월대보름에 닥칠 재앙을
미리 알려줘 목숨을 구해준 까마귀의 은혜를 갚기 위해
이 날을 까마귀 제삿날로 삼고 약밥을 지었다고 한다.
약식은 이 풍습이 전해 정월대보름의 절식이 되었다.

재료

찹쌀 800g, 밤·대추 15개씩, 잣 2큰술, 간장 5큰술, 꿀·참기름 4큰술씩, 계핏가루 약간

조리법

① 찹쌀은 깨끗이 씻어 물에 5시간 이상 불린 후 건져 찜통에 1시간 정도 찐다.
② 밤은 껍질을 벗겨 3등분하고 대추는 돌려 깎아서 씨를 제거한 후 2등분한다.
③ ①의 찰밥에 손질한 밤과 대추를 넣고 간장, 꿀, 참기름, 계핏가루, 잣과 섞어
　간이 배도록 상온에 2시간 정도 둔다.
④ 김이 오른 찜통에 ③의 찰밥을 올리고 1시간 정도 찐다.

연
계
증

연계찜이라고도 하는 연계증軟鷄蒸은 어린 닭에 소고기, 표고버섯 등의
소를 넣고 쪄낸 음식으로 조선 시대 조리서나 의궤에 등장하는 보양식이다.
닭은 양기를 돕고 정기를 보하며 소장을 따뜻하게 하여 궁중에서 많이 먹었다.

재료
연계 1마리, 대파 ½대, 국간장·참기름·잣가루 약간씩
* 소: 소고기 100g, 표고버섯 60g, 두부 50g
* 소 양념: 국간장 1작은술, 간장 1큰술, 설탕 1작은술, 다진 파 1큰술, 다진 마늘 1작은술,
  녹말가루·소금·참기름·후춧가루 약간씩

조리법
① 연계는 손질해서 겉과 속을 깨끗이 씻는다.
② 연계 배 속에 들어갈 소고기는 곱게 다지고
   표고버섯은 채 썬 뒤 소금, 후춧가루로 밑간해 살짝 볶는다.
   두부는 으깨서 물기를 꼭 짠다.
③ ②의 재료들을 분량의 소 양념에 버무려 연계의 뱃 속에 채워 넣는다.
④ 냄비에 물을 붓고 국간장을 넣어 간을 맞춘 다음 ③의 연계를 넣고 뚜껑을 덮어 익힌다.
⑤ 간간이 국물을 끼얹어 가며 익히다가 썬 대파를 넣고 간이 고루 밸 때까지 둔다.
⑥ 닭이 거의 다 익으면 참기름과 후춧가루를 넣어 마무리하고
   그릇에 국물과 대파를 담고 닭을 올린 다음
   잣가루를 고명으로 뿌린다.

전복초

'초炒'는 육류나 어패류를 간장 등의 양념과 녹말가루를 넣어
윤기 나게 조려 내는 조리 방법이다. 의궤에는 생복초, 전복초, 생소라초, 생합초,
홍합초, 생치^꿩초, 연계^닭초, 저태^{돼지 뱃속 새끼}초, 부화소 ^{허파}초, 우족초 등이 나온다.
전복초는 불린 건전복을 조린 후 녹말물을 끼얹어 내는 음식이다.
생복초는 생전복으로 만드는 점이 다르다. 왕실 전복초는 물에 불린 전복에 저민
쇠고기와 닭고기까지 한데 넣고 간장과 꿀을 넣어 달콤하게 조린 것이 특징이다.
전복은 궁에서 가장 많이 사용된 고급 식재료였다.

재료
전복 3개, 소고기 50g, 대파 20g, 마늘 2톨, 참기름 1큰술, 잣가루 1큰술
* 소고기 양념: 간장 3큰술, 설탕 2큰술, 다진 파, 다진 마늘, 참기름, 후춧가루 약간씩
* 녹말물 : 녹말가루 1작은술, 물 1큰술

조리법
① 생전복은 끓는 물에 데쳐 내장 등을 손질해 납작납작 한입 크기로 썬다.
② 소고기는 납작하게 썰어 분량의 양념을 한다.
③ 마늘은 편으로 썰고 대파는 3센티미터 길이로 썬다.
④ 은행은 마른 팬에 살짝 볶아 껍질을 벗긴다.
⑤ ②의 소고기를 볶다가 물을 붓고 한소끔 끓으면 간장과 설탕으로 간을 한 다음
   전복과 마늘, 대파를 넣어 조린 다음 국물이 3큰술 정도 남으면
   녹말물을 넣어 고루 뒤섞고, 참기름을 넣어 윤기를 낸다.
⑥ ④의 은행을 고명으로 올리고 잣가루를 고루 뿌린다.

각색느름적

각색느름적은 각색누름적, 잡누름적, 잡누르미라고도 한다. 소고기, 소 등골, 전복, 해삼, 표고버섯, 도라지, 대파, 무, 오이 등의 여러 가지 재료를 양념하고 익혀서 꼬치에 색을 맞춰 꿴 화려한 음식이다. 궁중에서 주로 먹었지만, 반가에서도 즐겼던 음식이다.

재료
소고기 100g, 전복 3개, 불린 해삼 2개, 도라지 80g, 표고버섯 3개, 느타리버섯 100g,
대파 1대, 밀가루 1컵, 달걀 3개, 식용유 적당량
* 고기 양념: 간장 1큰술, 설탕·다진 파 1작은술씩, 다진 마늘 ½작은술,
　깨소금·참기름 1작은술씩, 후춧가루 약간
* 채소 양념: 소금 ½작은술, 다진 파 2작은술, 다진 마늘 1작은술, 깨소금 ½작은술, 참기름 1작은술

조리법
① 소고기는 기름기 없는 부위로 1센티미터 두께의 적감으로 떠서 잔칼질을 한 후 0.8센티미터 폭으로 썬다.
② 생전복은 끓는 물에 데쳐 내장 등을 손질하고 고기보다 약간 가늘게 썬다.
　불린 해삼도 전복과 같은 크기로 썬 뒤 소금으로 밑간을 한다.
③ 물에 불린 도라지는 물기를 꼭 짜고 굵은 것은 반으로 갈라 준비한다.
④ 표고버섯은 고기와 같은 굵기로 썬다.
⑤ 느타리버섯은 끓는 물에 소금을 약간 넣고 데쳐 물기를 꼭 짠다.
⑥ 파는 너무 굵지 않은 것으로 10센티미터 길이로 자르고 반을 가른다.
⑦ 소고기와 표고버섯은 분량의 고기 양념에 무치고 도라지와 느타리버섯은 분량의 채소 양념에 무친다.
⑧ 꼬치에 준비한 재료들을 나란히 끼워 판판하게 꿴 후 밀가루,
　달걀물 순서로 옷을 입혀 달군 팬에 식용유를 두르고 앞뒤로 노릇하게 지진다.
⑨ 뜨거울 때 꼬치를 빼고 먹기 좋게 썰어서 그릇에 담는다.

해 전 | 생선전유어

잔치라면 고소한 기름 냄새를 풍기는 전이 빠질 리 없다.

조선 왕실에서는 다양한 식재료로 전을 부쳤는데 그중 어패류전과 육류전은 빠지지 않았다.

고종의 회갑 잔치에는 어패류전으로 생선전유어와 해전이,

육류전으로 양전유어와 간전이 상에 올랐다.

생선전은 전 중에서도 으뜸이다.

생선의 담백함이 기름에 지져지며 배가되기 때문이다.

전은 튀김보다도 생선의 맛을 더 잘 살리는 음식이다.

생선전유어에는 비린 맛이 없는

흰살 생선(숭어, 도미, 민어, 대구, 웅어 등)이 주로 쓰인다.

재료

민어 200g, 소금, 밀가루, 달걀, 식용유

조리법

① 민어는 비늘을 긁고 내장을 제거한 뒤
　깨끗이 씻어 3장 뜨기를 한 후 저며 썰어
　소금을 뿌려 살짝 재운다.

② 달걀물은 소금 간하여 준비한다.

③ ①에 밀가루, 달걀물 순서로 옷을 입혀
　기름을 두른 팬에 지져 낸다.

해전은 게 '해蟹' 자에서 짐작할 수 있듯 게전을 말한다.
게는 조선 시대에도 오늘날처럼 비싸고 귀하고 맛은 특별하지만
껍질 때문에 먹기 번거로운 식재료였다.
해전은 게를 손질해 일일이 살만 발라내서
밀가루와 달걀물을 입혀 지져낸 고급 전유어다.

재료
꽃게 4마리, 달걀 1개, 밀가루 3큰술, 소금 약간, 후춧가루 약간, 참기름 3큰술

조리법
① 꽃게는 손질하여 살을 발라낸다.
② 꽃게 살에 소금, 후춧가루를 넣고 밀가루를 약간 넣어
　　한 덩어리가 되게 한 후 달걀옷을 입혀
　　동그랗게 전을 부친다.

양전유어 | 간전유어

고종의 회갑 잔치에서는 육류전으로 소의 내장인

양과 간으로 부친 전을 올렸다.

소의 내장은 요즘은 냄새 때문에 꺼리지만

왕실에서는 특유의 풍미와 식감 때문에 식재료로 많이 활용했다.

특히 소의 양과 간으로 만든 전유어는

고유의 식감을 느낄 수 있는 고급 음식이었다.

양전유어는 소의 양을 잘게 다져 동그랗게 기름에 지진 전유어로
모양 때문에 양동구리저냐라고도 한다.
소의 양은 질기지만 단백질과 무기질이 풍부하고
맛이 담백한 게 특징이다. 의궤를 살펴보면
왕실에서 양전을 만들 때 달걀이 재료에 보이지 않으니.
달걀 없이 메밀가루만 묻혀서 부쳤을 것으로 추측되나
여기서는 녹말가루와 달걀을 이용해 부치는 방법을 소개한다.

재료

소의 양 200g, 소금 ¼작은술, 다진 파 1작은술, 다진 마늘 ½작은술,
참기름 3큰술, 달걀 1개, 녹말가루 2큰술

조리법

① 소의 양은 두툼하고 싱싱한 것을 골라 끓는 물에 데친 후
   검은 막은 칼등으로 긁어내고 안쪽 기름은 깨끗이 손질한다.
② ①의 양은 곱게 다진 후 소금, 다진 파·마늘과 녹말과
   잘 푼 달걀을 넣은 다음 동글납작하게 빚는다.
③ 동그랗게 빚은 양은 참기름을 두른 팬에
   앞뒤로 노릇하게 지진다.

간전유어 | 간전유어는 소의 내장인 간을 이용해 부친 전이다.
조리서에는 밀가루와 계란물을
묻혀서 조리하는 것으로 나온다.
그런데 간은 특유의 냄새가 난다.
메밀가루를 묻혀 지지면 냄새를 잡아준다.
간은 철분이 풍부해 빈혈에도 좋은 식재료로
왕실에서 많이 이용했다.

재료

소간 200g, 소금·후춧가루 약간씩, 메밀가루 ½컵, 깨소금 2큰술, 식용유 적당량

조리법

① 싱싱한 소간을 손질 후 물에 2시간 정도 담가 핏물을 뺀 후
　끓는 물에 넣고 1시간 정도 삶아 얇게 썬다.
② 메밀가루에 깨소금을 넣어 옷을 만든다.
③ 간에 소금과 후춧가루를 뿌려 밑간을 하고 ②의 메밀가루를 고루 입힌다.
④ 기름을 두른 팬에 ③의 간을 지진다.

편육 | 족숙편

고기를 덩어리째 푹 삶은 것이 수육이고,

수육을 눌러 굳힌 다음 얇게 저민 것이 편육이다.

고기를 굽는 서양식 조리법과 다르게 우리는 고기를 삶는 조리법이 발달했다.

최근에는 삶는 방식이 구이나 튀김에 비해 건강에 좋은 조리법으로 인정받고 있다.

족숙편은 소족을 삶아서 만드는 족편을 말한다.

고기를 삶고 난 국물은 육수로서 다른 음식을 만들 때 귀하게 사용했다.

편육은 쇠고기나 돼지고기를 이용하여 만드는데
사용하는 고기 부위에 따라 그 종류가 다르다.
소머리, 우설, 양지머리 등으로 편육을 만든다.
소머리 편육, 소 혀로 만드는 우설 편육,
그리고 양지머리 편육을 많이 만들어 먹었다.
특히 아롱사태가 편육에 좋다.
여기서는 돼지의 삼겹살을 이용한 삼겹살 편육을 만들어보았다.

재료

돼지 삼겹살 600g, 통마늘 30g, 대파 ½대, 국간장 2큰술, 소금 1작은술

조리법

① 삼겹살은 끓는 물에 튀한다.
② 냄비에 물을 붓고 끓어오르면 삼겹살을 넣어 1시간 30분 정도 삶는다.
③ 삶는 중간에 통마늘과 대파를 넣고, 불을 끄기 20분 전쯤
　　삼겹살에 간이 배도록 육수에 국간장과 소금으로 간한다.
④ 다 익은 ③의 고기는 얇게 썰어 접시에 담는다.

소족과 사태 등을 푹 고아 석이버섯·달걀지단·실고추 등을 뿌려 식혀서
묵처럼 응고시킨 음식이다. 소족은 콜라겐이 풍부해
영양과 식감이 좋아 조선 시대 귀한 보양식이었다.
족숙편은 현재 우족편 혹은 족편이라고 불리는 음식으로 보인다.
보기에 흉한 소족이지만 푹 삶아서 뼈를 골라내고
여러 가지 색감의 고명을 넣어 만들어내면 족을 고아서 만들어냈다고
상상하기 어려울 만큼 아름다운 음식이다.

재료
소족 1개, 사태 1kg, 도가니 1개, 잣 ¼컵, 석이버섯·국간장 약간씩

조리법
① 소족의 잔털을 면도칼로 손질한 다음 물에 담가 핏물을 뺀다.
② 사태와 도가니는 넉넉한 물에 7시간 정도 담가 핏물을 뺀다.
③ 손질한 ①의 소족을 끓는 물에 15분간 삶아 깨끗이 씻는다.
④ ③의 소족과 ②를 함께 물에 넣고 끓이다가
　　사태는 1시간 30분 정도 삶은 뒤 건져내고
　　족과 도가니는 5시간 정도 더 삶는다.
　　삶는 동안 떠오르는 불순물과 기름기는 걷어낸다.
⑤ 삶아진 족과 도가니를 건져 미리 건져둔 사태와 함께 잘고 네모지게 썬다.
⑥ 족과 도가니를 삶은 육수는 면보자기에 받는다.
⑦ ⑥에 ⑤의 족과 도가니를 먼저 넣고 국간장으로
　　간을 하여 끓다가 사태를 넣는다.
⑧ 잣은 칼로 곱게 다지고 석이버섯은 곱게 채 썬다.
⑨ 족편을 굳힐 그릇에 ⑦을 모두 붓는다.
⑩ 한 김 식힌 뒤 잣가루를 고루 뿌리고,
　　채 썬 석이버섯을 고명으로 올려 차가운 곳에서
　　한나절 정도 단단하게 굳힌다.

저숙편 | 저태

돼지고기[猪]를 삶아 만든 편육을 저숙편이라고 한다.
예로부터 돼지 삼겹살이나 목살을 삶아 누른 편육은
왕실이나 반가, 민가의 잔치에서 빠지지 않는 음식이었다.
보존 기간도 길고 미리 조리해 두기도 좋았기 때문이다.

돼지고기를 삶아 만드는 저숙편猪熟片은
주로 돼지머리 편육이나 삼겹살 편육이 잘 알려져 있다.
대개 잔치가 있으면 돼지머리를 통째로 삶거나
지방이 많아 부드러운 삼겹살을 삶아 눌러 편육으로 만들었다.
새우젓국을 곁들여 먹으면 아주 맛이 좋다.
요새 많이 즐기는 배추김치와 함께 먹는 보쌈이
바로 이 저숙편에서 유래한 것으로 보인다.

재료

돼지고기(목살 혹은 삼겹살) 500g, 대파 ½대, 생강 1톨, 된장 2큰술

조리법

① 돼지고기는 물에 2시간 이상 담가 핏물과 냄새를 제거한다.
② ①의 돼지고기를 끓는 물에 한 번 넣었다 꺼낸다.
③ 끓는 물에 ②와 대파, 생강을 넣고 50분간 삶는다.
④ ③의 돼지고기를 면보자기에 싸서 잘 눌러 반듯하게 굳힌다.
⑤ 완성된 고기는 먹기 좋게 편으로 썰어 접시에 담는다.

저
태 | 저태豬胎는 돼지 보에 싸인 돼지 새끼를 말하는데,
이를 삶아 익힌 음식도 저태라고 한다. 부드럽고 쫄깃한 식감 때문에
편육 재료로서 제격이었지만 구하기 어려웠다.
민간에서는 애저찜이라고도 하는데 애저란 태중의 새끼돼지를 일컫는 말이다.
돼지고기 요리가 발달한 중국에서도 보이지 않는 우리 고유의 음식으로,
조선 시대 조리서인《규합총서》나《오주연문장전산고》,《시의전서》등에
기록되어 있으며 전라도 지역의 향토음식으로 알려져 있다.

재료
돼지고기 새끼 1개, 밀가루·소금 적당량, 대파 ½대, 생강 1톨

조리법
① 돼지고기 새끼집은 물에 3~4시간 담가 핏물을 뺀 후
   밀가루와 소금으로 주물러 씻어 냄새를 없앤다.
② ①의 돼지고기 새끼집을 끓는 물에 한 번 넣었다 꺼낸다.
③ 끓는 물에 ②와 대파, 생강을 넣고 1시간 30분 정도 삶는다.
④ ③의 돼지고기 새끼집을 면보자기에 싸서 잘 눌러 반듯하게 굳힌다.
⑤ 완성된 고기는 먹기 좋게 편으로 썰어 접시에 담는다.

각색어채

각색어채는 '회膾'의 일종이지만 생으로서의 회가 아니라 숙채에 속한다.
조선 시대에는 고기, 생선, 채소 등을 날로 혹은 살짝 데쳐서 초고추장, 겨자즙, 초장 등에
찍어 먹는 숙회를 즐겼다. 왕실에서는 살짝 익힌 숙회를 즐겨 먹었다.
각색어채는 생선, 전복, 해삼, 소의 양과 부아 등을 여러 채소와 함께 녹말가루에 묻힌 뒤
끓는 물에 살짝 데쳐 만든다. 녹말가루를 살짝 입히면 음식에 반짝이는 질감을 더할 수 있다.
다양한 재료들의 색감과 맛을 즐길 수 있는 격조 있는 회 음식이다.

재료
숭어 살 200g, 양 200g, 부아 200g, 불린 해삼 1개, 전복 2개, 말린 표고버섯 3개,
말린 목이버섯 5장, 소금·참기름 약간씩, 녹말가루 6큰술

조리법
① 손질한 숭어살은 저며 썰고 소금을 살짝 뿌려 둔다.
② 소의 양은 두툼하고 싱싱한 것을 골라 끓는 물에 데친 후
　　검은 막을 칼등으로 긁어내고 안쪽 기름을 깨끗이 손질한 다음 끓는 물에 1시간 삶는다.
③ 부아는 물에 담가 핏물을 빼고 끓는 물에 1시간 삶는다.
④ 전복은 손질하여 3~4등분하여 저며 썬다.
⑤ 불린 해삼은 전복과 같은 크기로 썬다.
⑥ 말린 표고버섯은 물에 불려 넓게 저며 썰고, 말린 목이버섯도 물에 불려 한 입 크기로 떼어 놓는다.
⑦ 위에 준비한 재료에 소금과 참기름으로 밑간한 뒤 녹말가루를 묻혀 끓는 물에 살짝 데친 다음
　　냉수에 즉시 담갔다가 곧 채반에 건져 놓는다.
⑧ 완성된 ⑦의 재료를 접시에 보기 좋게 담는다.

임자수잡탕

차게 식힌 닭 육수에 참깨^{임자}를 갈아 넣고 잘게 찢은 닭고기, 소고기 편육, 채소 등을 넣어 만든다.
여기서 '잡탕'은 다양하고 진귀한 재료를 섞어 잡雜스럽게 끓였다는 뜻이다.
우리 음식의 특징인 어울림의 맛을 느끼기에 부족함이 없다.
참깨의 고소한 맛과 잘 어우러져 궁중이나 양반가에서 여름 보양식으로 즐겨 먹었다.

재료
연계 1마리, 대파 ½대, 통마늘 2쪽, 소고기(아롱사태) 200g, 오이 1개, 미나리 50g,
말린 표고버섯 2개, 흰깨 2컵, 소금 약간, 달걀 1개, 식용유 약간

조리법
① 닭은 깨끗이 씻어 끓는 물에 대파, 통마늘과 함께 넣고 40분 정도 푹 삶는다.
② ①의 닭은 건져 살만 바르고, 뼈는 다시 국물에 넣어 30분 정도 끓이고
　　식으면 기름을 걷어내 닭 육수를 만든다.
③ ②의 닭살은 결대로 찢는다.
④ 소고기 아롱사태는 물에 담가 핏물을 뺀 후 끓는 물에서 1시간 30분 정도 삶아 편육으로 썬다.
⑤ 오이는 돌려 깎아 가운데 씨를 빼고 3~4센티미터 길이로 썬다.
⑥ 미나리는 잎을 손질하고 꽂이에 길게 꽂아 달걀물을 입혀 초대를 부쳐
　　3센티미터 길이의 골패 모양으로 썬다.
⑦ 말린 표고버섯은 물에 불려 4등분한다.
⑧ 흰깨는 반나절 이상 물에 불려 껍질을 벗긴 후 볶아 ②의 닭 육수에 넣고
　　곱게 갈아 소금 간을 한 후 고운 면보자기에 내려 깻국을 만든다.
⑨ ③의 닭고기와 준비한 재료를 담고 ⑧의 깻국을 붓는다.

초계탕

'탕'은 계절 따라 다양한 변주가 가능한 음식이다.

식초의 '초醋'와 닭 '계鷄'자를 쓰는 초계탕醋鷄湯은 닭육수를 차게 식혀

식초와 겨자로 간을 한 다음 살코기를 잘게 찢어서 넣어 먹는 전통음식이다.

대부분 여름철에 보양식으로 뜨거운 삼계탕만 찾는데 찬 닭국물을 이용한 초계탕도

왕실에서 여름철에 즐기던 보양식이었다. 원래는 북한 함경도와 평안도 지방에서

추운 겨울에 먹던 별미라는 설도 있지만 요즘에는 여름 보양식으로 즐겨 먹는다.

《승정원일기》에 정조에게 초계탕 1기를 올렸다는 기록이 있다.

옛 왕실 연회에 올렸던 탕으로 일반인에게는 근래에 전해진 것으로 보인다.

재료

연계 1마리, 대파 ½대, 통마늘 2쪽, 소고기(아롱사태) 100g, 불린해삼 1개, 미나리 50g,

석이버섯 2장, 표고버섯 3개, 달걀 2개, 소금·식초·국간장 약간씩

조리법

① 닭은 깨끗이 씻어 끓는 물에 대파, 통마늘과 함께 넣고 40분 정도 푹 삶는다.

② ①의 닭은 건져 살만 바르고, 뼈는 다시 국물에 넣어 30분 정도 끓인다.

　끓인 닭 육수는 기름을 걷어 내고 소금과 국간장, 식초로 간을 한 후 차게 식힌다.

③ 소고기 아롱사태는 물에 담가 핏물을 뺀 후 끓는 물에서 1시간 30분 정도 삶아 편육으로 썬다.

④ 불린 해삼은 3~4등분하여 썬다

⑤ 말린 표고버섯은 물에 불려 4등분한다.

⑥ 미나리는 손질하여 꽂이에 꽂아서 달걀 옷을 입혀서 초대를 만들어 골패 모양으로 썬다.

⑦ 달걀로 황백지단을 부치고 석이버섯은 뜨거울 물에 불려 안쪽의 이끼를 제거하고

　곱게 다진 후 달걀흰자를 넣어 지단을 부친다.

⑧ 그릇에 준비한 재료들을 넣고 차게 식힌 국물을 부은 후

　황백지단, 석이지단, 미나리초대를 고명으로 얹는다.

온면 | 냉면

고종의 탄일 낮것 면상차림에는 뜨거운 육수 장국에 국수를 말아서 만든
온면과 찬 국수인 냉면이 동시에 올랐다. 조선 시대에 국수 재료는
메밀가루가 대부분이고 밀가루나 녹말가루가 가끔 쓰였다.
당시 밀가루는 진말眞末, 메밀가루는 목말木末이라고 했다. 조선 시대에 국수는
잔치 손님 접대용 음식이었고, 왕실의 잔치에서도 국수로 손님을 대접했다.
국수가 손님 접대용이나 잔치용으로 쓰인 것은 모양이 길게 이어져 있어서
장수를 기원하거나 경사 혹은 추모의 뜻이 길게 이어지기를
염원하는 뜻에서 비롯된 것으로 보인다.

온
면

재료

국수 300g, 소고기(아롱사태) 500g, 애호박 ½개, 달걀 2개, 석이버섯 2장, 소금·식용유 약간

* 소고기 육수: 물 4L, 대파 1대, 마늘 3톨, 국간장·소금·통후추 약간씩

조리법

① 아롱사태는 핏물을 빼고 끓는 물에 뒤한다.

② 냄비에 물을 붓고 끓어오르면 아롱사태를 넣어 1시간 30분 정도 삶는다.

③ 삶는 중간에 대파, 마늘, 통후추를 넣고, 불을 끄기 20분 전쯤
  아롱사태에 간이 배도록 육수에 국간장과 소금으로 간한다.

④ 다 익은 ③의 고기는 얇게 썰어 준비하고 육수는 면보자기에 걸러 장국을 만들어 데운다.

⑤ 애호박은 5센티미터 길이로 썰어 돌려 깎아 가운데 씨를 빼고 곱게 채 썰고
  소금에 절여 물기를 꼭 짠 다음 식용유에 볶아 준비한다.

⑥ 달걀은 노른자와 흰자를 나눠 얇게 지단을 부친 다음 가늘게 채 썬다.

⑦ 석이버섯은 물에 불린 뒤 더운물에 잘 비벼서 뒷면의 이끼를 없애고
  깨끗이 씻어 가늘게 채 썰어 식용유에 살짝 볶는다.

⑧ 끓는 물에 삶은 국수를 차가운 물에 씻은 후 건져
  1인분씩 면기에 담아 준비한 다음 애호박, 달걀지단, 석이버섯의 고명을 얹는다.

⑨ 상에 내기 직전에 ④의 뜨거운 장국을 붓는다.

냉면

재료

소고기(양지머리) 300g, 동치미 국물 5컵, 동치미 무 1개,
배 ½개, 달걀 2개, 메밀국수(냉면용)

냉면장국

재료

동치미국물 5컵, 육수 5컵, 소금 1큰술, 식초2큰술, 설탕 2큰술

조리법

① 양지머리로 육수를 내고 고기는 건져 면보자기에 감싸
    무거운 것으로 눌러 편육을 만든다.
② 양지머리 육수는 차게 식혀 면보자기에 맑게 거른다.
③ 동치미 국물과 ②의 육수 5컵을 섞고 소금, 설탕, 식초로 간을 맞춰 차게 둔다.
④ 잘 익은 동치미 무를 골라 골패 모양으로 얇게 썰어 둔다.
⑤ 배는 껍질을 벗겨서 곡선을 살려 얇게 썬다.
⑥ 달걀은 노른자와 흰자를 나눠 얇게 지단을 부친 다음 가늘게 채 썬다.
⑦ 메밀국수를 삶아 준비한 그릇에 넓적하게 썬
    편육, 동치미 무, 배, 달걀지단을 고명으로 올린 뒤
    ③의 차가운 육수를 붓는다.

수단

수단은 유월 유두의 절식으로 많이 먹는 음료다.

물에 떡이 들어 있어 수단水團이라고 한다. 주로 식후 입가심과 소화를 돕는 후식이다.

종류로는 흰 떡을 꿀물에 띄우거나 멥쌀가루를 경단처럼 빚은 후

익혀서 넣은 떡수단과 보리수단이 있다. 여기서는 보리수단을 만들어보았다.

보리수단은 유월의 절식으로 삶은 햇보리에 녹말가루를 낱낱이 묻혀서 데쳐낸 후

찬물에 헹궈 꿀물이나 고운 분홍빛의 오미잣물에 띄워 먹는다.

재료

보리쌀 50g, 녹말가루 ½컵, 물 4컵, 꿀 ½컵, 잣 약간

조리법

① 보리쌀은 여러 번 맑은 물이 나올 때까지 깨끗이 씻어 삶는다.

② ①의 보리쌀에 녹말가루를 낱낱이 넉넉히 묻혀 끓는 물에 넣고
    보리가 떠오르면 건져 찬물에 헹군다.

③ ②의 과정을 3번 반복해 물기를 뺀다.

④ 꿀물에 ③의 보리를 넣고 잣을 띄운다.

03

가례발기를 통해 본 왕실 혼례 상차림

가례, 조선 왕실의 오례 중 하나

조선 왕실의 혼례는 '가례嘉禮'라 하여 중요한 의례인 오례五禮 중 하나였다. 가례는 왕의 혼례, 책봉, 관례, 연향 등의 의례로 가장 경사스러운 의례로서 절차는 모두 국법으로 정해져 있었다. 왕실에서 가례가 있으면 먼저 민가의 혼사를 금지하는 금혼령이 내려졌고, 결혼적령기 사대부가에서는 처녀단자를 올렸다. 왕실에서는 처녀단자가 올라오면 왕대비나 국왕이 선택하는 초간택, 재간택, 삼간택의 엄격한 심사를 거쳐 왕비나 세자빈을 선발했다.

조선 왕실의 가례 절차는《국조오례의》에 잘 정리되어 있다. 절차는 간택왕비 후보의 선택 ➛ 납채청혼서 보내기 ➛ 납징결혼 예물 보내기 ➛ 고기혼인 날짜 잡기 ➛

순명효황후 민씨純明孝皇后閔氏　순종의 황후(1872~1904). 1882년 세자빈으로 책봉되어 안국동 별궁에
서 가례嘉禮를 행하고 1897년 황태자비로 책봉되었다. 1882년 가례는 인조 이후 가장 호화로운 국혼
이었던 것으로 보인다. 국립고궁박물관 소장.

순정효황후 윤씨純貞孝皇后尹氏　순종의 황후(1894~1966). 황태자비 민씨가 1904년에 사망하자 1906년 12월 13세에 황태자비로 택봉되었고, 이듬해 순종이 즉위하자 황후가 되었다. 국립고궁박물관 소장.

책비_{왕비의 책봉}→ 친영_{별궁으로 가 왕비 맞이하기}→ 동뢰연_{혼인 후의 궁중 잔치}→ 조현례_{가례} 후 처음으로 부왕이나 모후에게 인사드리는 의식의 순으로 이루어졌다. 혼례 의식의 모든 과정은 《가례도감의궤》에 기록되었는데 현재 20건이 남아 있다.

《가례도감의궤》 외에도 왕실 혼례의 일면을 추측할 수 있게 하는 자료가 가례 음식발기다. 여기서는 왕실 궁인들이 기록한 발기 중 가장 많이 남아 있는 순종의 가례 관련 발기를 통해 가례 음식을 살펴보고자 한다.

순종은 1875년 세자로 책봉된 후 두 번의 혼인을 했다. 첫 번째는 1882년_{임오} 세자빈 민씨_{순명효황후}와의 혼인인 왕세자 가례이고, 두 번째는 1906년_{병오} 황태자비 윤씨_{순정효황후}와의 혼인인 황태자 가례다. 특히 순종의 첫 혼례인 1882년 왕세자 가례는 순종의 어머니인 명성황후가 관여했는데, 의궤를 통해 볼 때 인조 이후 가장 호화로운 국혼이 아니었나 싶다.

김용숙, 《조선조 궁중풍속 연구》, 일지사, 1987.

순종과 순명효황후의 가례(1882) 음식발기

왕세자 척_{순종}은 9세가 되던 해인 1882년에 가례를 치렀다. 가례를 치르기 위해 1881년(고종 18) 11월 15일에 금혼령이 내려졌고, 29일로 간택일이 정해졌다. 이듬해 1882년 1월 15일에 초간택, 18일에 재간택, 26일에 삼간택이 행해졌다. 최종 간택된 세자빈은 여은 부원군 민태호의 딸로 훗날의 순명효황후_{純明孝皇后}다. 1882년에 세자보다 두 살 위인 11살의 나이로 세자빈이 되었고 1897년 황태자비로

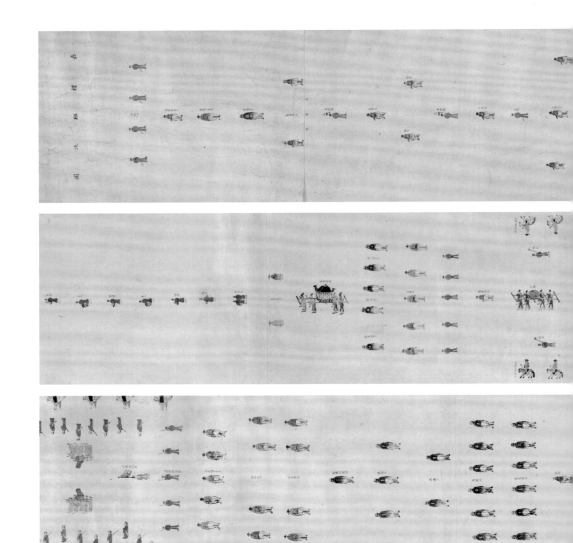

가례반차도권嘉禮班次圖卷　　순종의 황태자 시절 황태자비인 순명효황후가 세상을 떠나자 1906년 윤택영尹澤榮(1876~1935)의 딸(훗날 순정효황후純貞孝皇后)을 새로 황태자비로 맞이하는 가례행렬을 그린 반차도. 대한제국기에 황실의 격에 맞춰 변화된 가례 모습이 확인된다. 국립고궁박물관 소장.

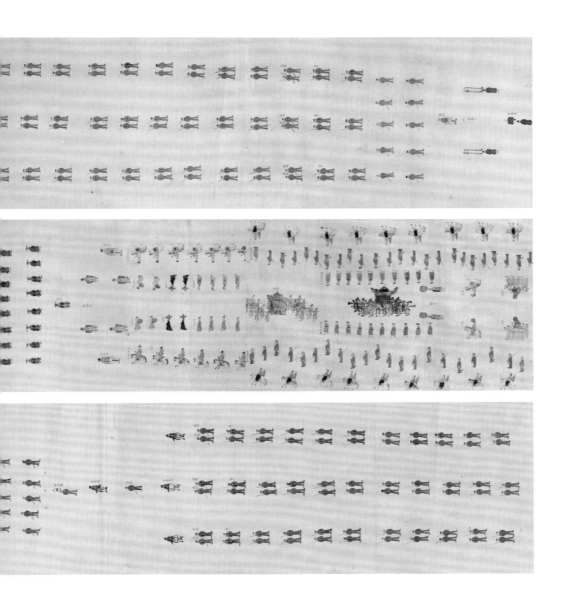

책봉되었다.

순종은 삼간택 이후 길고 긴 혼례 과정을 거쳤다. 가례도감에서는 이 같은 혼례 과정 전체를 담아《왕세자가례도감의궤》(전2책)를 편찬했다. 여기에 기록된 가례 일정은 다음과 같다.

1월 26일   삼간택, 세자빈 수업 시작(안국동 별궁)
2월 3일   납채納采(인정전/본가):
          간택된 세자빈의 집에 결정 사실을 알리고
          혼인을 받아들이는 절차.
2월 7일   납징納徵(인정전/본가):
          세자빈에게 예물을 보내어 혼약의 성립을 증거로 삼는 것.
2월 9일   고기告期(인정전/본가):
          가례일로 정한 길일을 세자빈 집에 알리는 의식.
2월 19일   책빈冊嬪(인정전/별궁):
          가례일에 임박하여 세자빈에게
          금책, 금보 등을 보내 책봉하는 의식.
2월 21일   친영親迎(인정전/별궁)·동뢰同牢(중회당):
          친영은 세자가 세자빈 집에 가서 예식을 올리고
          신부를 맞아 오는 의식. 동뢰는 세자와 세자비가 교배석에서
          교배를 마치고 서로 술잔을 나누던 의식.

〈표 24〉는 현재 장서각에서 소장하고 있는 발기 중 위의 왕세자 가례 절차와 관련한 음식발기를 정리한 목록이다. 음식발기 대부분이 사라지고 주로 간택 과정과 관례 음식발기만 남아 있다. 왕세자 척은 삼간택 전인 1월 20일에 창덕궁 세자世子의 공식적인 활동 공간, 즉 동궁東宮인 중희당에서 관례를 거행했다. 4-1과 4-2가 그 관례의

번호	발기명	날짜	내용
1	임오가례시발기壬午嘉禮時件記	1882	초간택, 재간택, 관례, 삼간택의 혼인 과정과 음식 목록
2	壬午正月十五日初揀擇時進御床賓床處子床件記 (임오정월십오일초간택시진어상빈상처자상발기)	1882.1.15	초간택 시 왕실에 올린 음식과 손님과 신하에게 내린 음식
3	壬午正月十八日再揀擇進御床賓床處子床發記 (임오정월십팔일재간택진어상빈상처자상발기)	1882.1.18	재간택 시 왕실에 올린 음식과 손님과 신하에게 하사한 음식
4-1	임오정월천만세동궁마마관녜시어상ᄇᆞᆯ긔	1882.1.20	왕세자의 관례 시 올린 음식에 대한 발기
4-2	壬午正月千萬世東宮媽媽嘉禮時御床記 (임오정월천만세동궁마마가례시어상기)	1882.1.20	4-1의 한자본
5-1	임오정월이십일일쳔만세동궁마마관녜시ᄉᆞ찬상ᄇᆞᆯ긔	1882.1.20	관례 시 신하들에게 하사한 사찬상
5-2	壬午正月二十一日東宮媽媽冠禮時賜饌床件記 (임오정월이십일일동궁마마관례시사찬상발기)	1882.1.20	5-1의 한자본

발기인데, 관례는 15세에 치르는 것이 보통이었으나 조혼 풍습으로 15세 이전이면 혼례 직전에 관례를 치르기도 했다. 왕세자 척도 바로 초간택, 재간택 이후에 관례를 치렀다.

초간택 음식발기

왕실에서 간택은 흔치 않은 경사로 잔칫날과 다름없었다. 종친과 외척 부인네는 물론이고 외빈들까지 참석하여 음식을 대접받았다. 순종의 첫 가례에서 초간택의 주인공인 처자들과 손님들을 대접한 음식들을 발기를 통해 살펴보자.

〈표 25〉는 왕세자 척의 초간택 음식발기를 중심으로 차려진 상차림을 재구성한 표다. 1882년 1월 15일의 음식발기로 발기명은 〈壬午正月十五日初揀擇時進御床賓床處子床件記임오정월십오일초간택시진어상빈상처자상발기〉다.

이 발기에서는 왕실 인물을 '어상 5상御床五床, 자가自家'로 구분하고 있다. '어상'을 받은 대상은 고종, 명성황후, 당시 대왕대비였던 신정왕후, 당시 왕대비였던 효정왕후이며, 나머지 진어상 하나는 이 행사의 주인공인 왕세자 척에게 제공된 것이다. '자가'는 헌종의 후궁인 순화궁順和宮 경빈慶嬪 김씨다. '운현雲峴 2상'은 흥선대원군과 그 부인인 여흥부대부인에 올린 것이다. 그리고 손님 접대상인 빈상 30상과 한성판윤과 오부 관원들에게 내린 사찬상이 있다. 이 두상의 음식 내용은 13기 16종으로 동일하다. 어상과 비교했을 때 총 가짓수에서 4기의 차이를 보이나 실제는 약식 하나만 생략되었을 뿐이다. 과일도 각색실과가 제공되었을 정도로 어상과 빈상에 큰 차이가 없는 상차림이었다. 손님접대를 중시하는 전통이 잘 드러나는 대목이다.

처자상은 초간택에 참여한 처자들에게 내린 상차림으로 보인다. 왜반기 26상과 진지 26상의 두 상으로 차려진 것으로 보아 초간택에서 총 26명의 처자가 상을 받았음을 알 수 있다. 왜반기의 상차림 내용은 면신선로를 중심으로 한 면다과상이다. 진짓상은 왕실의 일상식을 뜻한다. 왕에게 올린 음식상은 수라상 외에는 진짓상이라고 불렀다. 이 날의 진짓상에는 잡탕雜湯, 각색좌반各色佐飯, 각색장과各色醬果, 전유어煎油魚·편육片肉, 각색혜各色醯, 각색채소各色菜蔬, 산적散炙·해삼적海蔘炙, 생선감장生鮮甘醬, 침채沈菜, 혜침채醯沈菜, 초장醋醬,

진장眞醬의 12기 14종으로 차려졌으나 막상 진짓상의 주인공인 밥진
지은 보이지 않는다.

이전에 이루어진 혼례 시의 간택에서는 처자들에게 주로 응이죽 종류
상을 차려서 대접했다고 한다. 선보이기가 끝나면 점심식사로 가볍
게 죽상을 차려서 대접한 것이다. 그런데 나라가 기울어가던 조선
말기에 치러진 순종의 첫 가례는 사상 유례없이 호화로웠다고 한다.
순종의 어머니인 명성황후의 지시 때문이라고 전해진다. 이는 음식

〈표 25〉 초간택 진어상·빈상·처자상발기

어상 5상·자가·운현 2상	빈상 30상	한성판윤·오부 관원	처자상	
			왜반기 26상	진지 26상
각색병各色餅	각색병各色餅	각색병各色餅	면신설로糆新設爐	잡탕雜湯
약식藥食			탕신설로湯新設爐	각색좌반各色佐飯
전복초全鰒炒·화양적花陽炙	전복초全鰒炒·화양적花陽炙	전복초全鰒炒·화양적花陽炙	정과正果	각색장과各色醬果
생선전유어生鮮煎油魚·양전유어胖煎油魚	생선전유어生鮮煎油魚·양전유어胖煎油魚	생선전유어生鮮煎油魚·양전유어胖煎油魚	화채花菜	전유어煎油魚·편육片肉
편육片肉·족병足餅	편육片肉·족병足餅	편육片肉·족병足餅	청清	각색혜各色醯
수란水卵	수란水卵	수란水卵	개자芥子	각색채소各色菜蔬
생리生梨	각색생실과各色生實果	각색생실과各色生實果	초장醋醬	산적散炙·해삼적海蔘炙
석류石榴				생선감장生鮮甘醬
유자柚子				침채沈菜
준시蹲柿	각색정과各色正果	각색정과各色正果		혜침채醯沈菜
각색정과各色正果	이숙梨熟	이숙梨熟		초장醋醬
이숙梨熟	면신설로糆新設爐	면신설로糆新設爐		진장眞醬
면신설로糆新設爐	탕신설로湯新設爐	잡탕신설로雜湯新設爐		
탕신설로湯新設爐	초장醋醬	초장醋醬		
초장醋醬	청清	개자芥子		
개자芥子	개자芥子	청清		
청清				
17기 20종	13기 16종	13기 16종	7종	12기 14종

발기에서 확인 가능하다. 초간택 시의 처자상이 응이가 아닌 면신선로과 탕신선로, 잡탕, 생선감장에 각색전, 각색좌반, 각색장과와 산적, 게다가 해삼적까지 차려진 호화로운 상차림이었음을 확인할 수 있다.

재간택 음식발기

〈壬午正月十八日再揀擇進御床賓床處子床發記임오정월십팔일재간택진어상빈상처자상발기〉는 1882년 1월 18일 오시에 거행된 왕세자 재간택 의례 때의 상차림을 한자로 적은 음식발기다(〈표 26〉 참조).

어상 5상, 자가, 운현 2상은 앞서 초간택과 동일한 대상에 올려졌으며 아기씨 주물상晝物床과 아기씨 진짓상이 나왔다는 점이 초간택 시와 달랐다. 주물상은 귀한 손님을 대접할 때 처음에 내는 간소한 음식상이다. 이 주물상을 받은 '아기씨'가 누구인지에 대해서는 논란이 있다. 처음 음식발기를 해제한 한국학중앙연구원의 연구 결과(한식아카이브 등재)에서는 '아기씨'를 의친왕이라고 했다. 그러나 최근 연구•에서는 아기씨를 초간택 시 이미 내정된 민영호의 딸로 보기도 한다. 이미 내정되었는데 왜 삼간택까지 갔느냐는 지적에 대해서는 이미 내정되었다 할지라도 규정에 따라 삼간택까지 간 것이라고 답한다. 앞으로 연구가 더 필요한 부분이다. 재간택 시에는 대상 처자가 6명으로 압축되었는지 진지 6상이 제공되었다.

상차림의 내용은 초간택과 크게 다르지 않다. 초간택 때와 마찬가

주영하, 〈1882년 왕세자빈의 혼례 관련 왕실 음식발기 연구〉, 《고문서 연구》 제48호, 2016.

⟨표 26⟩ 재간택 진어상·빈상·처자상발기

어상 5상·자가·운현 2상	아기씨 주물상	빈상 15상
각색병各色餠	각색병各色餠	각색병各色餠
전복초全鰒炒·화양적花陽炙	전복초全鰒炒·화양적花陽炙	전복초全鰒炒
생선전유어生鮮煎油魚·	생선전유어生鮮煎油魚·	화양적花陽炙
양전유어胖煎油魚	양전유어胖煎油魚	생선전유어生鮮煎油魚·
편육片肉·족병足餠	편육片肉·족병足餠	양전유어胖煎油魚
수란水卵	수란水卵	편육片肉·족병足餠
생리生梨·석류石榴·	생리生梨	수란水卵
준시蹲柹·유자柚子	석류石榴	각색생실과各色生實果
각색정과各色正果	준시蹲柹	각색정과各色正果
생리숙生梨熟	유자柚子	생리숙生梨熟
면신설로糆新設爐	각색정과各色正果	면신설로糆新設爐
탕신설로湯新設爐	면신설로糆新設爐	탕신설로湯新設爐
초장醋醬	탕신설로湯新設爐	초장醋醬
청淸	초장醋醬	개자芥子
개자芥子	개자芥子	청淸
	청淸	
13기 19종	14기 18종	13기 15종
한성판윤·오부 관원	아기씨 진짓상	진지 6상
각색병各色餠	진지進支	진지進支
전복초全鰒炒	탕湯	신탕新湯
화양적花陽炙	각색좌반各色佐飯	각색좌반各色佐飯
생선전유어生鮮煎油魚·	각색장과各色醬果	각색장과各色醬果
양전유어胖煎油魚	전유어煎油魚·편육片肉	전유어煎油魚·편육片肉
편육片肉·족병足餠	각색혜各色醯	각색혜各色醯
수란水卵	각색채소各色菜蔬	각색채소各色菜蔬
각색생실과各色生實果	산적散炙·해삼적海蔘炙	산적散炙·해삼적海蔘炙
각색정과各色正果	생선감장生鮮甘醬	생선감장生鮮甘醬
생리숙生梨熟	침채沈菜	침채沈菜
면신설로糆新設爐	해침채醢沈菜	해침채醢沈菜, 초장醋醬
탕신설로湯新設爐	초장醋醬	진장眞醬
초장醋醬	진장眞醬	
개자芥子		
청淸		
13기 15종	10기 12종	10기 12종

御床五床
自家
雲峴二床
各色餅
全鰒炒
花陽炙
生鮮煎油臾
胖煎油魚
尼南
足餅
水卵
生梨
石榴
蹲柿

處子床六床
倭盤只六次
䑋新設爐
湯新設爐
各色正果
花菜
醋醬
清
芥子
阿只氏 進支床
進支
湯
各色佐飯
各色醬果

壬午正月十八日再揀擇進御末賓床處子床發記임오정월십팔일재간택진어상빈상처자상발기
1882년 1월 18일 왕세자 재간택 의례 때의 상차림을 한자로 적은 음식발기. 초간택 때와 크게 다르지 않은 상차림으로, 밥, 탕, 반찬류, 장아찌류, 전류, 젓갈류, 나물류, 적류, 생선감장, 김치류, 초장, 진장 등 밥, 국, 김치, 장 외에 6가지 그릇이 차려진 5~6첩 반상이었다. 한국학중앙연구원 장서각 소장.

조선 왕실의 밥상 ——— 280

지로 진짓상을 추가한 이유는 밥 먹는 모습을 통해 식사 예절을 관찰하기 위한 의도가 아니었을까 추측된다. 구성을 보면, 밥진지, 탕신탕, 반찬류각색좌반, 장아찌류각색장과, 전류전유어, 젓갈류각색혜, 나물류각색채소, 적류산적, 해삼적, 생선감장, 김치류침채, 혜침채, 초장, 진장으로 밥, 국, 김치, 장 외에 6가지 그릇이 차려진 5~6첩 반상이다.

왕세자 관례(1882) 음식발기

초간택, 재간택을 하고 난 1882년(고종 19) 1월 20일 왕세자 척의 관례가 행해졌다. 원래 15세에 관례를 치르지만 혼례를 위해 초간택, 재간택을 치르고 삼간택 전에 관례를 치른 것이다. 이때 순종의 나이는 9세였다. 이 관례 시에 올린 진어상과 손님 및 신하에게 하사한 음식을 적은 한글발기 〈임오정월천만세동궁마마관녜시어샹볼긔〉와 이의 한자발기 〈壬午正月千萬世東宮媽媽嘉禮時御床記임오정월천만세동궁마마가례시어상기〉를 살펴보자. 이 발기는 동궁마마 상차림, 양전·자전 등에 올린 진어상, 손님 접대상인 빈상 60상과 공사청에 내린 사찬상발기다(〈표 27〉 참조). 진어상이 차려졌는데 '어상御床'은 명절이나 경축일에 왕이 받는 상을 말한다. 동궁마마는 이 관례의 주인공인 왕세자 척이다. 양전은 고종과 명성황후이고, 자전은 헌종의 어머니인 신정왕후이고, 왕대비는 효종왕후다. 이들이 초간택과 재간택에서 받은 진어 5상의 주인공이다. 이외에 순화자가는 순화궁 경빈 김씨, 대감은 흥선대원군, 본궁은 고종의 어머니이자 흥선대원

<표 27> 관례 음식발기

동궁마마	양전兩殿·자전慈殿· 왕대비王大妃· 순화자가順和慈駕· 대감大監·본궁本宮	빈상賓床 60床	사찬상
소약과小藥果·소다식과小茶食果 삼색매화연사과三色梅畵軟査果 각색건정各色乾正 각색절육各色截肉 생리生梨·석류石榴· 　유자柚子·왜감자倭柑子 생률生栗·생대조生大棗, 사색다식四色茶食· 　각색숙실과各色熟實果 생리숙生梨熟 각색정과各色正果 밀점증병蜜粘甑餅· 　백두점증병白豆粘甑餅· 　당귀소증병當歸屑甑餅· 　녹두증병綠豆甑餅· 대조조악大棗助岳·청조악靑助岳· 　석이단자石耳團子· 　색산병色散餅 약식藥食 전복초全鰒炒 생복초生鰒炒 생선전유어生鮮煎油魚· 　양전유어胖煎油魚 편육片肉 족병足餅 각색화양적各色華陽炙 수란水卵 청포淸泡 잡탕雜湯 면麵 초장醋醬 개자芥子	생리生梨·석류石榴· 　유자柚子· 　왜감자倭柑子· 　생률生栗 각색다식各色茶食 각색숙실과各色熟實果 이숙梨熟 각색정과各色正果 각색병各色餅 약식藥食 전복초全鰒炒· 　느름적華陽炙 생선전유어生鮮煎油魚· 　양전유어胖煎油魚 편육片肉·족병足餅 슈단水卵 청포淸泡 잡탕雜湯 면麵 초장醋醬 개자芥子 청淸	각색생실과各色生實果 이숙梨熟 각색정과各色正果 각색병各色餅 전복초全鰒炒· 　느름적華陽炙 생선전유어生鮮煎油魚· 　양전유어胖煎油魚· 　편육片肉·족병足餅 슈단水卵 잡탕雜湯 면麵 초장醋醬 개자芥子 청淸	공사청公事廳 각색병各色餅, 전복초全鰒炒· 　느름적華陽炙, 전유어煎油魚· 　편육片肉, 청포淸泡 잡탕雜湯 면합麵盒 초장醋醬 개자芥子 청淸 (9기 11종) 궁내인宮內人 각색실과各色實果 각색병各色餅 전복초全鰒炒· 　느름적華陽炙 전유어生鮮煎油魚· 　편육片肉 잡탕雜湯 면합麵盒 초장醋醬 개자芥子 청淸 (10기 12종)
21기 37종	17기 24종	12기 16종	

군의 부인인 여흥부대부인 민씨다.

관례의 주인공 왕세자 척은 21기 37종의 가장 풍성한 상차림을 받았다. 각종 떡과 한과, 절육을 고임으로 쌓아서 성인이 된 것을 축하받았다. 왕이 참석하는 잔치임에도 왕의 상차림보다 13가지의 음식이 더 올랐다.

관례에 초대된 손님은 60명이었다. 초장, 겨자, 꿀의 양념을 포함하여 총 12기 16종의 음식이 빈상으로 차려졌다. 수고한 이들에게 내리는 사찬 음식으로 공사청에 내린 음식은 9기 11종, 궁내인에게 내린 음식은 10기 12종이다.

1906년 황태자(순종)의 가례발기

1897년 대한제국이 성립된 후 순종은 다시 황태자에 책봉되었으며, 황태자비 순명효황후가 1904년에 사망하자 1906년 윤택영의 딸 윤씨 尹氏순정효황후純貞孝皇后를 황태자비로 책봉했다. 이 혼례는 조선 왕실에서 거행된 유일한 황태자 혼례식이었다. 당시 황태자 신분이었던 순종이 33세였고 황태자비는 13세였다. 혼례식은 고종이 1897년 대한제국을 선포한 뒤 집무했던 경운궁지금의 덕수궁에서 1906년 12월 11일양력 1907년 1월 24일에 육례를 갖추어 거행되었다. 가례는 다음 일정에 따라 진행되었다.

11월 16일 삼간택
11월 24일 납채·문명

표지

동뢰연도

관궤도

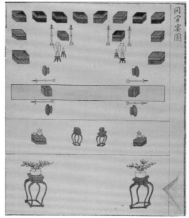

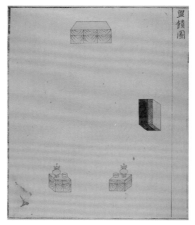

순종순정왕후가례도감의궤純宗純定孝皇后嘉禮都監儀軌　1906년(광무10) 황태자였던 순종의 가례 과정을 기록한 의궤. 상대는 윤택영尹澤榮의 딸로서 훗날의 순정황후 윤씨純貞皇后 尹氏다. 황태자 가례 의식의 준비 및 진행 절차를 생생하게 파악할 수 있으며, 의식에 소요된 각종 물품들의 종류와 수량, 규격 등도 상세히 알 수 있다. 서울대학교 규장각한국학연구원 소장.

11월 27일 납길

11월 28일 납징

12월 10일 고기

12월 11일 책비·봉영(경운궁 중화전), 동뢰(함령전), 황제 조현례

12월 14일 진하 반교

《고종실록》을 보면 12월 11일 가례일에 가례도감 관리들에게 가례를 순조롭게 치른 것을 사찬하고 기념 은장銀章을 나누어 주었다는 기록이 있다. 혼례식이 끝난 후 가례도감에서는 《순종순정왕후가례도감의궤》(전2책)를 편찬했다.

황태자 순종의 1906년병오丙午 가례의 음식발기는 한국학중앙연구원 장서각에 소장된 2건이 전부다. 〈병오십이월십일일가례시진어상볼긔〉는 1906년 12월 11일양력 1907년 1월 24일 순종 가례 시 왕실에 올린 음식을 적은 것이다. 이 발기를 이용해 당시 음식 상차림을 재해석한 것은 〈순종 가례 진어상〉(289~375쪽)을 참고하기 바란다.

〈표 28〉 순종 가례(1906)발기

번호	발기	날짜	내용
1	병오십이월십일일가례시진어상볼긔	1906.12.11	가례 진어상 음식발기
2	병오십이월십일일책비교시시진어상발기 丙午十二月十一日册妃敎是時進御床發記	1906.12.11·12·13	11·12·13일의 음식발기

책비교시	가례교시
12월 11일	12월 11일
어상(6촌) 9차	어상 1차·양궁 어상(1척 1촌) 2차
열구자탕悅口子湯 면糆 증蒸 약식藥食 각색병各色餅 약과藥果 다식茶食 각색숙실과各色熟實果 각색정과各色正果 삼색매화연사과三色梅花軟查果·삼색건정三色乾正 생리生梨·준시蹲枾·유자柚子·석류石榴 생률生栗·대조大棗 삼색절육四色截肉 편육片肉·저육猪肉·족병足餅 삼색전유어三色煎油魚 화양적花陽炙·각색적各色炙·전복초全鰒炒 전치수全雉首, 각색채회各色菜膾 수정과水正果 침채沈菜 백청白淸 초장醋醬 개자芥子 상화床花	열구자탕悅口子湯 면糆 만두饅頭 증蒸 각색병各色餅 각색상지병各色上只餅 약식藥食 방약과方藥果 만두과饅頭果 다식과茶食果 각색다식各色茶食 삼색한과三色漢果 삼색매화연사과三色梅花軟查果 삼색매화건정三色梅花乾正 사색건정四色乾正 오색령건정五色鈴乾正 사색입모빙사과四色笠帽氷查果 양색세반삼화兩色細飯蔘花 삼색세건정三色細乾正 양색세반연사과兩色細飯軟查果 사색감사과四色甘查果 각색숙실과各色熟實果 각색당各色糖 용안龍眼 여지荔枝 각색정과各色正果 생리生梨 생률生栗 대조大棗 준시蹲枾 유자柚子·석류石榴 실호도實胡桃 송백자松栢子 실은행實銀杏 통황률通黃栗 각색절육各色截肉 편육片肉·저육猪肉·족편足餅 삼색전유어三色煎油魚 화양적花陽炙·각색적各色炙·전복초全鰒炒해삼전海蔘煎, 　　전치수全雉首, 삼색갑회三色甲膾, 수정과水正果, 이숙梨熟 침채沈菜 백청白淸 초장醋醬 개자芥子 상화床花
23기 32종	48기 53종

12월 11일	12월 11·12·13·14일
경빈 김씨·순헌황귀비 엄씨·영친왕· 연원군부인 김씨(8촌)	12월11일-야담 3차 12월12일-조반 3차 12월13일 조반 3차 12월14일-조반 3차 (7촌)

12월 11일	12월 11·12·13·14일
열구자탕悅口子湯 면麵 증蒸 각색병各色餅 약식藥食 만두과饅頭果·다식과茶食果 삼색매화연사과三色梅花軟査果 사색건정四色乾正 사색입모빙사과四色笠帽氷査果 각색숙실과各色熟實果 각색당各色糖 용안龍眼·여지荔枝 각색정과各色正果 생리生梨·준시蹲枾 생률生栗·대조大棗 유자柚子·석류石榴 각색당各色糖 각색절육各色截肉 편육片肉·저육猪肉·족병足餅, 　삼색전유어三色煎油魚 각색채회各色菜膾 화양적花陽炙·각색적各色炙·전복초全鰒炒, 　전치수全雉首, 수정과水正果, 침채沈菜, 백청白淸, 　초장醋醬, 개자芥子 상화床花	열구자탕悅口子湯 면麵 만두饅頭 증蒸 각색병各色餅 약식藥食 만두과饅頭果·다식과茶食果, 각색다식各色茶食, 　각색숙실各色熟實果 삼색매화연사과三色梅花軟査果 사색건정四色乾正, 각색정과各色正果 각색당各色糖 생리生梨·준시蹲枾·유자柚子 생률生栗·대조大棗 각색절육各色截肉, 편육片肉·저육猪肉·족병足餅 삼색전유어三色煎油魚 화양적花陽炙·각색자各色炙·전복초全鰒炒 전치수全雉首 수정과水正果 침채沈菜 백청白淸 초장醋醬 개자芥子 상화床花
31기 39종	27기 35종

책비·가례교시 진어상발기

〈병오십이월십일일책비교시시진어상발기丙午十二月十一日冊妃教是時進御床發記〉는 1906년 순종의 가례 때 진상된 음식을 기록한 발기다. 1906년 12월 11일 왕실에서 왕비를 책봉하는 의식책비례인 '책비교시冊妃教是'와 '가례교시嘉禮教是'를 구분하여 기록했다. '가례교시'의 경우는 11일부터 14일까지를 기록했다.

이 발기에서는 어상과 순화궁順和宮, 경선궁慶善宮, 영친왕英親王, 군부인郡夫人 등으로 왕실 인물을 구분하고 있다. 어상은 고종과 순종에 올린 상이다. '순화궁順和宮'은 헌종의 후궁인 경빈 김씨, '경선궁慶善宮'은 순헌황귀비 엄씨다.

〈표 29〉는 이 발기의 음식을 정리한 것이다. 책비교시 때는 어상으로 23기 32종의 음식이 준비되었다. 모두 9차에 걸쳐 6촌 높이의 고임상으로 차렸고 상화로 장식했다. 가례교시 때의 순종과 고종 양궁 어상은 총 48기 53종의 음식을 낼 정도로 풍성한 상차림이었고 상화로 장식했다. 상의 높이는 1척 1촌으로 약 33센티미터에 달한다. 다음으로 경빈 김씨와 엄귀비, 영친왕, 영원군부인에게는 31기 39종의 음식을 8촌으로 고이고 그 위에 상화를 꽂았다.

1906
년
12
월
11
일

여기에서는 순종의 두 번째 가례를 통해 왕실 가례 시의 음식 상차림을 살펴보고자 한다.

혼례일은 음력으로 1906년 12월 11일이고 양력으로는 1907년 1월 24일로

몹시 쌀쌀한 날씨였다고 한다. 윤황후를 따라 궁에 처음 들어간 조선 말기 마지막 상궁인 김명길은

이날의 풍경을《낙선재 주변》에서 비교적 소상히 기록하고 있다.

김명길에 따르면 이 가례날이 어마어마하고 복잡했다. 가례가 치러진 덕수궁은

가례 준비로 온통 북새통이었고 영의정, 우의정, 좌의정을 비롯한 시종무관과

귀인, 상궁, 의녀 등 3백여 명으로 구성된 들러리 습의習儀^{예행연습}만도 수차례나 있었다.

임시로 마련된 가례도감에서는 기명器皿, 집물什物이며 가구며

찬물^{찬거리}을 들여오느라 눈코 뜰 새가 없었다.

이 발기는 1906년(丙午, 광무 10) 음력 12월 11일(양력 1907년 1월 24일)
당시 황태자였던 순종純宗의 두 번째 가례 시 왕실에 올린 음식을 적은 것이다.
크기는 27.2×89.5cm 이고, 저지楮紙로 되어 있으며 한글발기이다.

가례날의 핵심인 동뢰연*에서는 각종 음식이 50기명,

1백 기명씩에 3자약 90센티미터 높이로 담겨 보기만 해도 배가 부를 지경이었다고 회고했다.

양반들에겐 두리반에 한 상씩 차린 독상이 몇 천 개가 내려졌는데

음식은 고사하고 그 많은 두리반은 어디서 구해왔는지 궁금했다고 한다.

이때 신부의 나이는 고작 13세였다.

가례 음식 재현을 위한 발기는 이 조선 말기에 치러진 성대한 가례에서 택했다.

바로 가례진어상인 〈병오십이월십일일가례시진어상볼긔〉다.

이는 실제로 먹을 수 있는 입맷상이다.

대부분 고임 높이가 기록되어 있는 고임상차림은 공경을 담아 쌓아 올리는

축하 상차림으로서 실제로 먹을 수는 없어 망상望床으로도 불린다.

잔치가 끝나면 이 상은 허물어 음식을 나누게 된다.

이 때문에 고임 높이가 나오지 않고 직접 드시도록 올리는 가례진어상을 대상으로 했다.

이를 통해 왕실의 큰 잔치날인 가례날에 주인공들이

어떤 음식을 먹었는지를 보고자 했다.

신랑과 신부가 신혼의 교배交拜의 의식를 마치고 마주 앉아
술잔를 나누는 의례로 대례상을 중심으로 차려진다.

〈병오십이월십일일가례시진어상볼긔〉에서는 상을 받는 왕실 인물을
"두 분 마마, 순화마마, 순비마마, 영친왕, 군부인"으로 적었다.
두 분 마마는 고종과 순종을, 순화마마는 헌종의 후궁인 순화궁 경빈 김씨를 말한다.
순비마마는 순헌황귀비 엄씨 그리고 그 아들인 영친왕이다.
군부인은 의친왕의 부인 김씨다. 그러니까 총 6명에게 차려진 음식상이다.
이들에게는 모두 동일한 음식을 올렸다. 총 17기 27종이며, 한과류로는
각색다식, 각색숙실과, 꿀에 절인 정과를, 생과실로는
생리^배, 유자, 석류, 준시^감, 생률^밤, 생대조^{대추}를, 음청류로는
원소병과 화채를 올렸다. 잔치에 빠지지 않는 떡 종류는 볶은잣합편, 조악, 단자와 약식이,
찬류로는 전복초, 누름적, 잡찜, 생선전유어, 양전유어, 편육·족편 등이 올랐고
탕신선로도 준비되었다. 주식류로는 면과 만두가, 조미료로는 떡을 찍어먹는 청^꿀,
전등을 찍어 먹는 초장^{초간장}, 그리고 개자^{겨자}가 올랐다.
기본적으로 면 중심의 잔칫상으로 다양한 떡과 한과, 화채, 과실이 차려졌다.
신선로와 전유어, 적, 족편, 편육, 전복초, 잡찜과 같은 잔치 음식들도 함께 올려졌다.

진어두상
영친왕
치비마마
슌화ᄌ가
슌묵인
각식나식
각식츅실과
성니
젹츅
김츄셔
성귤
초ᄃ

만두
청
초장
개ᄌ
즁ᄉ령
각식편
쳔옥오
현옥
갈비찜
면합
쳥
초장
개ᄌ

각식쳥라
화치
각식편
약식
쳔ᄇ옥
ᄃ릇쳑
ᄯᅥᆨ찜
성쳔쳔옥오
양쳔옥오
성함쳔
현옥
족편
뎨타
각식어치

병오십이월십일일가례시진어상불긔
음력 1906년 12월 11일(양력 1907년 1월 24일) 거행된 순종의 두 번째 가례 때의 진어상발기.
고종과 순종, 헌종의 후궁인 순화궁 경빈 김씨, 순헌황귀비 엄씨,
영친왕, 의친왕의 부인 김씨 등 총 6명에게 차려진 음식상을 담고 있다.
한국학중앙연구원 장서각 소장.

원문	현대역	그릇 수
각식다식	각색다식	1
각식숙실과	각색숙실과	2
싱리	생리	
유즈	유자	
셕류	석류	
준시	준시	3
싱률	생률	
싱대조	생대조	
정과	정과	4
화치	화채	5
봇근잣합편	볶은잣합편	
조악	조악	6
단즈	단자	
약식	약식	7
전복초	전복초	
느름적	느름적	8
잡찜	잡찜	9
싱션전유ㅇ	생선전유어	
양전유ㅇ	양전유어	10
편육	편육	
족편	족편	11
탕신션노	탕신선로	12
면	면	13
만두	만두	14
쳥	쳥	15
초장	초장	16
개즈	개자	17

각색다식

진말다식
녹말다식
청태말다식
송화다식
흑임자다식

잔치나 각종 의례에 빠지지 않는 후식류로 한과가 있다.

한과는 과자 혹은 과줄이라고 하는데, 한과류에는 유밀과, 다식, 정과,

과편, 숙실과, 엿강정 등이 있다. 이 중 다식茶食은 불교 제물인

차과자로 삼국시대부터 전해진 음식이다.

여러 가지 곡물의 가루, 꽃가루, 약재 류를 곱게 가루 내어

꿀 또는 조청에 반죽한 다음 다식판에 박아서 문양이 양각으로 나타나게 만든다.

잔치고임상에는 아름답게 수를 놓듯이 쌓는다.

각색다식은 여러 종류의 색감의 다식으로 황율다식, 흑임자다식,

송화다식, 청태말다식, 녹말다식 등이 있다. 음식을 만들 때

오색의 색감을 중시했는데 흑색은 흑임자다식,

붉은색은 오미잣물을 넣은 오미자다식, 청색은 청태말다식,

흰색은 녹말다식, 노란색은 송화다식 등의 색감으로 표현했다.

혼례상이나 회갑상, 제사상 등의 의례상에

반드시 등장했던 과자로 차와 같이 먹었다.

흑임자다식

검은깨**흑임자**를 볶아 찧어서 조청이나 꿀에 반죽하여
다식판에 박아 낸 흑임자다식은 오색 중 검은색을 상징한다.
검은깨는 필수지방산이 풍부하고 고소한 맛이 일품이어서
다식 재료로 많이 사용되었다.

재료
흑임자가루 1컵(90g), 소금 약간, 꿀 3큰술, 참기름 적당량

조리법
① 흑임자는 깨끗이 씻은 후 일어서 체에 건져 물기를 뺀 다음
   볶아서 분쇄기에 기름이 나올 정도로 곱게 간다.
② ①의 깨에 소금과 꿀을 넣고 버무려 김이 오른 찜통에서 25분 정도 찐다.
③ 방망이로 ②의 깨를 찧어 기름이 밖으로 빠지면서 한덩어리가 되게 한다.
④ 한덩어리로 곱게 뭉쳐진 반죽을 조금씩 떼어서
   참기름을 얇게 바른 다식판에 박는다.

송화다식

송화松花의 가루소나무의 꽃가루는 봄에 소나무에서 채취하는 노란가루로
색이 노랗고 달짝지근한 향이 나 한과류에 많이 사용된다.
송화다식은 색이 곱고 향이 좋은 송홧가루를 조청이나 꿀로 반죽하여
다식판에 박아낸 것이다. 밀가루와 볶은 찹쌀가루를 섞어 만들기도 하지만
본래 다식은 꿀이나 조청의 달콤한 맛과 원재료가 가지고 있는
고유한 맛을 잘 살리는 것이 중요하다.
다식 중에서도 송화다식은 색감과 향이 가장 좋다.

재료
송홧가루 1컵(50g), 소금 약간, 꿀 4~5큰술, 참기름 적당량

조리법
① 송홧가루에 소금과 꿀을 넣고 반죽한다.
② ①의 반죽을 조금씩 떼어 참기름을 얇게 바른 다식판에 꼭꼭 눌러 박아 낸다.

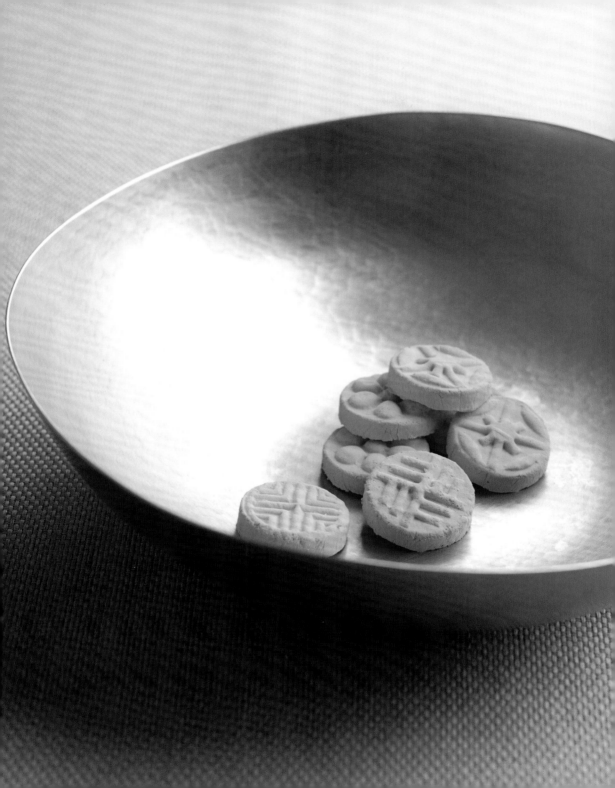

청태말다식

청태는 푸른콩이라고도 하는데 열매의 껍질과 속이 푸른색이라
이 색을 살려서 다식을 만든다. 푸른색을 띠는 청태말다식은
콩의 고소한 맛이 살아 있는 다식이다.
왕실에서는 청태뿐 아니라 노란콩으로도 다식을 만들었다.
콩은 영양도 뛰어나 중요한 다식 재료였다.

재료
푸른콩 3컵, 소금 약간, 꿀 4큰술, 참기름 적당량

조리법
① 푸른콩은 빨리 씻어서 마른 팬에 볶아 수분을 날린다.
② ①에 소금을 넣고 분쇄기에 곱게 간 후 고운체에 내려 꿀을 넣고 반죽한다.
③ 반죽을 조금씩 떼어 참기름을 얇게 바른 다식판에 꼭꼭 눌러 박아 낸다.

녹말다식

녹말다식은 녹말가루를 꿀만으로 반죽한 흰색 다식으로 만들기도 하고
녹말가루에 붉은 빛의 오미잣물과 꿀을 한데 넣어 분홍색 다식으로 만들기도 한다.
이 분홍색 다식은 색이 아주 곱고 맛도 상큼하다.

재료
녹두 녹말 1컵, 곱게 간 소금·설탕 약간씩, 꿀 4큰술, 참기름 적당량

조리법
① 녹두 녹말에 곱게 간 소금과 설탕을 넣고 고운체에 내린다.
② ①의 녹말에 꿀을 넣고 되직하게 반죽한 다음 조금씩 떼어
　참기름을 얇게 바른 다식판에 꼭꼭 눌러 박아 낸다.

진말다식

진말은 밀가루다. 진말다식은 볶은 밀가루로 만든다.
지금은 밀가루가 흔해졌지만 과거에는 귀한 식재료였다.
진말가루를 꿀로 반죽해 다식판에
박아서 만드는데 자연스러운 깨끗한 아름다움이
드러나는 다식이다.

재료
밀가루 1컵, 소금 약간, 꿀 4큰술, 참기름 적당량

조리법
① 밀가루는 마른 팬에 노릇하게 볶아 소금을 넣어 고운체에 내린다.
② ①에 꿀을 넣고 반죽한 다음 조금씩 떼어
   참기름을 얇게 바른 다식판에 꼭꼭 눌러 박아 낸다.

각색숙실과

오미자편
백자병
생란
조란
율란

숙실과熟實果란 말 그대로 과일을 익혀서 만든 과자를 말한다.
강란생강란, 조란대추, 율란밤, 밤초, 대추초, 백자병잣박산 등이 있다.
한과 중에서도 백미를 이루는 우리 디저트라고 볼 수 있다.
손이 많이 가지만 맛이 아주 좋고 모양도 아름답기 그지없는 한과로
잔치나 의례 등에 장식 겸 후식으로 빠지지 않고 올랐다.

율란

밤을 삶아 걸러서 꿀로 반죽하여 빚어
잣가루를 묻힌 것이다.

재료
밤 500g, 소금 약간, 계핏가루 1큰술, 꿀, 잣가루 약간

조리법
① 밤은 김이 오른 찜통에 무르게 찐 후 껍질을 까서 뜨거울 때 중간 체에 내린다.
② 체에 내린 밤에 소금 간을 하고 계핏가루와 꿀을 넣어 말랑하게 반죽한다.
③ ②의 반죽을 떼어서 밤 모양으로 빚은 후 위에 잣가루나 계핏가루를 묻힌다.

조
란

조란은 대추를 다져서 꿀과 계핏가루를 넣고 빚어
잣가루를 묻힌 것이다. 의궤에 따르면 왕실에서는
대추, 황률, 잣, 계를 재료를 많이 썼으며
후추가 쓰이기도 했다고 한다.

재료
대추 200g, 물 1½컵, 설탕 3큰술, 물엿·꿀 2 큰술씩, 잣, 소금·계핏가루 약간씩

조리법
① 대추는 깨끗이 씻어 물기를 제거한 후 돌려 깎아서 씨를 뺀다.
② ①의 대추를 곱게 다진다.
③ 냄비에 물, 소금, 설탕, 물엿과 함께 곱게 다진 대추를 넣고 은근한 불에서 조린다.
④ 어느 정도 조려지면 꿀과 계핏가루를 넣어 한덩어리가 되게 한다.
⑤ ④의 반죽을 대추 모양으로 빚고 잣을 하나 박는다.

생
란

생란生卵은 '생강 강薑'자를 써서 '강란薑卵' 혹은 '강생란薑生卵' 등으로 불린다.
생강즙을 짜낸 생강 건지에 꿀과 조청을 넣어 엉기게 한 다음 식혀서
생강 모양으로 빚어 잣가루를 묻힌 것이다.
생강의 매운맛과 꿀의 단맛, 잣의 고소한 맛이 어우러진 한과다.
생란은 율란, 조란과 함께 왕실의 상에 오르던 음식이다.
민가에서는 혼인, 회갑, 회혼례 등의 경사스러운 잔치가 있을 때 상에 올랐다.

재료
생강 500g, 물 2컵, 설탕 150g, 소금 약간, 물엿 3큰술, 꿀 2큰술, 잣가루 ½컵

조리법
① 생강은 껍질을 벗겨 얇게 썰어 물과 함께 믹서에 넣고 곱게 간다.
② 곱게 간 ①의 생강에 물을 넣고 고운체에 걸러 처음 받은 생강 물은 생강 전분을 가라앉힌다.
③ 생강 건지는 여러 번 헹구어 매운맛을 없앤 후 고운체에 건져 둔다.
④ 냄비에 ③의 생강 건지와 소금, 설탕, 물을 넣고 한소끔 끓인 후 약한 불에서 은근히 조린다.
⑤ 반쯤 졸면 물엿을 넣고 좀 더 졸이다가 어느 정도 단단해지면 마지막에 꿀을 넣고 마무리하여 식힌다.
⑥ ⑤의 졸인 생강은 생강 모양으로 빚은 후 잣가루를 묻힌다.

백
자
병

백자栢子는 실백, 즉 잣을 말하는데,
백자병은 잣박산이라고도 한다. 껍질을 벗긴 잣을
꿀이나 조청에 버무리고 평평하게 펴서 굳혀 낸 것이다.
잣의 고소함이 일품인 한과다.

재료
잣 170g, 설탕·물엿 20g씩, 소금·식용유 약간씩

조리법
① 잣은 마른 거즈로 깨끗이 닦아 기름이 없는 팬에 볶는다.
② 분량의 설탕, 물엿, 소금을 섞어 한 번 끓인 후 ①의 잣을 넣고 실이 보일 때까지 버무린다.
③ 식용유를 바른 비닐에 ②를 쏟아 밀대로 편평하게 밀어 네모지게 썬다.

오미자편

오미자편은 과편의 일종으로 과일즙에 녹두 녹말을 넣고 끓여서 녹말의 엉기는 성질을 이용하여
묵처럼 굳힌 한과를 말한다. 앵두편, 복분자편, 살구편 등이 있는데
과일즙의 색감이 그대로 살아 있어 정말 아름다운 후식이다.
서양의 과일 젤리가 동물성 단백질인 젤라틴을 이용하여 굳힌 것이라면
우리의 과편은 식물성 녹말을 이용하여 엉기게 한다.
빛깔이 고운 오미자편은 고임떡의 웃기로 많이 쓰인다.

재료
오미자 1컵, 물 7컵, 녹두 녹말 120g, 설탕 1½컵, 소금 약간, 꿀 3큰술

조리법
① 오미자는 물에 깨끗이 씻어서 찬물 7컵에 담가 하루 정도 우린다.
② 우린 오미잣물은 면보자기에 거른다.
③ 녹두 녹말은 동량의 물에 푼다.
④ 냄비에 ②의 오미잣물과 ③의 녹말물, 설탕, 소금을 넣고 나무주걱으로 저으면서 끓인다.
⑤ 30분 정도 약한 불에서 졸이다가 농도가 되직해지면 꿀을 넣고 좀 더 끓인 후 마무리한다.
⑥ 물을 바른 네모난 그릇에 쏟아부어 굳힌 다음 1센티미터 두께로 썰어 낸다.

생실과

준시 대추 생밤 유자 석류 생리

생실과는 과실을 말한다.
맛이 달고 시원해 우리 음식상에서 후식 역할을 했다.
각종 의례와 손님 접대 상차림에 반드시 올랐던 중요한 품목이다.
생률, 황률, 연율, 숙률, 대추, 호두, 송백자,
은행, 용안, 예지, 단행, 유행, 석류, 생니, 적니, 준시,
홍시, 침시, 건시, 수시, 조홍, 유자, 감자, 황귤, 복귤, 광귤,
사과, 산사, 임금, 앵도, 자도, 승도, 서과, 진과, 포도 등이 있다.
순종의 가례진어상에는 준시꽃감, 대추, 유자, 석류,
생밤, 생리배 등의 생실과가 올랐다.

준시

가을이면 감을 따서 곶감으로 만들어 두고 사철 사용했다.
준시蹲枾는 곶감보다 고급품으로 치는데
꼬챙이에 꿰지 않고 납작하게 눌러서 말린 감으로
백시라고도 한다.

대추

대추는 관혼상제 상차림에
빠지지 않고 올라가는 과실이다.
특히 대추는 아들을 상징해 혼례 시 시어머니가
폐백상에서 대추를 집어 새 며느리
치마폭에 던져 주기도 한다.

생밤

생밤은 대추와 더불어 의례나 잔칫상에
빠지지 않고 올랐다.
역시 다산을 상징해 혼례에서
중요한 과실이다.

유자

유자는 주로 남쪽 지방에서 재배되어
왕실로 진상되던 과실로
떡과 한과, 화채류를 만드는 데 주로 사용했고
생과일로 진어상에 올라가기도 했다.

석류

석류 역시 남쪽 지방에서 재배되어
왕실로 진상되던 과실이다.
색감이 아름다워 화채를 만들 때에도 사용되었다.
또한 석류는 열매 안에 많은 종자가 들어 있기 때문에
다산을 상징하기도 한다.

생
리

배를 이르며 화채 외에도 여러 음식에 두루 쓰였다.
특히 소화를 돕고 생진, 화담, 해독에 좋아
약재로도 쓰였다.

정과 | 연근정과 길경정과 생강정과

정과正果는 생과일이나 도라지, 인삼, 생강 등을
꿀이나 설탕에 재거나 조려서 만드는 한과류로 익혀서 만들기 때문에
숙실과에 속한다. 전과煎果라고도 한다.
연근정과, 생강정과, 길경정과, 청매정과, 모과정과,
산사정과, 행인정과, 동과정과, 두충정과, 유자정과, 감자정과,
천문동정과, 각색정과 등 종류가 매우 다양하다.
꿀과 함께 조려서 만드는데 약한 불로 오래 조려 투명한 윤기가 나야 한다.
빛깔이 아름답고 맛이 달아서 많은 사람들이 좋아하는 한과로
잔치 때에는 꼭 만들어서 웃기로 사용했다.

연근정과

끓는 물에 데쳐 낸 연근을 설탕,
물엿을 넣고 투명해지도록 조린 정과다.
뿌리채소인 연근의 영양이 살아 있는 한과로,
잘 밀봉해 두면 장기간 보관이 가능하다.

재료
연근 400g, 설탕 200g, 물엿 4큰술, 꿀 3큰술, 물 4컵, 소금 약간

조리법
① 연근은 모양이 가늘고 반듯한 것으로 골라 깨끗이 씻은 후
　　껍질을 벗겨 0.5센티미터 정도의 두께로 썬다.
② 소금을 약간 넣은 끓는 물에 ①의 연근을 부드럽게 데친다.
③ 냄비에 ②의 연근과 설탕, 소금, 물을 넣고 조린다.
④ 한소끔 끓으면 물엿을 넣고 연근이 투명하게 될 때까지 조린다.
⑤ 물기가 거의 없이 조려지면 꿀을 넣은 다음
　　연근을 망에 건져 여분의 단물을 뺀다.

길경정과

길경은 도라지다.
길경정과는 도라지를 설탕, 물엿에
조려서 만든다.

재료
통도라지 400g, 설탕 150g, 물엿 ½컵, 꿀 3큰술, 물 4컵, 소금 약간

조리법
① 통도라지는 너무 두껍지 않은 것으로 골라 깨끗이 씻어 껍질을 벗긴다.
② 소금을 약간 넣은 끓는 물에 도라지를 부드럽게 데친다.
③ 냄비에 ②의 도라지와 설탕, 소금, 물을 넣고 조린다.
④ 한소끔 끓으면 물엿을 넣고 도라지가 투명하게 될 때까지 조린다.
⑤ 물기가 거의 없이 조려지면 꿀을 넣은 다음
　　도라지를 망에 건져 여분의 단물을 뺀다.

생강정과

생강은 몸에 좋지만 강한 맛 때문에 생으로 먹기가 어렵다.
생강을 설탕과 꿀에 조려 생강정과를 만들면 매운 맛이 덜해져
오래 두고 쉽게 먹을 수 있다.

재료
생강 400g, 설탕 200g, 물엿 4큰술, 꿀 3큰술, 물 4컵, 소금 약간

조리법
① 생강은 깨끗이 씻어 껍질을 벗긴 다음 얇게 저민다.
② 소금을 약간 넣은 끓는 물에 생강을 데친다.
③ 냄비에 ②의 생강과 설탕, 소금, 물을 넣고 조린다.
④ 한소끔 끓으면 물엿을 넣고 생강이 투명하게 될 때까지 조린다.
⑤ 물기가 거의 없이 조려지면 꿀을 넣은 다음
    생강은 망에 건져 여분의 단물을 뺀다.

화
채

가례발기에 화채라는 기록이 나오는데
이는 우리의 전통 음청류를 말한다.
음청으로는 오미자국, 꿀물, 과일즙을 이용하고
여기에 생니배, 석류, 유자, 왜감자를, 두충, 건시 등을 사용하여
만들었다고 왕실의 의궤 기록에 나온다.
여기서는 오미자국에 배를 이용한 화채를 만들어보았다.
그리고 화채는 담는 그릇도 중요한데 유리그릇도 좋지만
백자기를 사용하면 그 우아한 맛이 더 살아난다.

재료
오미자 50g, 물 6컵, 설탕 1컵, 배 100g

조리법
① 오미자는 물에 씻어서 찬물 2컵을 부어 하루 정도 우려내어 면보자기에 받친다.
② ①에 물 4컵과 설탕을 섞어 녹인다.
③ 배는 채 썬다.
④ 화채 그릇에 ②의 오미잣물을 담고 배 채와 잣을 띄운다.

단자 | 조악 | 볶은잣합편

잔칫상에 떡을 낼 때는 여러 종류의 떡을 한 그릇에 담아냈다.
이 가례 진어상발기에서는 볶은잣합편과 조악과 단자를 한 그릇에 담았다.
볶은잣합편은 요새 많이 먹는 두텁떡 혹은 봉우리떡인데
합병盒餠 혹은 후병厚餠으로 불렀다. 조악은 주악으로 소를 넣고
송편 모양으로 빚어 기름에 지진 떡이고(226~229쪽 참조),
단자는 찹쌀 반죽에 소를 넣고 동그랗게 빚어 고명을 묻힌 떡이다.
조악과 단자는 주로 웃기떡으로 썼다.

볶은 잣 합편

합편은 의궤에 '합병合餅' 혹은 '후병厚餅'으로 자주 등장하는 잔치떡이다.
지금의 두텁떡 혹은 봉우리떡이다. 주로 볶은 팥고물을 사용하는데
여기서는 '볶은 잣'이라고 표현하고 있다.
두텁떡은 번거롭고 만들기 어려운 고급 떡으로
왕가의 탄신일이나 혼례에서뿐만 아니라 반가에서도 애용하던 떡이다.

재료
찹쌀 5컵, 물 7컵, 간장 1½큰술, 설탕 ½컵
볶은 팥고물: 거피팥 3컵, 간장 1½큰술, 설탕 ½컵, 계핏가루 ½작은술, 후춧가루 약간
팥소: 볶은 팥고물 1컵, 밤 3개, 대추 6개, 계핏가루 ¼작은술, 설탕에 절인 유자 ⅛개분, 유자청·꿀·잣 1큰술씩

조리법
① 빻은 찹쌀은 간장으로 간을 한 후 비벼 체에 내려 설탕을 섞어 둔다.
② 거피팥을 2시간 이상 물에 불려 거피하고 체에 건져 물기를 뺀 다음 찜통에 면보자기 깔고 무르게 찐다.
　 익은 팥을 큰 그릇에 쏟아서 절굿공이로 대강 찧어 어레미에 내린다.
③ ②의 팥고물에 간장, 설탕, 계핏가루, 후춧가루를 넣어 골고루 섞은 후 번철에
　 보슬보슬하게 볶아 식히고 다시 어레미에 내려 볶은 팥고물을 만들어 둔다.
④ 밤과 대추는 잘게 썰고 유자는 곱게 다져 ③의 볶은 팥고물 1컵과 계핏가루, 유자청, 꿀을 넣고 반죽한다.
　 이 팥소를 떼어 잣을 하나씩 넣고 지름 2센티미터로 동글납작하게 빚는다.
⑤ 찜통에 젖은 면보자기를 깔고 ③의 팥고물을 넉넉히 두른 후 ①의 떡가루를 한 수저씩
　 드문드문 놓고 그 위에 팥소를 하나씩 올린 다음 떡가루, 팥고물 순서로 위를 덮는다.
⑥ ⑤의 가루 위로 김이 골고루 오르면 뚜껑을 덮고 30분 정도 찐다.
　 다 쪄진 떡은 숟가락으로 하나씩 떠낸다.

대추단자

단자는 반죽한 찹쌀가루를 익혀
유자청, 대추 등의 소를 넣고 빚어 고물을 묻힌 떡을 말한다.
주로 고임떡의 웃기로 쓰이고 그대로 먹기도 한다.
의궤에는 대추단자, 석이단자, 승검초단자, 잡과단자, 청애단자가 나온다.

재료
찹쌀가루 200g, 대추 10개, 물 2~3큰술, 꿀 2큰술
＊ 고물: 밤 7개, 대추 10개

조리법
① 대추는 깨끗이 씻어 물기를 없앤 후 돌려 깎아서 씨를 빼고 곱게 다진다.
② 찹쌀가루에 ①의 다진 대추와 물을 넣고 버무려 김이 오른 찜통에 20분 찐다.
③ ②의 떡을 볼에 담고 방망이로 꽈리가 일게 친다.
④ 밤은 껍질을 벗겨 곱게 채 썰고 대추는 얇게 돌려 깎아서 곱게 채 썬다.
⑤ 김이 오른 찜통에 ④의 밤과 대추를 살짝 찐 다음 섞어 고물을 만든다.
⑥ 도마에 물을 약간 바르고 잘 쳐진 ③의 떡을 쏟아 붙지 않게 한 다음
　 손에 꿀을 묻히고 떡을 조금씩 떼어 ⑤의 고물을 묻힌다.

승검초조악

재료
찹쌀가루 100g, 승검초가루 2큰술, 물 3~4큰술, 끓는 물 2큰술
* 소: 다진대추 5큰술, 계핏가루 ½작은술, 꿀, 지짐기름
  즙청: 꿀 1컵, 계핏가루 약간

조리법
① 찹쌀가루에 승검초가루를 넣고 익반죽한다.
② 소 재료를 잘 섞어 콩알만큼씩 빚는다.
③ 찹쌀반죽을 떼어 송편 빚듯이 소를 넣고 오므려 빚는다.
④ 140℃ 기름에서 지진다.
⑤ 즙청에 담갔다가 건져낸다.

대추조악

재료
찹쌀가루 100g, 다진 대추 12g, 끓는 물 2큰술
* 소: 다진 대추 5큰술, 계핏가루 ½작은술, 꿀, 지짐기름
  즙청: 꿀 1컵, 계핏가루 약간

조리법
① 찹쌀가루에 다진 대추를 넣고 익반죽한다.
② 소 재료를 잘 섞어 콩알만큼씩 빚는다.
③ 찹쌀반죽을 떼어 송편 빚듯이 소를 넣고 오므려 빚는다.
④ 140℃ 기름에서 지진다.
⑤ 즙청에 담갔다가 건져낸다.

약
식

찹쌀에 대추·밤·잣 등을 섞어 찐 다음
기름과 꿀·간장으로 버무려 만든 음식이다.

재료
찹쌀 800g, 밤·대추 15개씩, 잣 2큰술, 간장 5큰술,
꿀·참기름 4큰술씩, 계핏가루 약간

조리법
① 찹쌀은 깨끗이 씻어 물에 5시간 이상 불린 후 건져 찜통에 1시간 정도 찐다.
② 밤은 껍질을 벗겨 3등분하고 대추는 돌려 깎아서 씨를 제거한 후 2등분한다.
③ ①의 찰밥에 손질한 밤과 대추, 잣을 넣고
　 간장, 꿀, 참기름, 계핏가루와 섞어 간이 배도록 상온에 둔다.
④ 김이 오른 찜통에 ③의 찰밥을 올리고 1시간 정도 찐다.

느름적 | 전복초

전복초는 마른 전복을 얇게 저며서 삶은 뒤에
쇠고기를 조금 섞고 간장, 기름, 꿀을 넣고 빛이 까맣게 되도록 끓인 후
녹말즙을 넣어 윤이 나게 조린 찬이다.
느름적은 쇠고기, 표고, 도라지, 대파, 무, 오이, 등골 등의
여러 가지 재료를 양념하여 다 익힌 다음
색을 맞춰서 꼬치에 꿴 음식이다.

전복초

재료

전복 5개, 소고기 100g, 은행 10알, 석이버섯 2장,
잣가루 약간, 간장 3큰술, 꿀 1큰술, 물 1½컵,
참기름 1작은술, 식용유 약간
* 소고기 양념: 간장 1작은술, 설탕 약간,
　다진 파 1작은술, 다진 마늘 ½작은술,
　참기름 1작은술, 후춧가루 약간

조리법

① 전복은 손질하여 칼집을 넣은 후 끓는 물에 살짝 데친다.
② 소고기는 납작하게 썰어 분량의 양념을 한다.
③ 은행은 식용유를 두른 팬에 살짝 볶아 껍질을 벗긴다.
④ 석이버섯은 뜨거운 물에 불려 손질한 후 곱게 채 썬다.
⑤ ②의 소고기를 볶다가 물을 붓고 간장과 설탕으로 간을 한 다음
　한소끔 끓으면 전복을 넣어 조린다. 거의 다 조려지면
　은행, 꿀, 참기름을 넣고 마무리한다.
⑥ 그릇에 조린 전복초를 담고 채 썬 석이버섯과 잣가루를 뿌린다.

느름적

재료

소고기 100g, 낙지, 말린 도라지(불려서) 80g, 표고버섯 3개, 느타리버섯 100g,

대파 1대, 밀가루 1컵, 달걀 3개, 식용유 적당량

* 고기 양념: 간장 1큰술, 설탕·다진 파 1작은술씩,

　다진 마늘·깨소금 1작은술씩, 참기름 1작은술, 후춧가루 약간

* 채소 양념: 소금 약간 ½작은술, 다진 파 2작은술,

　다진 마늘 1작은술, 깨소금 ½작은술, 참기름 1작은술

조리법

① 소고기는 기름기 없는 부위로 1센티미터 두께의 적감으로 떠서

　잔 칼질을 한 후 0.8센티미터 폭으로 썬다.

② 낙지는 밀가루를 넣고 주물러 깨끗이 씻은 뒤 7~8센티미터 길이로 썬다.

③ 물에 불린 도라지는 물기를 꼭 짜고 굵은 것은 반으로 갈라 준비한다.

④ 표고버섯은 고기와 같은 굵기로 썬다.

⑤ 느타리버섯은 끓는 물에 소금을 약간 넣고 데쳐 물기를 꼭 짠다.

⑥ 파는 너무 굵지 않은 것으로 10센티미터 길이로 자르고 반을 가른다.

⑦ 고기와 표고버섯은 분량의 고기 양념에 무치고

　도라지와 느타리버섯은 분량의 채소 양념에 무친다.

⑧ 꼬치에 준비한 재료들을 나란히 끼워 판판하게 꿴 후

　밀가루, 달걀물 순서로 옷을 입혀 달군 팬에

　식용유를 두르고 앞뒤로 노릇하게 지진다.

⑨ 뜨거울 때 꼬치를 빼고 먹기 좋게 썰어서 그릇에 담는다.

잡
찜

잡찜은 1600년대부터 여러 연회식 의궤에 '잡증雜蒸'이라는 말로 등장한다.
'잡'이라는 표현대로 다양한 재료들인 소고기, 돼지고기, 닭고기, 부아, 해삼, 전복,
간, 무, 표고 등을 섞고 양념한 다음 찜한 요리다. 소고기 살과 내장인
양과 부아, 해삼과 전복이 들어가는 호사스러운 음식이다.

재료
소고기(아롱사태) 400g, 통마늘 30g, 대파 ½대, 무 200g, 양 200g,
부아 200g, 불린 해삼 1개, 전복 2개, 표고버섯 3개, 은행 약간
* 찜 양념장 : 간장 6큰술, 갈은 배즙 4큰술, 다진 파 4큰술, 마늘 2큰술,
  참기름 3큰술, 깨소금 1큰술, 후추가루 약간

조리법
① 소고기 아롱사태는 물에 3시간 정도 담가 핏물을 뺀 후 끓는 물에서 1시간 정도 삶는다.
    삶는 중간에 통마늘, 대파와 함께 무를 통째로 넣고 삶는다.
    무는 반쯤 무르면 건져 2센티미터 너비, 3센티미터 길이로 얄팍하게 썬다.
② 삶은 ①의 아롱사태는 건져서 납작하게 썰어 두고 육수는 면보자기에 받는다.
③ 소의 양은 두툼하고 싱싱한 것을 골라 끓는 물에 데친 후 검은 막을 칼등으로 긁어내고
    안쪽 기름을 깨끗이 손질한 다음 끓는 물에 1시간 정도 삶아 건져 3센티미터 길이로 썬다.
④ 부아는 물에 담가 핏물을 빼고 끓는 물에 1시간 정도 삶아 건져 3센티미터 길이로 썬다.
⑤ 전복은 손질하여 3~4등분하여 저며 썬다.
⑥ 불린 해삼은 전복과 같은 크기로 썬다.
⑦ 말린 표고버섯은 물에 불려 넓게 저며 썬다.
⑧ 은행은 마른 팬에 볶아 속껍질을 벗긴다.
⑨ 분량의 양념장에 위에 준비한 재료를 버무린 다음 냄비에 담고
    재료가 약간 잠길 정도로 육수를 붓고 끓인다.
⑩ 간이 잘 배도록 중간에 국물을 끼얹어가며 끓이다가
    국물이 반 정도 졸아들면 ①의 무를 넣고 한소끔 끓여 마무리한다.
⑪ 그릇에 담아 은행을 고명으로 얹는다.

양전유어 | 생선전유어

생선전유어는 흰살 생선(숭어, 도미, 민어 등)에
밀가루와 달걀을 입혀 기름에 지져낸 전유어다.
양전유어는 소의 양을 잘게 다져
동그랗게 빚어서 지진 전유어다.

생선전유어

재료

민어 200g, 소금, 밀가루, 달걀, 식용유

조리법

① 민어는 비늘을 긁고 내장을 제거한 뒤 깨끗이 씻어
　 3장 뜨기를 한 후 저며 썰어 소금을 뿌려 살짝 재운다.
② 달걀물은 소금 간하여 준비한다.
③ ①에 밀가루, 달걀물 순서로 옷을 입혀
　 식용유를 두른 팬에 지져 낸다.

양전유어

재료

소의 양 200g, 소금 ¼작은술, 다진 파 1작은술, 다진 마늘 ½작은술,
참기름 3큰술, 녹말가루 2큰술, 달걀 1개

조리법

① 소의 양은 두툼하고 싱싱한 것을 골라
　　끓는 물에 데친 후 검은 막을 칼등으로 긁어내고
　　안쪽 기름을 깨끗이 손질한다.
② ①의 양은 곱게 다진 후 소금, 다진 파·마늘을 넣고 양념하여
　　녹말을 넣고 달걀을 잘 풀어 넣어 동글납작하게 빚어놓는다.
③ 동그랗게 빚은 양은 참기름을 두른 팬에
　　앞뒤로 노릇하게 지진다.

편육 | 족편

편육은 고깃덩어리를 잘 삶아서
눌러두었다가 얇게 썬 음식이다.
족편은 쇠족 등을 푹 고아
석이버섯·알지단·실고추 등을 뿌려
식혀서 응고시킨 음식이다.

편육

재료

소고기(아롱사태) 600g, 통마늘 30g, 대파 ½대,
국간장 2큰술, 소금 1작은술

조리법

① 아롱사태는 핏물을 빼고 끓는 물에 튀한다.
② 냄비에 물을 붓고 끓어오르면 아롱사태를 넣어 1시간 30분 정도 삶는다.
③ 삶는 중간에 통마늘과 대파를 넣고, 불을 끄기 20분 전쯤
　 아롱사태에 간이 배도록 육수에 국간장과 소금으로 간한다.
④ 다 익은 ③의 고기는 얇게 썰어 접시에 담는다.

족편

재료

소족 1개, 사태 1kg, 도가니 1개, 잣 ¼컵, 석이버섯·국간장 약간씩

조리법

① 소족의 잔털을 면도칼로 손질한 다음 물에 담가 핏물을 뺀다.

② 사태와 도가니는 넉넉한 물에 7시간 정도 담가 핏물을 뺀다.

③ 손질한 ①의 소족을 끓는 물에 15분간 삶아 깨끗이 씻는다.

④ ③의 소족과 ②를 함께 물에 넣고 끓이다가

　　사태는 1시간 30분 정도 삶은 뒤 건져내고 족과 도가니는 5시간 정도 더 삶는다.

　　삶는 동안 떠오르는 불순물과 기름기는 걷어 낸다.

⑤ 삶아진 족과 도가니를 건져 미리 건져 둔 사태와 함께 잘고 네모지게 썬다.

⑥ 족과 도가니를 삶은 육수는 면보자기에 밭는다.

⑦ ⑥에 ⑤의 족과 도가니를 먼저 넣고 국간장으로 간을 하여 끓이다가 사태를 넣는다.

⑧ 잣은 칼로 곱게 다지고 석이버섯은 곱게 채 썬다.

⑨ 족편을 굳힐 그릇에 ⑦을 모두 붓는다.

⑩ 한 김 식힌 뒤 잣가루를 고루 뿌리고, 채 썬 석이버섯을 고명으로 올려

　　차가운 곳에서 한나절 정도 단단하게 굳힌다.

탕
신
선
로

신선이 쓰는 화로라는 뜻의 신선로神仙爐는 여러 어육魚肉과 채소를 담고
소고기 맑은장국을 부은 다음 가운데에 있는 화로에 숯불을 담아 끓여 먹는 음식이다.
입을 즐겁게 하는 탕이라는 의미를 담아 열구자탕悅口子湯이라고도 불린다.
왕실 연회에는 빠지지 않는 상징적인 음식이자 소고기, 천엽, 전복, 해삼, 숭어 등의
산해진미가 들어가는 고급스러운 음식이다.

재료
사태 300g, 우둔 100g, 두부 30g, 양 150g, 간 150g, 천엽 70g, 허파 70g,
숭어 살 100g, 전복 2개, 불린 해삼 1개, 무 150g, 대파 1대,
말린 표고버섯 2개, 미나리 50g, 달걀 4개, 석이버섯 5장,
소금·통후추·국간장·식용유·밀가루 적량씩
* 고기·탕거리 양념: 국간장 1큰술, 다진 파 1작은술, 다진 마늘 ½작은술,
   참기름 ⅓작은술, 후춧가루 약간
* 완자 양념: 소금 ⅓작은술, 다진 파 1작은술, 다진 마늘 ½작은술,
   참기름 ½작은술, 후춧가루 약간

조리법

① 소고기 사태는 덩어리째 물에 담가 핏물을 뺀 다음 끓는 물에 1시간 정도 삶는다.
　중간에 무를 넣고 반쯤 무르면 건진다. 다 익은 고기는 건져내고,
　육수는 식혀 기름을 걷어낸 후 면보자기에 받는다.

② 소의 양은 두툼하고 싱싱한 것을 골라 끓는 물에 데친 후
　검은 막을 칼등으로 긁어내고 안쪽 기름을 깨끗이 손질한 다음
　끓는 물에 통후추, 대파를 넣고 1시간 20분 삶는다.

③ 간, 허파는 핏물을 빼고 끓는 물에 1시간 30분 삶는다.

④ 소고기 우둔살은 곱게 다져 으깬 두부와 섞어 분량의 완자 양념에 버무린 다음
　치대고 완자로 빚어 달걀물을 입혀 식용유를 두른 팬에 굽는다.

⑤ 천엽은 한 장씩 떼어서 소금으로 주물러 씻은 뒤 잔칼질을 넣고
　소금, 후춧가루로 밑간해 밀가루, 달걀물 순서로 옷을 입혀
　달군 팬에 식용유를 두르고 지진다.

⑥ 흰살 생선은 얇게 포를 떠서 소금으로 밑간을 한 뒤
　밀가루, 달걀물 순서로 옷을 입혀 달군 팬에 식용유를 두르고 지진다.

⑦ 미나리는 잎을 떼고 손질하여 꼬치에 위아래를 번갈아 네모지게 꿴다.
　양면에 밀가루, 달걀물 순서로 옷을 입혀 달군 팬에 식용유를 두르고 지진다.

⑧ 달걀은 노른자와 흰자를 나누어 소금 간을 한 뒤 도톰하게 지단을 부친다.

⑨ 석이버섯은 물에 불린 뒤 더운물에 잘 비벼서 뒷면의 이끼를 없애고
　깨끗이 씻어 곱게 다진 뒤 달걀흰자에 넣고 잘 풀어 석이 지단을 부친다.

⑩ 전복은 손질해 3~4등분해 썬다. 불린 해삼은 전복과 비슷한 크기로 썬다.

⑪ 물에 불린 표고버섯은 물기를 꼭 짜고 역시 전복 크기로 썬다.

⑫ 준비한 재료는 신선로 틀에 맞는 길이와 3센티미터 너비로 재단하여 골패 모양으로 썬다.

⑬ 재단하고 남은 고기와 무는 납작하게 썰어 분량의 탕거리 양념에 버무려 신선로 틀 바닥에 깐다.
　그 위에 ⑫의 재료들을 색을 맞추어 고르게 돌려 담고 맨 위에 완자를 돌려 얹는다.

⑭ ①의 육수는 끓여 국간장과 소금으로 간을 하고 신선로에 붓는다.

⑮ 가운데 화통에 숯을 피우고 끓는 상태로 상에 낸다.

만두

조선 시대 연회식 의궤에는 만두가 많이 등장한다.

'병시餠匙', '만두饅頭', '어만두魚饅頭' 등이 그것이다.

병시는 '숟가락 시匙' 자를 쓰는데 숟가락으로 국물을 떠먹는 만둣국이다.

만두는 찐 만두, 어만두는 밀가루로 만든 피 대신 생선 살로 소를 싼 만두다.

1670년《음식디미방》에서 1957년《이조궁정요리통고》에 이르기까지

여러 문헌들에 수록된 만두는 모두 78종이었다.

종류별로 분류하면 가루반죽을 만두피로 이용한 만두가 18종,

육류를 이용한 만두가 8종, 생선을 이용한 만두가 20종, 편수가 17종,

그리고 호두만두, 지진만두, 보만두 등 기타 만두가 15종이었다.

밀만두, 메밀만두, 어만두, 생치만두는 대부분의 문헌에 수록되어 있었고,

변시만두는 1815년 이후부터 소개되기 시작했다.

굴이나 전복을 이용한 만두는 1800년대에만 소개가 된 반면 준치만두는

1939년 처음 소개되기 시작하여 1957년까지 계속 이어졌다.

특징적인 만두로 지진만두, 감자만두, 보만두가 1943년,

두부만두가 1952년, 규아상, 동아만두가 1957년에 소개되었다.

1854년에 소개된 건치만두, 제육만두, 전복만두, 준시만두, 호두만두는

명칭은 만두로 되어 있으나 일반 만두와 만드는 방법과 재료 면에서

차이가 있으며 안주나 육포의 일종인 포 쌈으로 사용되었다.

정혜경, 〈만두문화의 역사적 고찰〉,
동아시아식생활학회 추계학술대회발표 자료집, 2008.

재료

소고기 100g, 말린 표고버섯 3개, 두부 80g,

숙주 100g, 양파 100g, 소금 약간

* 만두피: 밀가루 150g, 소금 약간, 물 2¼큰술

* 고기 양념: 소금 ½작은술, 다진 파 1작은술,

　다진 마늘·깨소금·참기름 ½작은술씩

조리법

① 밀가루는 분량의 소금과 물을 넣고 반죽하여 젖은 면보자기에 한나절 싸둔다.

② ①의 밀가루 반죽은 얇게 밀어 직경 7센티미터의 둥근 틀로 찍어내어 만두피를 만든다.

③ 소고기는 곱게 다지고 말린 표고버섯은 물에 불려 꼭 짠 다음 채 썬다.

④ ③의 소고기와 표고버섯은 분량의 고기 양념에 함께 버무려 달군 팬에 볶아낸다.

⑤ 두부는 곱게 으깨어 물기를 꼭 짜고, 숙주도 데친 다음 송송 썰어 물기를 제거한다.

⑥ 양파는 곱게 다져 팬에 살짝 볶는다.

⑦ 준비한 재료를 모두 합하여 만두소를 만든다.

⑧ 만두피 위에 소를 넣고 반으로 접은 후 끝을 모아 모자 모양으로 빚는다.

⑨ 김이 오른 찜통에 5분 정도 찐 다음 접시에 담는다.

청 │ 초 │ 개
자

연회 상차림에는 음식을 찍어 먹을 수 있는 곁들임 장으로
청, 초, 겨자가 반드시 올랐다. 청은 꿀을 말하는데 주로 떡을 찍어 먹었다.
초는 간장에 초, 꿀, 잣가루 등을 넣어 만든 장으로 전유어, 편육 등을 찍어 먹었다.
개자는 겨자가루를 물에 개어 매운 맛을 낸 다음
꿀, 초, 소금 등을 넣어 만든 것으로
어육의 각색회나 해물과 채소 음식을 찍어 먹었다.

04

제물발기를 통해 본
왕실 절기 상차림

조선 왕실에서 제사로서 다례의 의미

조선 왕실에서는 제사로서의 다례가 큰 비중을 차지한다. 궁중의 제사다례는 탄일다례誕日茶禮, 기신다례忌辰茶禮, 주다례晝茶禮, 별다례別茶禮, 삭망다례朔望茶禮, 절다례節茶禮 등이 있다. 탄일다례는 죽은 이의 생일에 지내는 제사이고, 기신다례는 기제사로서 돌아가신 달에 지내는 제사이고, 주다례는 상례 기간 중 상식과 함께 매일 정오에 올리는 제사다. 별다례는 특별한 날 지내는 제사로 매달 초하루와 보름에 지내는 삭망다례와 한식, 정초, 단오, 추석, 동지 등의 명절에 지내는 절기다례가 있다. 왕실 제사식발기는 다례나 상식 시의 상차림을 기록한 것이다. 제사 음식은 단순히 제물로서의 의미를 담고 있을 뿐만 아니라 당대의 음식 문화를 충실하게 반영한다. 특히 왕실의 선조 제사는 눈에 보이지 않는 빈을 대접하기 위한 대향大享 이므로 제물 진설에 심혈을 기울였다.

상자다례 어물발기

상자다례에 쓰일 어물을 기록한 발기가 남아 있다. 예를 들어 〈경인 유월초육일상자다례어물발기〉는 실제로 제사에 사용된 음식들, 특히 생선류를 알 수 있는 귀한 자료다. 1890년(고종 27) 6월 6일 고종은 신정왕후(1808~1890)의 빈전殯殿에 나아가 관에 직접 '상上'자를 쓴 뒤 별다례를 행했고 다음 날인 6월 7일에 별전別奠과 주다례晝茶禮를 거행하라 지시한다. 〈경인유월초육일상자다례어물발기〉는 이 다례에 진열된 어물의 종류를 기록한 발기다. 신정왕후 조대비의 제사로 소용된 물목의 종류와 수량이 적혀 있다. 물목은 모두 20종류인데, 음식은 "전복 35개, 문어 3미, 추복 1동, 광어 4미, 사어 5미, 오징어 3접, 황대구 4미, 백대구 4미, 건대구 10미, 강요주 3접, 포 3접, 불염민어 5미, 홍어 3미, 치선 3수, 대하 3급, 해태 15잎, 포차우둔 3부, 후추 1봉"으로 모두 18종류다. 여기서 추복椎鰒은 두들겨 말린 전복, 사어梭魚는 숭어, 강요주江瑤珠는 조개류나 꼬막을 말한다.

쳥묵삼십오갯
츙어삼미
젹복일동
광어수미
슈어오미
오젹어삼졉
황디구수미
빅디구수미
걸디구십미
강요쥭삼졉
초삼졉

초삼졉
물엿민어오미
츙어삼미
치젼삼쥭
디하삼급
희리십오닙
쵸쵸우둘삼믹
호흘일뵹
힝겻쵸
빅묵일닙

경인유월초육일상자다례어물발기 1890년 6월 7일 고종은 별전과 주다례를 거행하라고 지시하는데 〈경인유월초육일상자다례어물발기〉는 이 다례에 진열된 어물의 종류를 기록한 발기다. 신정왕후 조대비의 제사에 쓴 물목의 종류와 수량이 적혀 있다. 한국학중앙연구원 장서각 소장.

제향발기

제향발기는 왕실에서 치르는 여러 종류의 제향에 쓰이는 제물을 기록한 발기다. 현재 〈경우궁졔향블긔〉(이하 〈경우궁제향발기〉)가 남아 있다. 연도 미상으로 경우궁景祐宮에서 올린 다례의 제수를 적은 발기다. 경우궁은 정조의 후궁이자 순조의 생모인 수빈綏嬪 박씨의 사당이다. 계동에 있던 경우궁 사당은 1896년 순화방 옥동옥인동으로 옮겨졌고, 1908년에는 육상궁毓祥宮영조의 생모 숙빈淑嬪 최씨의 사당에 합사됐다. 〈경우궁제향발기〉는 탄일다례, 기신다례, 상식, 한식, 단오, 추석, 동지다례, 삭망, 묘소한식다례의 제수가 순서대로 기록되어 있다. 경우궁 관련 제사식이 자세히 기록되어 있어서 그 모습을 전체적으로 파악할 수 있다.

〈표 30〉은 〈경우궁제향발기〉의 음식명을 정리한 것이다. 내용을 자세히 살펴보면, 죽은 날에 올리는 기신다례는 8촌약 24센티미터 높이의 고임 음식으로 가장 많은 제물을 올리고 있다. 약과, 중박계, 홍산자·백산자, 강정, 각색절육, 오미자다식·율다식·흑임자다식·송화다식, 생리, 준시, 생률, 생대조, 송백자, 율병·조병·백자병·전약, 각색정과, 화채, 초두합점증병·신감채증병·백두증병·대조자박병·감태자박병·양색산병·석이단자, 약식, 전복초, 생선전유어·해삼전, 양전유어·간전유어, 편육·족편, 각색누름적, 나복채, 어적·우적·전체수, 식혜, 홍합탕, 생치탕, 목면, 추청, 초장, 개자(30기 48종)로 차렸다. 죽은 이의 생일에 올리는 탄일다례에도 9촌약 27센티미터 높이로 총 20기 21종의 비교적 많은 제물을 올렸다.

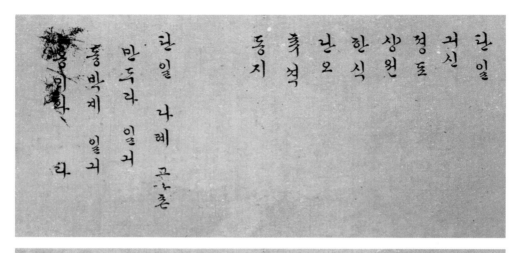

경우궁제향불기 제향발기는 왕실에서 치르는 여러 종류의 제향에 쓰이는 제물을 기록한 발기다. 〈경우궁제향불기〉(연도 미상)는 정조의 후궁이자 순조의 생모인 수빈 박씨의 사당인 경우궁에서 올린 다례의 제수를 적은 발기다. 한국학중앙연구원 장서각 소장.

상례 기간 중 올린 상식의 내용을 보면, 평상시에 드시던 음식으로 진지^밥와 탕^{곰탕}을 중심으로 찬 5가지^{편포, 각색좌반, 해의좌반, 각색채, 각색혜}와 김치, 장류 2가지를 올리고 있다. 별다례에는 한식, 단오, 추석, 동지다례, 삭망, 묘소한식다례의 제물이 나온다. 한식, 단오, 추석, 삭망에는 간단하게 제주^술와 생리^배, 우포^{육포}, 식혜, 목면^{메밀국수} 각 1기씩 간단하게 차리고 있다. 술, 과일, 포, 국수 정도가 제사의 기본이 되는 품목이었던 것으로 보인다. 반면 묘소의 한식다례에는 23기 32종의 많은 음식이 올라갔다.

〈표 30〉〈경우궁제향발기〉음식명

탄일다례(9촌)	만두과, 중박계, 홍매화○○과, …… 종이가 훼손된 부분, 편○, 수란, 청포, 회, 우적·전체수, 식혜, 완자탕, 초계탕, 창면, 목면, 초장, 개자, 추청 훼손으로 인한 미확인 4기 (20기 21종)
기신다례 (정월 14일)(8촌)	약과, 중박계, 홍산자·백산자, 강정, 각색절육, 오미자다식·율다식·흑임자다식·송화다식, 생리, 준시, 생률, 생대조, 송백자, 율병·조병·백자병·전약, 각색정과, 화채, 초두합점증병·신감채증병·백두증병·대조자박병·감태자박병·양색산병·석이단자, 약식, 전복초, 생선전유어·해삼전, 양전유어·간전유어, 편육·족편, 각색누름적, 나복채, 어적·우적·전체수, 식혜, 홍합탕, 생치탕, 목면, 추청, 초장, 개자 (30기 48종)
상식	진지, 골탕, 편포, 각색좌반, 해의좌반, 각색채, 각색혜, 침채, 감장, 진장 (10기 10종)
한식	제주와 생리, 우포, 식혜, 목면 각 1기씩
단오	제주와 산앵, 우포, 식혜, 목면 각 1기씩
추석	제주와 적리, 우포, 식혜, 목면 각 1기씩
동지다례	제주와 강정, 우포, 생리·왜감자, 전약, 산사수정과, 해삼전·양전유어, 족편, 간적·전체수, 식혜, 금중탕, 두탕, 추청, 초장, 개자 (14기 17종)
삭망	제주와 포, 실과, 식혜, 목면 각 1기씩
묘소한식다례	제주와 약과, 양색 산자, 우포, 사색다식, 생리, 준시, 생률, 정과, 수정과, 꿀찰시루병·녹두찰시루병·백두증병·대조자박병·화전·산병, 전복초, 생선전유어·해삼전, 양전유어·간전유어, 편육, 누름적, 어적·우적·전체수, 식혜, 홍합탕, 완자탕, 목면, 추청, 초장, 개자 (23기 32종)

추석다례 음식

우리 조상들이 오랜 세월 행해온 제사들의 대부분은 실제로 현대 사회에서 사라졌다.

그나마 최근까지 보편적으로 지내는 제사는 돌아가신 때에 지내는 기신제사와

차례, 즉 설날과 추석 명절에 지내는 시제사가 있다.

조선 왕실의 수많은 제사 중에서도 추석다례는 규모가 매우 컸다.

대궁大宮에 올리는 추석 제물을 기록한 〈大宮丙午八月十五日秋夕祭物單子대궁병오팔월십오일추석제물

단자〉(이하 〈대궁추석제물단자〉)가 현재 남아 있어 그 규모의 대강을 짐작할 수 있다.

〈대궁추석제물단자〉는 발기류에서도 단자류에 속하지만 추석다례에 올린 구체적인 음식 목록이므로

이를 재해석해 상차림을 구성해보았다.

이 제물단자에 대한 단서는 《고종실록》에서 찾을 수 있다.

二日, 太醫院口奏: "見今冷雨霏微, 請寢眞殿茶禮親行之命."

賜批勉從. 仍命道領敎寧進去擧行, 勅任官以上, 奎章閣入參《고종실록》47권, 고종 43년 10월 2일 양력).

"지금 찬비가 부슬부슬 내리니 진전眞殿의 다례茶禮를 친히 행하겠다는 명을 거두소서" 하니, 애써 따르겠다는 비답을 내렸다. 이어서 영돈녕사사領敦寧司事에게 나아가 제사를 거행하되 칙임관勅任官 이상과 규장각奎章閣 관리들이 참석하라고 명했다.

1906년(고종 43) 8월 15일에 대궁에 올린 제수음식 총 44기 46종을 기록한 〈대궁추석제물단자〉를 정리, 만들어보는 과정은 흥미로웠다. 격식을 엄격히 따졌던 조선 왕실의 다른 제례 음식과는 다소 달라 보였기 때문이다. 물론 왕실 제례 음식이라 음식 수는 46종으로 많았지만, 오늘날 우리의 가정 제사 음식과 크게 다르지 않았다. 제례 음식이므로 굽이 있는 백자 그릇에 담아 재해석의 의미를 살려보았다.

〈표 31〉 추석 제물단자

분류	제물 내용(총 44기 46종)
	'향香', '촉燭', '제주祭酒'
한과류	약과藥果, 중박계中朴桂, 홍산자紅散子, 백산자白散子, 행인과杏仁果, 양면과兩面果
과일	홍시紅柿, 대조大棗, 포도葡萄, 은행銀杏, 서과西果, 임금林檎, 포후도(葡侯萄?), 생리生梨
병(떡)류	도지이병(都只伊餠?), 송병松餠, 은절미병銀切味餠
찬품류	우육적牛肉炙·간적肝炙·생치적生雉炙 1기, 낙제어을음적洛蹄於乙音炙, 전복초全鰒炒, 양전유아胖煎油兒, 간전유아肝煎油兒, 생선전유아生鮮煎油兒, 전체수全體首, 해삼증海蔘蒸, 홍합초紅蛤炒, 해전蟹煎, 천엽회千葉膾, 양만두胖饅頭, 어만두魚饅頭, 잡탕雜湯, 두제탕豆蹄湯, 족보질지足甫叱只, 포육脯肉, 편포절片脯切, 식해食醢, 세면細糆, 분粉,
음청류	수단水丹, 수정과水正果
조미료류	청밀淸蜜, 개자芥子, 초장醋醬

大宮丙午八月十五日秋夕祭物單子
대궁병오팔월십오일추석제물단자
1906년 8월 15일 대궁에 올린 추석 제물을 기록한 제물단자. 추석다례에 올린 구체적인 제수음식 목록 44종 46기가 기록되어 있어 가치가 크다. 한국학중앙연구원 장서각 소장.

大宮丙午八月十五日秋夕祭物單子·대궁병오팔월십오일추석제물단자

원문		현대역	
藥果	一器	약과	1기
中朴桂	二器	중박계	2기
紅散子	一器	홍산자	1기
白散子	一器	백산자	1기
杏仁果	一器	행인과	1기
兩面果	一器	양면과	1기
片脯切	一器	편포절	1기
紅柿	一器	홍시	1기
大棗	一器	대추	1기
葡萄	一器	포도	1기
銀杏	一器	은행	1기
西果	一器	서과	1기
林檎	一器	임금	1기
蒲葔萄	一器	포후도	1기
生梨	一器	생리	1기
都只伊餅	一器	도지이병	1기
松餅	一器	송병	1기
銀切味餅	一器	은절미병	1기
牛肉炙, 肝炙, 生雉炙	一器	우육적, 간적, 생치적	1기
洛蹄於乙音炙	一器	낙제어을음적	1기
全鰒炒	一器	전복초	1기

胖煎油兒	一器	양전유아	1기
肝煎油兒	一器	간전유아	1기
生鮮煎油兒	一器	생선전유아	1기
全體首	一器	전체수	1기
海蔘蒸	一器	해삼증	1기
紅蛤炒	一器	홍합초	1기
蟹煎	一器	해전	1기
千葉膾	一器	천엽회	1기
胖饅頭	一器	양만두	1기
魚饅頭	一器	어만두	1기
雜湯	一器	잡탕	1기
豆蹄湯	一器	두제탕	1기
足甫叱只	一器	족보질지	1기
脯肉	一器	포육	1기
食醢	一器	식해	1기
細糆	一器	세면	1기
粉	一器	분	1기
水丹	一器	수단	1기
淸蜜	一器	청밀	1기
芥子	一器	개자	1기
醋醬	一器	초장	1기
水正果	一器	수정과	1기

약
과

약과藥果는 '약藥'이 되는 꿀을 넣어 만든 과자다.

지금도 흔히 볼 수 있는 대표적 한과로 의궤에도 자주 등장한다.

약과는 밀가루, 참기름, 꿀 등으로 만드는 유밀과의 일종으로,

고려 시대에는 너무 많이 만들어 먹어 재료가 동이 나자 조정에서

유밀과 금지령까지 내렸다고 한다. 조선 시대에도 밀가루, 참기름, 꿀은 귀한 식재료여서

잔치에나 만드는 귀하고 사치한 음식이었다. 안동의 퇴계 선생 종가에서는

지금도 유밀과를 제사상에 올리지 않는데 사치하지 말라는 퇴계 선생의 유언 때문이라고 한다.

그럼에도 왕실의 각종 의례에 반드시 올렸던 것은 물론이고 조선 통신사가

긴 여정에 대비해 보존 식량으로 일본까지 가져갔다.

몸에 약이 되는 전통 약과가 점점 잊히는 것 같아 아쉽다.

재료

밀가루 400g, 소금 1작은술, 후춧가루 약간, 참기름 5큰술, 꿀 6큰술,

생강즙·청주 4큰술씩, 식용유 적당량

＊ 즙청꿀: 설탕 1컵, 물 1컵, 꿀 약간

조리법

① 밀가루에 소금, 후춧가루, 참기름을 넣고 잘 버무려 중간 체에 내린다.

② ①의 밀가루에 분량의 꿀, 생강즙, 청주를 고루 섞은 것을 넣고
　　살살 버무려가며 한 덩어리가 되게 반죽한다.

③ 약과판에 기름을 바르거나 얇은 비닐을 깔고 ②의 반죽을 떼어 꼭꼭 눌러서 박아낸다.

④ 틀에 찍은 약과는 뒷면을 꼬지로 찔러 잘 튀겨지도록 한다.

⑤ 즙청꿀은 분량의 설탕과 물을 섞어 젓지 말고 약한 불에서
　　1컵이 되도록 끓인 후 꿀을 넣어 만들어 둔다.

⑥ 150℃의 기름에 ④의 준비한 약과를 넣어 갈색이 날 때까지 뒤집어가며 튀긴다.

⑦ 속까지 잘 익은 약과는 따뜻할 때 ⑤의 즙청꿀에 담갔다가 건져 완성한다.

중박계

밀가루에 참기름과 꿀을 넣고 반죽하여 직사각형으로 썰어
기름에 지지는 유밀과의 일종이다.
우리가 즐겨 먹는 약과와 비슷하나 기름에 튀긴 후에
즙청하는 과정을 거치는 약과와 달리 중박계中朴桂는 꿀을 바르지 않는다.
모가 특징으로 상차림의 고임에 적합한 형태다.
왕실 잔칫상이나 제사상에는 주로 중박계를 올렸다.

재료
밀가루 400g, 소금 1작은술, 참기름 5큰술, 꿀 6큰술, 식용유 약간

조리법
① 밀가루에 소금과 참기름, 꿀을 넣고 고루 섞은 뒤 체에 내린다.
② ①의 밀가루에 꿀을 넣고 살살 버무려 가며 반죽한다.
③ ②의 반죽을 반으로 잘라 겹친 다음 밀대로 밀어 0.8센티미터 두께로 펴서 폭 3센티미터, 길이 6센티미터로
자른다.
④ 팬에 식용유를 약간 두르고 노릇하게 구워낸다.

홍 | 백
산 | 산
자 | 자

비교적 우리에게 익숙한 한과인 산자는 찹쌀가루 반죽을 납작하게 말려
기름에 튀긴 다음 즙청하여 고물을 묻힌 과줄이다.
왕실에서는 이를 아름다운 두 가지 색으로 만들었다.
붉은 팥물로 지은 홍반가루^{홍세건반紅細乾飯}를 입힌 것이 홍산자紅散子고,
백반가루^{백세건반白細乾飯}를 입힌 것이 백산자白散子다.
'흩어질 산散'과 '자식 자子'자를 쓰면서
다산을 상징하기도 하여 가례의 동뢰상에도 올랐다.

재료
찹쌀 800g, 콩물 ½컵, 술 ⅔컵, 녹말가루 약간, 홍세건반·백세건반·식용유 적당량
* 즙청꿀: 조청 2컵, 꿀 1컵, 생강즙 1큰

조리법

① 찹쌀은 물에 여름에는 1주일 겨울에는 2주일 정도 불린다.

　불리는 동안 물을 갈지 말고 골마지(곰팡이)가 끼도록 그대로 둔다.

② 냄비에 분량의 조청과 생강즙을 섞어 약한 불에서 졸이다가

　농도가 되직해지면 꿀을 넣고 좀 더 끓여 즙청꿀을 만든다.

③ ①의 찹쌀은 여러 번 깨끗이 씻어 소금 간을 한 후 곱게 빻는다.

④ 충분히 불린 흰콩의 껍질을 벗겨 믹서에 곱게 갈아 콩물을 만든다.

⑤ ③의 찹쌀가루에 콩물과 술을 넣고 반죽한다.

⑥ 찜통에 젖은 면보자기를 깔고 ⑤를 안쳐 찌는데

　중간에 주걱으로 뒤집어주며 골고루 익힌다.

⑦ ⑥의 찐 떡을 볼에 쏟아 하얀 꽈리가 일게 한참을 치댄다.

　이때 찹쌀 반죽은 하얀 실처럼 늘어나면 가장 좋은 상태다.

⑧ 넓은 도마에 녹말가루를 뿌리고 치댄 ⑦의 떡을 놓은 후,

　다시 위에 녹말가루를 뿌리고 0.5센티미터 두께로 얇게 민 다음

　산자용으로 사방 5센티미터 크기로 썬다.

⑨ 산자 반죽이 너무 굳기 전에 적당한 크기로 썰어

　공기가 잘 통하지 않고 더운 곳에 한지를 깔고

　들러붙지 않게 쭉 늘어놓고 말린다.

⑩ 말린 ⑨의 산자 바탕에 묻은 녹말가루를 털어낸 뒤

　100℃ 정도의 기름에 한 개씩 넣어 서서히 불린다.

⑪ 낮은 온도에서 불린 산자 바탕이 떠오르면

　150~160℃의 기름에 재빨리 넣어 튀긴다.

⑫ 튀긴 ⑪의 산자 바탕은 즙청하고 홍·백 세건반을 묻힌다.

행인과

행인과杏仁果는 현재 잘 알려져 있지 않은 한과다.
《진찬의궤》에 행인과의 재료가 진말밀가루, 진유참기름, 청꿀이라고
기록된 것으로 봐서는 유밀과의 일종인 약과 형태로 추측된다.
현재 알려져 있는 행인과가 없어 실제 모습을 알 수는 없지만, 행인杏仁이
살구씨를 의미하므로 살구씨 모양의 약과로 만들어보았다.

재료
밀가루 400g, 소금 1작은술, 참기름 5큰술, 꿀 5큰술, 청주 5큰술, 생강즙 2큰술
* 즙청꿀: 설탕 1컵, 물 1컵, 꿀 약간

조리법
① 밀가루에 소금과 참기름을 넣고 잘 버무려 체에 내린다.
② 분량의 설탕과 물을 섞어 젓지 말고 약한 불에서 1컵이 되도록 끓인 후 꿀을 넣어 즙청꿀을 만든다.
③ 꿀, 생강즙, 청주를 고루 섞어 ①의 밀가루에 부어 살살 버무려가며 한덩어리가 되게 반죽한다.
④ ③의 반죽을 반으로 잘라 겹친 다음 밀대로 밀어 0.8센티미터 두께로 살구씨 모양으로 찍어내거나 자른다.
　뒷면에 칼집을 넣거나 포크 자국을 내어 튀길 때 속까지 고루 익게 한다.
⑤ 150℃의 기름에 준비된 ④의 행인과를 넣고 연한 갈색이 날 때까지 튀긴다.
⑥ 기름을 뺀 행인과는 즙청하여 건진다.

양
면
과

양면과兩面果 역시 밀가루, 꿀, 기름을 주재료로 만드는 유밀과의 일종이다.

조선 시대 유밀과는 약과뿐만 아니라 행인과, 만두과, 다식과 등 다양한 이름으로 불렸다.

양면과는 1892년 고종의 41세 탄일 잔치를 기록한

《진찬의궤》에서부터 등장하기 시작한다.

확실한 모양을 알기 어려워 양면의 의미를 살려서

앞면과 뒷면의 모양을 똑같이 같도록 만들어보았다.

재료

밀가루 400g, 소금 1작은술, 참기름 5큰술, 꿀 6큰술, 청주 5큰술, 식용유·잣가루 적당량

* 즙청꿀: 꿀 200g

조리법

① 밀가루에 소금, 참기름을 넣고 잘 버무려 체에 내린다.

② 꿀과 청주를 섞어 ①의 밀가루에 부어 살살 버무려가며 한덩어리가 되게 반죽한다.

③ ②의 반죽을 반으로 잘라 겹친 다음 밀대로 밀어

　　0.8센티미터 두께로 펴서 5센티미터 폭, 7센티미터 길이의 사각형으로 자르고

　　십자 칼집을 넣거나 포크 자국을 내어 튀길 때 속까지 고루 익게 한다.

④ 100℃의 기름에 준비한 약과 반죽을 넣어 위로 떠오르면 온도를

　　130℃로 높여 뒤집어 가며 갈색이 날 때까지 튀긴다.

⑤ 기름을 뺀 양면과는 즙청하여 잣가루를 양면에 고루 묻힌다.

편
포
절

'포脯'는 저장을 위해 말린 고기를 말한다.
소고기를 양념해 말린 육포와 생선을 말린 어포가 있다.
일상에서는 술안주와 마른 반찬으로 쓰였다.
고기를 오래 저장해두고 먹기 위한 방편으로 만들었는데,
약포藥脯, 편포片脯칠보편포, 대추편포, 육포쌈 등 종류가 다양했다.
편포는 육포의 일종으로 소고기를 다지고 양념한 후
반대기를 지어 말려 제상에 올렸다.

재료
소고기 300g, 잣가루 ½큰술, 참기름 약간
* 고기 양념: 소금·국간장 1작은술씩, 꿀 2작은술,
　다진 파 1큰술, 다진 마늘 ½큰술, 깨소금·참기름 1큰술씩, 후춧가루 약간

조리법
① 소고기는 기름기 없는 부위로 준비해 곱게 다진 후 분량의 고기 양념에 버무려 잘 치댄다.
② 양념한 ①의 소고기를 기름을 바른 한지에 넓게 편 다음 두들겨
　잔칼질을 넣어 채반에 얹어 맑은 날 볕에 잠시 말린다.
③ 말린 ②의 포에 참기름을 발라 석쇠에 올려 살짝 굽고 잣가루를 뿌린다.

생실과 | 홍시 대추 포도 은행 서과 임금 생리

요즘도 추석다례상에는 '과果'라고 하여 생과일이 올라간다.
종류는 정해져 있지 않지만 주로 추석 무렵에 수확한 밤과 대추를 비롯해 각종 햇과일들이 오른다.
왕실에서도 생실과는 중요한 제물단자 품목이었다. 새로 수확한 과실을 조상께 천신하는
중요한 의미를 지녔기 때문이다. 〈대궁추석제물단자〉에는 총 6종의 과실이 기록되어 있다.
조선 시대 국가의 제사를 관장하던 봉상시의 업무를 정리한
《태상지太常志》(1766)에 따르면 제상의 과실은 비자榧子, 백자잣, 진자개암, 건시곶감, 대조대추,
율황밤을 차례대로 진설했다. 비자를 제외한 나머지 과실은 구할 수 없으면
이실오얏, 적리赤梨붉은 배,* 사과, 서과수박, 생률생밤로 대체할 수 있고,
그마저도 구할 수 없으면 호도호두, 임금능금, 황행살구을 쓰는데,
또 그마저도 구할 수 없으면 진고졸수국, 은행을 쓴다고 했다.
형편에 따라 구할 수 있는 과실을 올려도 된다는 것이다.
그런데 〈대궁추석제물단자〉의 과실 품목을 보면
홍시, 대추, 포도, 은행, 서과, 임금, 생니 등이 올랐다.
추석다례상에서도 시대의 변화를 엿볼 수 있는 대목이다.

*
붉은 배가 아직도 있는지 궁금해 수소문했더니
현재도 이 적리를 재배하는 농장이 있었다.

홍시

생감의 떫은맛이 없어지고 말랑말랑하게
무르익은 상태의 감을 올렸다.

대
추 | 대추는 색이 붉어서 홍조紅棗라고도 하는데,
관혼상제 관련 의례에 빠지지 않았다.

포도

포도의 원산지는 서아시아로 보고 있다.
고려 시대 문집에도 등장하며 제물로도 사용된 과일이다.

은행

은행은 볶아서 그냥 먹거나
여러 음식에 고명으로 이용하는 과실로
제상에도 올렸다.

서과는 서쪽에서 온 과실이라는 말로 수박을 뜻하며
수과水瓜라고도 한다. 고려 시대 개성에서도
수박이 재배되었다고 한다.

임
금

사과는 원래 임금林檎이라고 했는데 이것이 발음상
능금으로 바뀐 것이다. 우리나라에는 열매가 아주 작은
임금이 자생했다고 한다.

生
리

생리는 배를 말하며 소화, 생진,
청열, 화담, 해독 등에 효과가 있어
약재로도 사용된 과일이다.

송
병

송병松餅은 송편을 말한다. 멥쌀가루를 익반죽하여 소를 넣고
반달 모양으로 빚은 뒤 솔잎과 함께 쪄낸다. 추석다례에는 반드시 송편을 올렸는데
이는 오래된 풍습이다. 특히 색감을 중시하여 흰송편, 쑥송편,
송기송편의 삼색송편을 만들었다. 연회식 의궤에는 '각색송병'이 나오는데
여러색의 송편을 뜻한다. 소도 밤, 대추, 콩 외에 돼지고기, 닭고기, 표고버섯,
석이버섯, 미나리로 등 다양한 재료를 넣어 떡을 빚었다.

재료
멥쌀가루 200g, 쑥 멥쌀가루 200g, 소금 약간, 녹두 1컵,
깨소금 ½컵, 꿀 2큰술, 참기름 약간, 물 2~3큰술

조리법
① 녹두는 물에 불려 껍질을 벗긴 다음 김이 오른 찜통에 30분 정도 쪄서
   체에 내린 후 소금으로 간하고 꿀을 섞어 녹두 소를 만든다.
② 깨소금은 꿀을 섞어 깨소를 만든다.
③ 멥쌀가루와 쑥 멥쌀가루는 익반죽하여 10g 정도씩 떼어
   동그랗게 우물을 판 후 소를 넣고 오므려 모양을 낸다.
④ 김이 오른 찜통에 면보자기를 깔고 ③의 송편을 안쳐 20분 정도 찐 다음
   꺼내 참기름을 살짝 발라 마무리한다.

은절미병

은절미병銀切味餅은 우리가 즐겨 먹는 쫀득한 인절미를 말한다. 찹쌀이나 찹쌀가루를 시루에 쪄서 절구에 찧어 적당한 크기로 잘라 고물을 묻힌 떡이다. 인절미를 만들 때 쑥이나 대추 등을 넣어 색과 맛에 변화를 줄 수 있다. 연회식 의궤에는 각색인절미병各色引切味餅이라 하여 붉은 팥, 대추, 석이버섯, 참깨, 잣, 건시 등의 고명 재료가 나온다.

재료
찹쌀 800g, 소금 12g, 물 ½컵, 설탕 5큰술, 대추 100g, 석이버섯 20g
* 고물: 흰팥 고물 2컵, 흰깨 고물 2컵, 잣가루 1컵

조리법
① 찹쌀은 깨끗이 씻어 5시간 이상 물에 불려서 체에 건져 물기를 빼고 소금을 넣어 가루로 빻는다.
② 대추는 깨끗이 씻어 돌려 깎아서 씨를 빼고 곱게 다진다.
③ 석이버섯은 뜨거운 물에 불려 손질한 후 곱게 다진다.
④ ①의 찹쌀가루를 3등분한 것 중 둘에 각각 다진 대추와 다진 석이버섯을 넣고 물과 함께 버무려준다. 나머지 한 무더기의 찹쌀가루는 물만 넣어 버무려 준비한다.
⑤ 김이 오른 찜통에 젖은 면보자기를 깔고 ④의 세 찹쌀가루를 각각 덩어리지게 하여 안친다.
⑥ 안친 찹쌀가루에 김이 오른 다음 20분간 더 찌고 5분 정도 뜸을 들인다.
⑦ 흰팥은 물에 불려 껍질을 벗기고 40분 찐 후 소금으로 간하여 체에 내린다.
⑧ 흰깨는 물에 불려 껍질을 벗긴 다음 볶아 소금으로 간하여 가루로 빻는다.
⑨ 잣은 곱게 다져 준비한다.
⑩ 다 쪄진 ⑥을 볼에 담고 방망이로 꽈리가 일게 친다.
⑪ 기름 바른 비닐을 깔고 떡을 쏟은 다음 모양을 잡고 썰어서 ⑦과 ⑧의 고물을 묻힌다.

적 | 우육적
간적
생치적
낙제어을음적

양념한 고기를 꼬치에 꿰어서 구운 것을 적炙이라 하는데
왕실의 중요 의례에 빠지지 않은 음식이다.
궁중의 연회식 의궤에는 '화양적'이 가장 많이 등장한다.
〈대궁추석제물단자〉에는 육류를 사용한
우육적牛肉炙소고기, 간적肝炙소간, 생치적生雉炙꿩고기이
기록되어 있다.

우육적

재료

소고기(안심) 400g

* 고기 양념: 진간장 2큰술, 꿀 1큰술, 다진 파 2큰술,
  다진 마늘·깨소금·참기름 1큰술씩, 참기름 1큰술, 후춧가루 약간

조리법

① 기름이 적은 소고기 안심을 준비해 4~5센티미터 길이로 넓고 도톰하게 썬다.

② 분량의 고기 양념에 ①의 소고기를 넣고 간이 배게 주물러 재운다.

③ 잘 재워진 소고기를 꼬치에 꿰어 석쇠에 올려 앞뒤로 고루 익게 굽는다.

간적

재료

소간 400g

* 간 양념: 진간장·술 1큰술씩, 소금 약간, 꿀 1작은술,
  다진 파 1큰술, 다진 마늘 ½큰술, 생강즙 1작은술, 후춧가루 약간

조리법

① 간은 물에 담가 핏물을 뺀 다음 막을 벗겨 5센티미터 길이로
  도톰하게 썰어서 분량의 간 양념에 넣고 주물러 간이 배게 한다.

② 꼬치에 ①의 간을 꿰어서 석쇠에 올려 잘 익게 굽는다.

생치적

재료

생치(꿩) 1마리, 잣가루 약간

* 양념장: 진간장·술 1큰술씩, 술 1큰술, 소금 약간,
  꿀 1작은술, 다진 파 1큰술, 다진 마늘 ½큰술, 생강즙 1작은술, 후춧가루 약간

조리법

① 생치는 내장 등을 제거하고 깨끗이 씻어 배를 갈라 편다.

② ①의 생치에 분량의 양념장을 만들어 발라 고루 간이 배게 한다.

③ 석쇠에 ②의 생치를 올리고 약한 불에서 속까지 서서히 익힌다.

④ 그릇에 잘 익은 생치를 담고 잣가루를 고명으로 얹는다.

낙
제
어
을
음
적

1901년 연회식 의궤에는 낙지전유아와 낙지화양적이 나온다.
낙제어을음적洛蹄於乙㕦炙은 낙지, 소고기, 전복, 해삼, 도라지 등을
꿰어 만드는 낙지화양적에 가까운 음식이다.
여기서는 낙지와 닭고기, 버섯 등의 재료를 양념하여 꼬치에 꿴 다음
밀가루즙을 입혀 지진 지짐누름적의 형태로 만들었다.

재료
낙지 400g, 닭 안심 300g, 말린 표고버섯 5개, 밀가루 1컵, 식용유 약간
* 낙지 양념: 간장·참기름 약간씩
* 닭 양념: 간장·참기름·생강즙·후춧가루 약간씩
* 표고버섯 양념: 간장 1작은술, 설탕 ⅓작은술, 다진 파 1작은술,
  다진 마늘·깨소금 ½작은술씩, 참기름 1작은술,

조리법
① 낙지는 밀가루를 넣고 주물러 깨끗이 씻은 뒤
   끓는 물에 살짝 데쳐 6~7센티미터 길이로 썬 다음 분량의 낙지 양념에 재운다.
② 닭 안심은 손질하여 낙지 길이로 썬 다음 분량의 닭 양념으로 간해 팬에 익힌다.
③ 말린 표고버섯은 큰 것으로 골라 불린 다음 4~5등분하여 분량의 표고버섯 양념에 무친다.
④ 밀가루에 물, 간장, 참기름을 넣고 풀어 묽은 밀가루즙을 만든다.
⑤ 꼬치에 준비한 재료들을 나란히 끼워 판판하게 꿴 후 밀가루, 밀가루즙 순서로
   옷을 입혀 달군 팬에 식용유를 두르고 앞뒤로 지진다.

전
복
초

전복초全鰒炒는 홍합초와 함께 궁중의 대표적인 초 음식이다.
전복을 얇게 저며 소고기 등을 넣고 간장 등의 양념으로 조리다가
녹두녹말과 참기름으로 윤기 나게 만든 음식인데
소고기도 들어가고 은행을 넣어서 모양과 맛을 살린다.

재료
전복 3개, 소고기 50g, 대파 20g, 마늘 2톨, 은행, 물, 간장, 설탕, 꿀, 참기름, 식용유
* 소고기 양념: 간장, 설탕, 다진 파, 다진 마늘, 참기름, 후춧가루 적당량

조리법
① 생전복은 끓는 물에 데쳐 내장 등을 손질해 납작납작 한입 크기로 썬다.
② 소고기는 납작하게 썰어 분량의 양념을 한다.
③ 마늘은 편으로 썰고 대파는 3센티미터 길이로 썬다.
④ 은행은 식용유를 두른 팬에 살짝 볶아 껍질을 벗긴다.
⑤ ②의 소고기를 볶다가 물을 붓고 한소끔 끓으면 간장과 설탕으로 간을 하고
　 전복과 마늘, 대파를 넣어 조린다.
⑥ ④의 은행을 고명으로 올린다.

양전유아

양전유아는 소의 양을 다져 동그랗게 빚어
기름에 지진 음식이다.

재료
소의 양 200g, 소금 ¼작은술, 다진 파 1작은술,
다진 마늘 ½작은술, 참기름 3큰술

조리법
① 소의 양은 두툼하고 싱싱한 것을 골라 끓는 물에 데친 후
   검은 막을 칼등으로 긁어내고 안쪽 기름을 깨끗이 손질한다.
② ①의 양은 곱게 다진 후 소금, 다진 파·마늘을 넣고 양념하여 동글납작하게 빚는다.
③ 동그랗게 빚은 양은 참기름을 두른 팬에 앞뒤로 노릇하게 지진다.

간
전
유
아

간전유아는 간에 밀가루와 달걀물을 입혀 지지기도 하나
여기서는 메밀가루를 입혀서 지졌다.
제사에 쓰는 간전유아, 천엽, 생선전유아는
'간남肝南' 혹은 '간납干納(肝納)'이라 부르는데
전유아를 놓는 위치가 간적의
남쪽이기 때문이다.

재료
소간 200g, 소금·후춧가루 약간씩, 메밀가루 ½컵, 깨소금 2큰술, 식용유 적당량

조리법
① 싱싱한 소간을 손질 후 물에 2시간 정도 담가 핏물을 뺀 후
　 끓는 물에 넣고 1시간 정도 삶아 얇게 썬다.
② 메밀가루에 깨소금을 넣어 옷을 만든다.
③ 간에 소금과 후춧가루를 뿌려 밑간을 하고 ②의 메밀가루를 고루 입힌다.
④ 식용유를 두른 팬에 ③의 간을 지진다.

생선전유아

생선전유아는 잔치에도 빠지지 않은 음식이지만
추석 제사상차림에도 올랐다.
주로 흰살생선(숭어, 도미, 민어 등)에 녹말가루나 밀가루를 입히고
달걀물을 입혀 기름에 지진 음식이다.
민어를 주재료로 만들었다.

재료
민어 200g, 소금, 밀가루, 달걀, 식용유

조리법
① 민어는 비늘을 긁고 내장을 제거한 뒤 깨끗이 씻어 3장 뜨기를 한 후
   저며 썰어 소금을 뿌려 살짝 재운다.
② 달걀물은 소금 간하여 준비한다.
③ ①에 밀가루, 달걀물 순서로 옷을 입혀 식용유를 두른 팬에 지져 낸다.

전체수

전체수全體首는 생치나 닭, 물고기 등을 통째로 양념하여 구워낸 음식이다.
조리서인 《시의전서是議全書》(1800년대 말)에는 생치를 통째로 구우면
이름을 전체수라고 한다고 설명하고 있다.
전치수全雉首라고도 하는데 이는 통째로 꿩적을 만든 것이다.
잔칫상나 제사상에 고임을 하고 고명으로 달걀지단을 얹어 장식했다.

재료
생치 1마리, 달걀 2개, 잣가루
* 양념장: 간장 3큰술, 설탕·참기름 1큰술씩,
　마늘즙·생강즙·후춧가루·깨소금 약간씩

조리법
① 생치는 내장 등을 제거하고 깨끗이 씻어 배를 갈라 편다.
② ①의 생치에 분량의 양념장을 만들어 발라 고루 간이 배게 한다.
③ 달걀은 황백 지단을 부친 뒤 곱게 채 썬다.
④ 석쇠에 ②의 생치를 올리고 약한 불에서 속까지 서서히 익힌다.
⑤ 그릇에 잘 익은 생치를 담고 지단과 잣가루를 고명으로 얹는다.

해
삼
증

해삼증海蔘蒸은 해삼에 소고기, 닭, 미나리 등을 넣고 찐 일종의 해삼찜이다.
해삼은 왕실에서 많이 사용된 식재료로 잡탕이나 신선로를 만들 때도 꼭 들어갔다.
이외에도 신정왕후 조씨의 팔순《진찬의궤》(1887)에는 해삼탕이 나오고
명헌태후 홍씨의 탄일《진찬의궤》(1901)에는 해삼전이 나온다.

재료
건해삼 2개, 소고기 100g, 말린 표고버섯 2개, 두부 50g, 애호박 ⅓개, 달걀 2개, 식용유 약간
* 양념장: 간장 1작은술, 소금 ¼작은술, 설탕 ½큰술, 다진 파 2작은술,
  다진 마늘·깨소금·참기름 1작은술씩, 후춧가루 약간

조리법
① 건해삼은 물에 담가 끓이고 식히는 과정을 반복하여 일주일 정도 불린 뒤
   해삼 윗면에 칼집을 넣어 준비한다.
② 소고기는 곱게 다지고 표고버섯은 물에 불려 곱게 채 썬다.
③ 두부는 곱게 으깨어 물기를 꼭 짠다.
④ 소고기, 표고버섯, 두부, 양념장을 한데 넣고 버무린다.
⑤ 달걀은 황백 지단을 부친 뒤 곱게 채 썬다.
⑥ 애호박은 돌려 깎아서 씨를 제거하고 곱게 채 썬다.
   채 썬 애호박은 소금에 살짝 절여 식용유를 두른 팬에 파릇하게 볶는다.
⑦ 해삼 속에 ④의 재료들을 채워 넣고 칼집을 넣은 윗면에도 재료들을 약간 넣어 찜통에 15분간 찐다.
⑧ 잘 쪄진 해삼은 접시에 담고 달걀지단과 애호박채를 고명으로 올린다.

홍합초

홍합초紅蛤炒는 홍합을 주재료로 소고기 등을 넣고 간장 양념으로 조리다가
마지막에 녹말을 넣어 윤기를 더한 음식이다.

재료
말린 홍합 150g, 소고기 70g, 닭 안심 50g, 물 1컵, 간장·꿀·참기름 1큰술씩, 후춧가루 약간

조리법
① 말린 홍합은 물에 잠시 불린다.
② 소고기는 먹기 좋은 크기로 썬다.
③ 닭 안심도 소고기와 같은 크기로 썰어서 준비한다.
④ 냄비에 소고기, 닭 안심과 함께 물, 간장, 꿀을 넣고 한소끔 끓인 뒤 ①의 불린 홍합을 넣고 조린다.
⑤ 재료에 간장색이 잘 스며들면 후춧가루를 뿌리고 참기름을 둘러 마무리한다.

해
전

꽃게의 살로 만드는 음식이다.
게를 뜻하는 '해蟹' 전이라 먹기 좋게 꽃게의 살을 발라서
달걀로 부쳤다.

재료
꽃게 4마리, 달걀 1개, 소금 약간, 후추 약간, 참기름 3큰술

조리법
① 꽃게는 손질하여 살을 발라낸다.
② 달걀은 잘 저어준다.
③ 꽃게살에 달걀을 섞고 소금, 후추간을 한 후
　참기름을 두르고 동그랗게 지져 낸다.

천엽회

우리는 예부터 회를 즐겨 먹었다.

회에는 익혀 먹는 숙회가 있고 날로 먹는 생회가 있다.

육류, 어패류, 채소류를 회로 먹었는데 소고기를 채 썰어 무쳐 먹는 육회가 대표적이다.

소의 콩팥, 천엽, 양깃머리을 저며 양쪽에 잣을 박아서 만들기도 했는데

이는 갑회甲膾라고도 불렀다. 천엽회千葉膾는 소의 천엽을

깨끗이 손질하여 잣을 끼워 만든 회다.

재료

천엽 200g, 소금·밀가루·잣 적당량

조리법

① 천엽은 한 장씩 떼어서 소금과 밀가루를 넣고 주물러 씻는다.

② 깨끗이 씻은 천엽은 물기를 제거한 후 잣을 넣고 한입 크기로 말아 접시에 담는다.

양
만
두

양만두胖饅頭는 밀가루 피 대신 소의 양을 피로 하여 소를 넣어 싼 만두다.
만두라고 하면 만두피를 밀가루로 만든 것을 생각하나 양과 같은 소의 내장을 얇게 저며
만두피로 사용하기도 했다. 이 양만두는 소 양의 내외피를 잘 벗겨서 얇게 썰어
칼날로 두들기고 녹말을 묻힌 뒤 소를 넣어서 싸고 녹말에 굴려 찐 것이다.
예부터 소 양은 양질의 단백질이 풍부해 오장과 비위를 보해
소갈, 즉 당뇨에 좋다는 말이 전해 내려올 정도로 보양식으로도 제격이다.

재료
양 300g, 소금·후춧가루 약간, 소고기 70g, 닭 살 50g, 말린 표고버섯 3개, 두부 50g
* 소 양념: 소금·생강즙 ½작은술씩, 다진 파 1작은술, 다진 마늘 ½작은술, 참기름 2작은술, 후춧가루 약간

조리법
① 소의 양은 두툼하고 싱싱한 것을 골라 끓는 물에 데친 후 검은 막을
　 칼등으로 긁어내고 안쪽 기름을 깨끗이 손질한다.
② 양의 두꺼운 부분을 얇고 넓게 저며 썬다.
③ ②의 양은 소금과 후춧가루로 밑간을 한다.
④ 소고기와 닭 살은 곱게 다지고 말린 표고버섯은 물에 불려 꼭 짠 다음 채 썬다.
⑤ 두부도 곱게 으깨어 물기를 꼭 짠다.
⑥ 고기, 표고버섯, 두부에 분량의 소 양념을 넣고 치대어 만두소를 만든 다음
　 ③의 피에 1큰술씩 소를 올려 돌돌 만다.
⑦ 녹말가루에 ⑥의 만두를 굴린다.
⑧ 김이 오른 찜통에 ⑥의 양만두를 20분 정도 찐다.

어만두

어만두魚饅頭는 생선살을 만두피로 해서 만든 만두다.
만두피를 밀가루나 메밀가루 외에도 소의 양이나 생선, 동아 같은 식물성 재료까지
다양하게 사용했다. 어만두 조리법은 조선 시대 대표적인 반가조리서인
《음식디미방》이나 《시의전서》 등에 기록되어 있다. 서민층보다는
양반층을 중심으로 퍼져 있던 음식으로 당시 양반가에서는
여름철 어른 생신의 점심상에도 즐겨 올렸다.
왕실에서는 주로 숭어를 사용했다.
숭어살을 얇게 포를 떠서 육류와 버섯으로 만든 소로 넣어 빚어 만든다.

재료
숭어 1마리, 소금, 녹말가루
* 만두소: 소고기(안심) 100g, 돼지고기 50g, 닭 살 50g, 송이버섯 1개, 말린 목이버섯 20g, 숙주 70g
* 소 양념: 소금 1작은술, 생강즙 ½작은술, 다진 파 2작은술,
  다진 마늘·깨소금·참기름 1작은술씩, 후춧가루 약간

조리법
① 숭어는 손질하여 내장을 제거한다.
　사방 7센티미터로 포를 떠 소금 간한 뒤 채반에 널어 살짝 말려준다.
② 소고기, 돼지고기, 닭 살은 곱게 다진다.
③ 송이버섯과 물에 불린 목이버섯도 다져서 준비한다.
④ 숙주는 끓는 물에 데친 다음 송송 썰어 물기를 제거한다.
⑤ 분량의 소 양념에 준비한 재료를 모두 한데 넣고 치대어 만두소를 만든다.
⑥ ①의 숭어 포위에 녹말가루를 묻힌 뒤 만두소를 1큰술씩 올려 동그랗게 만다.
⑦ 김이 오른 찜통에 ⑥의 어만두를 5분 정도 찐다.

잡탕

조선 시대 의궤에 열구자탕만큼 자주 등장하는 탕이 잡탕雜湯이다.

1719년에서 1902년의 연회식 의궤에 자주 등장한다.

초기에는 박고지와 토란을 사용했으나 이후

양, 부아, 곤자소니 같은 소 내장과 전복, 해삼, 표고버섯, 미나리 등

다양한 재료를 사용해 잔칫상이나 제사상에 올렸다.

원래 궁중에서 만들던 음식으로, 여러 가지 고기를 넣고 끓였다는 의미이다.

잡雜이란 잡스럽다는 뜻도 있기는 하지만 음식 이름에서는

아무것이나 마구 쓴다는 의미가 아니라 좋은 재료,

온갖 재료가 국거리가 되어 맛이 좋다는 뜻이다.

재료

소고기(아롱사태) 400g, 통마늘 30g, 대파 ½대, 무 200g, 돼지고기 100g,

곤자소니·양·부아 200g씩, 불린 해삼 1개, 전복 2개,

말린 표고버섯 3개, 미나리 50g, 석이버섯 5장, 달걀 3개,

은행·국간장·소금 약간씩

조리법

① 소고기 아롱사태는 물에 3시간 정도 담가 핏물을 뺀 후
   끓는 물에서 1시간 정도 삶는다. 삶는 중간에 통마늘, 대파와 무를 통째로 넣고 삶는다.
   무는 반쯤 무르면 건져 너비 2센티미터, 길이 3센티미터로 얄팍하게 썬다.

② 돼지고기도 끓는 물에 삶는다.

③ 삶은 ①의 아롱사태와 ②의 돼지고기는 건져서 납작하게 썰어 두고
   ①의 육수는 면보자기에 밭는다.

④ 소의 양은 두툼하고 싱싱한 것을 골라 끓는 물에 데친 후 검은 막을
   칼등으로 긁어내고 안쪽 기름을 깨끗이 손질한 다음
   끓는 물에 1시간 정도 삶아 건져 3센티미터 길이로 썬다.

⑤ 깨끗이 씻어 손질한 곤자소니와 물에 담가 핏물을 뺀 부아는
   끓는 물에 1시간 정도 삶아 건져 3센티미터 길이로 썬다.

⑥ 전복은 손질하여 3~4등분하여 저며 썬다.

⑦ 불린 해삼은 전복과 같은 크기로 썬다.

⑧ 말린 표고버섯은 물에 불려 넓게 저며 썬다.

⑨ 은행은 마른 팬에 볶아 속껍질을 벗긴다.

⑩ 미나리는 잎을 떼고 손질하여 꼬치에 위아래를 번갈아 네모지게 꿴다.
   양면에 밀가루, 달걀물 순서로 옷을 입혀
   달군 팬에 식용유를 두르고 초대를 부친다.

⑪ 달걀은 노른자와 흰자를 나누어 소금 간을 한다.
   석이버섯은 물에 불린 뒤 더운물에서 잘 비벼서 뒷면의 이끼를 없애고
   깨끗이 씻어 곱게 다진 뒤 달걀흰자에 넣고 잘 풀어 식용유를 두른 팬에
   황백 지단과 석이 지단을 부쳐 골패 모양으로 썬다.

⑫ 맑게 거른 ③의 육수와 내장 육수를 합한 뒤
   고기와 내장, 무, 전복, 해삼, 표고버섯을 넣어 한소끔 끓인 다음
   국간장과 소금으로 간을 한다.

⑬ 다 끓여진 잡탕을 그릇에 담고
   은행, 미나리 초대, 지단을 고명으로 올린다.

두제탕

두제탕豆蹄湯의 두豆는 제사 지낼 때 신위의 오른편에
고기, 젓, 국 따위를 담는 제기를 말한다. 젓은 음식을 담는 그릇은 두제기라고도 했다.
이런 점에서 보면 두제탕이란 제사에 사용하는 굽이 있는 그릇에 담은
탕을 말하는 것으로 추측된다. 여기서는 제사에 올리는 탕국으로 소고기와 무와
양, 부아허파를 넣어 끓인 두제탕을 만들어보았다.

재료
소고기(아롱사태) 400g, 무·양·부아 200g씩, 간 100g, 국간장·소금 약간씩

조리법
① 소고기 아롱사태는 물에 3시간 정도 담가 핏물을 뺀 후
　　끓는 물에서 1시간 정도 삶는다. 삶는 중간에 통마늘, 대파와 무를 통째로 넣고 삶는다.
　　무는 반쯤 무르면 건져 2센티미터 너비, 3센티미터 길이로 얄팍하게 썬다.
② 삶은 ①의 아롱사태는 건져서 납작하게 썰어 두고 육수는 면보자기에 받는다.
③ 소의 양은 두툼하고 싱싱한 것을 골라 끓는 물에 데친 후 검은 막을
　　칼등으로 긁어내고 안쪽 기름을 깨끗이 손질한 다음 끓는 물에
　　1시간 정도 삶아 건져 무와 같은 길이로 썬다.
④ 부아와 간은 물에 담가 핏물을 뺀 다음 끓는 물에 넣어
　　1시간 정도 삶아 건져 역시 무와 같은 길이로 썬다.
⑤ 맑게 거른 ②의 육수에 고기와 내장, 무를 넣고 한소끔 끓여
　　국간장과 소금으로 간을 한다.

포육

포육脯肉은 육포의 일종이다.
제물의 기본은 주酒, 과果, 포脯인데 그중 으뜸이 육포라는 말이 있다.
원시 수렵 시대에 먹고 남은 고기를 걸어 놓았을 때
자연 건조되어 장기간 보관이 가능해지는 사실을 알게 된 후
만들어 먹기 시작한 데서 유래했다고 보고 있다.
고려 시대 송의 사신인 서긍이 고려인들의 풍속을 쓴
《고려도경高麗圖經》에 보면 대접받은 술상에
육포와 어포가 차려져 있었다는 대목이 나온다.
육포는 혼례, 환갑 등의 잔칫상뿐만 아니라
제사상에도 반드시 올랐다.

재료
소고기(우둔이나 홍두깨) 500g
* 양념장: 간장 3 ½큰술, 꿀 ⅔큰술, 설탕 1큰술, 배즙 2큰술, 생강즙 1작은술

조리법
① 소고기는 우둔이나 홍두깨로 준비하여 6~7밀리미터 두께로 썬 다음
   마른 면보자기로 핏물을 닦아낸다.
② 분량의 양념장에 ①의 소고기를 넣어 살살 주물러 간이 배게 하는데
   남은 양념장이 없도록 고기에 모두 흡수시킨다.
③ 채반에 ②의 소고기를 반듯하게 펼쳐 널고
   3시간 정도 지난 뒤 뒤집어 말린다.

식
해

식해食醢는 젓갈류를 칭한다.

우리가 잘 아는 가자미식해도 가자미를 곡물과 함께

발효시켜 먹는 일종의 젓갈 형태다. 여러 가지 생선에 소금을 넣고

젓을 담가서 오래 저장해 두고 필요할 때마다 꺼내서 썼다.

왕실에서는 굴젓, 명란젓, 조기젓, 새우젓 등을 많이 썼다고 한다.

아마도 추석에 필요한 제물로서 이 추석단자에 기록한 것 같다.

식해는 어떤 음식인지 확실하지 않지만, 윤증선생기제사에는 새우젓을 올리기도 했다.

여기서는 조기젓을 만들어보았다.

재료

조기 5kg, 호렴(천일염) 1kg.

조리법

조기는 아가미로 내장을 뺀 후

소금물에 재빨리 씻어

채반에 널어 물기를 뺀 다음

굵은 소금을 넉넉히 뿌려 뜨지 않도록 잘 보관한다(15% 소금).

석달 이상 두어 충분히 삭으면 그대로 쓰거나

살만 발라서 양념으로 무쳐서 밥반찬으로 한다.

세면

세면細麵은 말 그대로
면발이 가는 국수다.
《태상지》 제사편에는 세면細麪 한 그릇을
진설한다고 기록되어 있다.

족보질지

족보질지足甫叱只는 확실하게 알 수 없는 음식이다.
따라서 이의 조리는 생략하고자 한다.

개자

재료
겨잣가루 1컵, 소금 1작은술, 꿀·식초·배즙 2큰술씩

조리법
① 겨자를 따뜻한 물로 개어서 따뜻한 곳에 2시간 정도 두고 발효를 시킨다.
② 발효된 겨자에 뜨거운 물을 부어 매운맛을 빼준다.
③ ②에 소금, 꿀, 식초, 배즙을 넣어 간을 맞춘다.

초장

재료
간장 4큰술, 꿀 1큰술, 식초 4큰술, 잣가루 약간

조리법
분량의 간장에 꿀, 식초를 넣고
잘 섞은 후 잣가루를 뿌린다.

청밀(꿀)

수정과

수정과水正果는 생강과 계피를 달인 물에
설탕이나 꿀을 타고 곶감·잣 등을 넣은 전통 음료다.
왕실에서는 단맛이 나는 음료 전체를 수정과라 부르기도 했다.
곶감 외에 두충杜冲을 넣은 두충수정과와 삼사월에
새싹이 나오는 연꽃 순인 가련假蓮을 꿀물에 넣고
잣을 띄워 만드는 가련수정과도 있다.

재료

생강 50g, 곶감 3개, 물 6컵, 꿀 ½컵(설탕 ½컵), 잣 1큰술

조리법

① 생강은 깨끗이 씻어 껍질을 벗기고 저며 썬다.
② 저민 생강에 물을 붓고 은근하게 우러나올 수 있도록 30~40분 정도 끓여서
   고운 면보자기에 받쳐 꿀 혹은 설탕을 탄다.
③ 곶감의 꼭지를 떼어내 준비한다.
④ 곶감은 ②의 생강 끓인 물에 1시간 정도 담가 부드럽게 한다.
⑤ 그릇에 먼저 곶감을 건져 담고 수정과 물을 부은 다음 잣을 고명으로 띄운다.

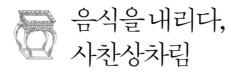

05
음식을 내리다,
사찬상차림

사찬상, 조선 왕실의 잔치 접대상

조선 시대에는 왕이나 왕비의 탄일을 축하할 때, 왕실 혼례가 이루어질 때, 세자의 탄생이나 왕세자의 책봉을 기념할 때, 외국 사신을 영접할 때, 정초 등의 궁중 의식 때면 화려하고 웅장한 잔치가 베풀어졌다. 이러한 잔치를 연향宴享이라고 했다. 연향의 연은 즐거움樂을, 향享은 헌獻 즉 봉상奉上한다는 의미다. 술과 음식을 준비하고 풍악을 올려 신하나 빈객을 대접하는 행사를 뜻한다. 조선 시대 반가에서 봉제사접빈객奉祭祀接賓客이 매우 중요했듯이 왕실에서도 접대의 상차림은 매우 중요했다.

조선 왕실에서 차리는 음식상은 상을 받는 입장에서 보면 크게 두 가지로 나눌 수 있다. 왕과 왕족에게 올리는 진어상進御床, 왕실에서 내리는 사찬상賜饌床이다. 왕실에서는 진어상 못지않게 잔치 시에 손님에게 접대하는, 즉 내리는 음식이라는 뜻을 담은 사찬상을 중시했다. 왕이 내리는 상인 만큼 왕실의 위엄과 권위를 상징했기 때문이다. 왕실에서 대접받은 사찬상 음식들은 반가에 전해지기도 했다. 음식발기에는 잔치나 제례, 상례 등에서 왕과 왕족에게 올린 음식과 손님과 관료들에게 내린 음식명이 꼼꼼하게 기록되어 있다. 특히 사찬상은 진연, 진찬 등과 같은 연회에 참석한 왕족과 제신諸臣, 종친宗親, 척친戚親, 좌명부左命婦, 우명부右命婦, 의빈儀賓을 비롯하여 악공, 여령女伶, 군인에 이르기까지 참석자 전원에게 음식을 대접했다. 지위에 따라서 외상 또는 겸상이나 두레상 등으로 차려졌다.

탄일 기념 사찬상발기

왕실의 탄일은 주인공의 생일을 축하하는 날이기도 하지만 많은 사람들을 초대하여 대접하는 날이기도 했다. 앞에서 언급한 20여 건의 탄일발기도 진어상과 사찬상으로 나뉘어져 있고 사찬상발기에는 초대 손님들의 목록이 매우 자세하게 적혀 있다.

대개 왕실과 가까운 대신들과 그의 가족들이지만 1900년대 이후 발기를 보면 낯선 이름들이 눈에 들어온다. 〈병오칠월이십오일억만셰탄일진어상ᄉ찬음식볼긔〉를 보자. 대한제국 시절인 1906년 7월 25일 고종황제의 55세 탄일에 차린 진어상, 사찬상 음식발기인 〈병오칠월이십오일억만셰탄일진어상ᄉ찬음식볼긔〉다. 그런데 이 발기

손탁

손탁호텔

손탁·손탁호텔   손탁호텔은 지금의 서울 중구 정동에 있던 우리나라 최초의 서구식 호텔이다(아래).
1885년 10월 초대 주한 러시아공사 베베르Karl Wäber를 따라 내한하여 25년간(1885~1909) 한국에서 생
활한 손탁孫澤(Antoinette Sontag, 1854~1925)이 1902년 10월에 세웠다. 서양요리와 호텔식 커피숍 경영의
효시가 되었다. 위 그림에서 오른쪽 두 번째가 손탁(오른쪽 첫 번째는 엠마 크뢰벨)이다. * 출처: 엠마 크뢰
벨, 김영자 옮김, 《나는 어떻게 조선 황실에 오게 되었나?》, 민속원, 2015, 19쪽.

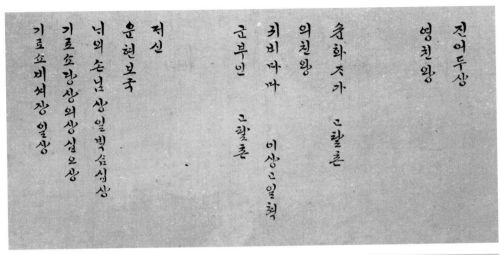

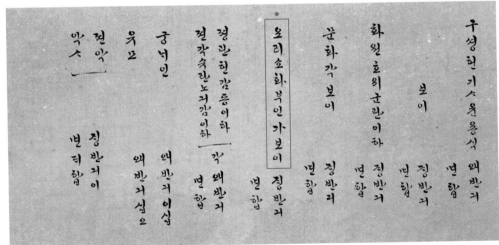

병오칠월이십오일억만셰탄일진어상수찬상음식불긔 1906년 7월 25일 고종의 55세 탄일에 차린 진어상·사찬상 음식발기. 이 발기에 '요리소 화부인가 보이'라는 흥미로운 이름이 등장하는데, 최근 연구에서는 손탁의 양자이자 호텔 보이였던 장경춘이라 추정한다. 한국학중앙연구원 장서각 소장.

에는 '요리소 화부인가 보이'라는 흥미로운 이름이 등장한다. 최근 연구에서는 '화부인가 보이'가 '화부인집 보이'로서 손탁의 양자이자 호텔 보이였던 장경춘이라 추정한다. 프랑스 태생의 손탁은 초대 한국 주재 러시아 대리공사 베베르의 추천으로 궁에 들어가 양식 조리와 외빈 접대를 담당하다가 고종과 명성황후의 신임을 얻어 정계 막후에서 활약했던 인물이다. 고종에게 정동에 있는 가옥을 하사받은 손탁은 그 가옥을 헐어 구한말 대표적 사교 공간이었던 손탁호텔을 지어 운영했는데 이 때문에 '정동 화부인'이라 불렸다는 것이다. 이 발기에서는 화부인가 보이가 쟁반기와 면합을 대접받았다. 이외에도 진어상과 받는 사람의 신분에 따른 다양한 사찬상 기록이 보인다.

대신, 운현보국, 내외손님, 기당상기로소 당상관에게 130상과 대겸상 30상을 냈는데 각색편, 연계증, 누름적, 생선전유어, 양전유어, 간전유어, 편육, 제숙편, 각색실과, 각색정과, 산사수정과, 잡탕, 냉면, 수단, 청조청, 초장, 개자로 차려졌다. 반면, 궁내인과 직급이 낮은 관료들에게는 대쟁반기, 목판기, 왜반기, 면합 등을 냈다.

주영하, 〈음식발기에 기재된 요리소 화부인의 정체〉, 한국학중앙연구원 조선왕조궁중 음식고문헌연구단, 《조선왕조궁중 음식고문헌 심포지엄 자료집》, 2012.

출산과 탄생 축하의 사찬상발기

왕실에서 세자의 탄생은 매우 중요한 국가 경사였다. 국왕은 왕위를 계승할 원자로 탄생하는 순간부터 그 존재가 신성시되었다. 궁중의 산속은 민간보다 훨씬 규모가 크고 복잡한 의식이 수반되었다. 조선 말기에도 고종의 비인 명성황후의 원자 출산이 있었고 이에 관련된 음식발기가 6건(한국학중앙연구원 장서각 소장) 남아 있다. 1874년(고종 11) 1월 3일에 왕비 민씨^{명성황후}의 출산을 위한 산실청이 설치되었고, 같은 해 2월 8일에 원자^{순종}가 태어났다. 〈표 32〉는 명성황후의 원자 출산 관련 음식발기 6건을 정리한 것이다.

먼저 산실청을 설치하고 야참을 내렸는데, 이 야참발기인 〈갑술정월초칠일산실청야참하신발기〉를 보면, 약방 도제조와 제조, 부제조에게는 각 외상을 사찬했고 검열과 주서에게는 겸상을 사찬했다. 상에 올린 음식은 '낙죽, 탕, 생치적, 생실과, 정과, 염, 청'으로 7기 7종이었다. 이 중 '탕'은 신선로였다. 대령 의관 5원에게는 겸상을 사찬했는데 상에 올린 음식은 '면합, 생치적, 생실과, 수정과' 등 4기 4종

〈표 32〉 명성황후 원자 출산 관련 음식발기

연도	발기명	내용
1874년 (甲戌) 1.7	갑슐졍월초칠일산실텽야춤ᄒᆞ오신불긔 갑술 정월 초칠일 산실청 야참하신 발기	출산이 다가오자 설치한 산실청에 야참을 내린 내용을 적은 발기.
1874년 (甲戌) 2.1	갑슐이월초일일약방궤쥬상불긔 갑술 이월 초일일 약방 궤주상 발기	1874년 2월 1일에 원자 출산과 관련하여 왕실에 올린 진어상과 약방에 내린 궤주상을 기록한 발기.
1874년 (甲戌) 2.14	갑슐이월십ᄉᆞ일초칠일깅반ᄒᆞ온불긔 갑술 이월 십사일 초칠일 갱반하온 발기	2월 14일 원자의 초칠일이 되는 날 내린 갱반을 기록한 발기.
1874년 (甲戌) 2.21	갑슐이월이십일일이칠일약방승후관깅반불긔 갑술 이월 이십일일 이칠일 약방 승후관 갱반 발기	2월 21일 원자의 이칠일이 되는 날, 약방과 승후관에 내린 갱반을 기록한 발기.
1874년 (甲戌) 2.28	갑슐이월삼칠일깅반소용불긔 갑술 2월 삼칠일 갱반 소용 발기	원자의 삼칠일이 되는 날 내린 갱반에 쓰인 음식 재료를 기록한 발기.
1874년 (甲戌) 2.28	갑슐이월이십팔일삼칠약방ᄉᆞ찬ᄒᆞ오신불긔 갑술 이월 이십팔일 삼칠 약방 사찬하오신 발기	2월 28일 원자(순종)의 삼칠일이 되는 날 왕실에 올린 진어상과 약방에 내린 사찬을 기록한 발기.

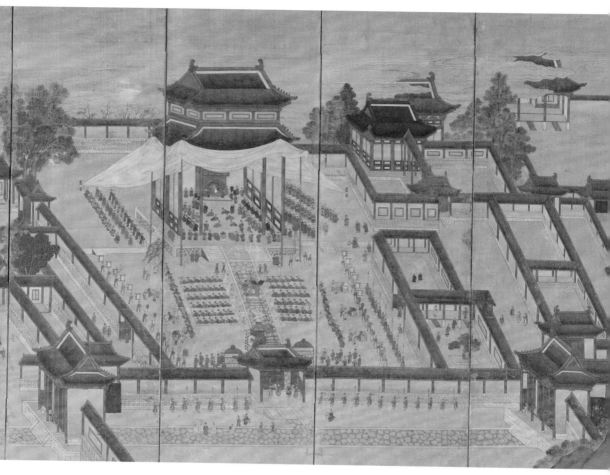

왕세자탄강진하도십첩병 王世子誕降陳賀圖十疊屛   1874년 왕세자(순종)가 태어난 것을 축하하기 위해 그해 2월 14일에 창덕궁 인정전에
서 거행한 진하례 의식 광경을 그린 궁중기록화. 당시의 복식, 무용, 공예기술, 건축, 의례와 풍속 등 다양한 자료를 얻을 수 있다. 국립
고궁박물관 소장.

이다. 하급관리에 속하는 대령서원 4인, 대령의녀 2인, 본원 별입직 의관 5원, 차지 이하, 사알·사악, 별감 4인·중금 2인, 반감 2인·각색장 3명 등에게 사찬한 상차림은 '면합, 생치적, 수정과'로 동일했다.

다음으로 〈갑술이월초일일약방궤주상발기〉가 나오는데 이는 1874년(갑술甲戌, 고종 11) 2월 1일에 열린 명성황후 민씨(1851~1895)가 순종이 되는 원자를 출산하는 일과 관련된 것이다. 왕실에 올린 진어상과 약방에 내린 궤주상을 기록한 발기로 지위별로 다르게 내린 사찬음식이 나온다.

그리고 원자 탄생 후 초칠일, 이칠일, 삼칠일에 진어상과 사찬상을 기록한 발기가 있다. 2월 14일 원자의 초칠일이 되는 날 내린 갱반을 기록한 발기에 따르면 백반합과 곽탕, 즉 흰쌀밥과 미역국을 진어상과 사찬상으로 내렸다. 〈갑술이월이십일일이칠일약방승후관갱반발기〉는 원자의 이칠일이 되는 날인 1874년(고종 11) 2월 21일의 진어상과 사찬상을 기록한 발기다. 약방과 승후관에 내린 갱반이 기록되어 있다. 약방 승후관에는 갱반, 약방 삼제조에게는 외상, 별입직의관·대령의관·별장무관·소아의관·대령서원·의녀·공사청·장방·사약·별감 등은 1차(혼츠), 손님은 15차(십오츠)의 음식상이 내려졌다. 즉 손님상의 경우 상이 15번 차려졌다. 차린 음식은 '백반, 곽탕, 육장, 민어·황포, 김치, 진장'이다. 곽탕은 미역국이고, 음식 중 육장과 민어·황포는 양박 삼제조가 받은 외상에만 올렸다. 그러니까 출산과 관련해 노고가 큰 사람들에게 미역국과 흰쌀밥이 사찬상으로 내려진 것이다.

삼칠일 관련 발기는 두 종류가 있는데 하나는 음식 재료를 적어

갑술이월이십일일이칠일약방승후관갱반발기 왕세자의 이칠일이 되는 날인 1874년 2월 21일 내린 진 어상과 사찬상을 기록한 발기. 출산과 관련해 노고가 컸던 약방과 승후관에 내린 갱반이 기록되어 있다. 한국학중앙연구원 장서각 소장.

놓은 〈갑술이월삼칠일갱반소용발기〉이고 다른 하나는 올린 음식을 적은 〈갑술이월이십팔일삼칠약방사찬하오신발기〉다. 진어상과 약방에 사찬한 음식상으로 구분된다. 사찬상으로는 약방삼제조와 손님상 20상을 외상으로, 대령의관과 별장무관, 별입직의관에게는 겸상으로 차려냈다. 상에 올린 음식은 녹두찰시루편·백두메시루편·대조조악·돈전병·색산병, 전복초·누름적, 생선전유어·양전유어·편육·수단·청포, 생리·준시·생률·오미자병, 각색정과, 산사수정과, 초계탕, 면, 초장, 개자, 청 등 13기 23종이다.

백일 축하의 사찬상발기

한국고전종합DB, 《승정원일기》 고종편, 조종 11년 갑술(1874) 5월 19일자.

〈갑슐오월십구일빅일입시ᄒ오시고ᄉ찬ᄒ오신ᄇ긔〉는 1874년 5월 19일 당시 원자였던 순종의 백일을 기념해 사찬한 음식을 기록한 발기다. 《승정원일기》에 따르면, 그날 고종은 원자의 백일을 축하하기 위해 예방한 시임·원임 대신과 종정경, 의빈, 각신, 유신을 접견하고 이들로부터 축하를 받았다. 신하들은 국왕의 허락 아래 관물헌觀物軒에 들어와서 원자를 보았고, 고종은 '오늘 처음 모시옷을 입혔다'며 흐뭇해했다. 여러 신하들이 차례로 원자궁을 보고 나오자 고종이 사찬했다. 이후 19일과 20일에 걸쳐 춘당대春塘臺에서 관학유생館學儒生의 응제應製를 행했고, 경범 죄수들을 석방시켰으며, 원자의 탄생을 《국조어첩國朝御牒》과 《선원보략璿源譜略》에 기록했다. 그만큼 원자의 백일은 매우 큰 경사였다.

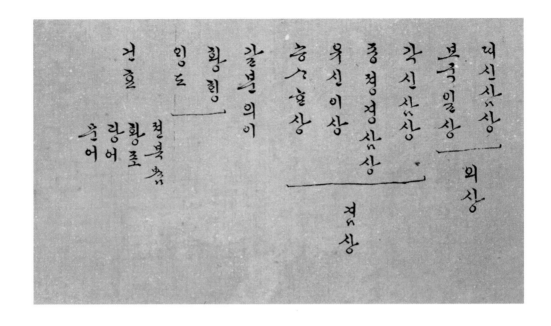

건효   갈분의이   능슈호상   각신삿상   더신삿상
         황형   인도   옥신이상   본역일상
쳥북쵹   즁졍졍삿상   의상
황조   젼
문어   상

갑슐오월십구일뵉일입시ᄒ오시고ᄉ찬ᄒ오신볼긔 1874년 5월 19일 당시 원자였던 순종의 백일을 기
념해 사찬한 음식을 기록한 발기. 갈분의이(칡 전분 등으로 쑨 죽), 황행(복숭아), 앵두, 건효(전복쌈·황포·광
어·문어 등의 마른안주) 등의 음식이 올랐다. 한국학중앙연구원 장서각 소장.

백일 사찬상에는 어떤 음식들이 올랐을까? 대신 3상, 보국 1상을 외상으로 차렸고, 각신 3상, 중정경 3상, 유신 2상, 승사 1상을 겸상으로 차렸다. 상에 올린 음식은 '갈분의이, 황행·앵두, 건효'다. 갈분의이는 갈분은 칡가루를 말하는데 칡 전분, 수수, 율무 등으로 묽게 쑨 죽이고 황행은 복숭아다. '죽과 과일, 건효^{마른안주} 등도 올렸다. 건효로는 전복쌈·황포·광어·문어가 올랐다.

가례 시의 사찬상발기

가례 사찬은 순종의 가례 관련 발기 중에서 찾을 수 있는데 〈표 33〉과 같다.

1882년 1월 당시 왕세자였던 순종의 관례가 거행됐을 때 신하들에게 하사한 사찬상발기다. 사師, 부傅, 대신大臣, 보국輔國, 봉조하奉朝賀에게는 독상을 냈는데, 각색병, 전복초·화양적, 생선전유어·양전유어·편육, 수란, 청포, 각색실과, 각색정과, 각색수정과, 초장, 개자, 청으로 14종 11기의 음식이 차려졌다.

2품 이상에게는 10상床, 2품 이하에게는 8상, 육조 장관에게는 1상, 양사兩司 장관에게는 1상, 각신閣臣에게는 3상, 옥당玉堂에게는 1

〈표 33〉 사찬상발기

번호	발기명	날짜	내용
5-1	임오정월이십일일천만세동궁마마관녜시ᄉ찬상ᄇᆯ긔	1882.1.20	관례 때 신하들에게 내린 사찬상
5-2	壬午正月二十一日東宮媽媽冠禮時賜饌末件記 (임오정월이십일일동궁마마관례시사찬상발기)	1882.1.20	5-1의 한자본

상, 승지에게는 1상, 사관史官에게는 1상, 종정경宗正卿에게는 2상, 무장에게는 1상, 아장亞將에게는 1상, 춘방春坊에게는 2상, 계방桂坊에게는 2상, 춘방좌우빈객·부빈객 각 2원員관리의 숫자에게는 겸상을 냈다. 상에는 각색병, 전복초·화양적, 생선전유어·편육, 청포, 각색실과, 생리수정과, 초장, 개자, 청 등의 11종 9기의 음식이 올랐다.

〈표 34〉 사찬상발기 음식 목록

동궁마마(어상발기) 손님상 60상	공사청에 내린 음식	궁내인
각색생실과 각색정과 생니슉 각색편 전복초·누름적 생선전유어·양전유어·편육·족편 수단 잡탕 면 초장 개자 청	각색편 전복초·누름적 전유어·편육 청포 잡탕 면합 초장 개자 청	각색편 전복초·누름적 전유어·편육 청포 각색실과 잡탕 면합 초장 개자 청
12기 15종	9기 11종	10기 12종

장례 사찬상차림 음식

앞서 살펴본 바와 같이 조선 왕실의 경사 시에는
주로 신하와 왕족을 접대하기 위한 사찬상이 내려졌다. 그런데 이러한 국가 경사 외에
신하들에게 노고를 치하하는 사찬상이 내려지기도 했다.
여기서는 장례 시에 내려진 사찬상발기를 살펴본다.
〈경인팔월초이일산릉도감사찬찬합발기〉는 1890년(고종 27) 8월 2일
신정왕후 조씨익종비, 현종 모후의 상과 관련하여 산릉도감에 내린
사찬상 찬합 음식을 기록한 것이다. 산릉도감은 조선 시대 왕과 왕비의 능침 조성을 관장했던
임시관서다. 이는 왕이나 왕비의 사망 직후 조직되어 산릉 일대의 토목공사와 능침 및
그 부대시설 건설이 마무리될 때까지 약 5~6개월간 존속했다.
고종은 4월부터 능역 조성에 수고한 산릉도감에 치하와 위로 차
장례가 임박한 7월 말 사찬을 내렸다. 사찬이 내려진 장소가 능침을 조성하는 산릉이어서
'상'이 아닌 찬합 형태로 내려졌다. 오늘날 야외에서 먹기 위해 준비하는
도시락과 유사하여 매우 흥미롭다. 그래서 특별히 찬합으로 내린
사찬상차림을 만들어보았다. 사찬상발기 중 찬합 사찬발기를 소개함으로써
요즘 우리의 도시락 문화와 비교해보고자 했다.

경인팔월초이일산릉도감사찬찬합

층수	원문	현대역
두층	소약과	소약과
	소만두과	소만두과
	홍미화연사과	홍매화연사과
	빅미화연사과	백매화연사과
	말빅ᄌ강정	말백자강정
	전복찜	전복찜
	광어	광어포
	황포	황태포
	문어국화	문어국화오림
한층	민어	민어포
	셕어	셕어포
	약포	약포
	연포	연포
한층	장포	장포
	장봇그니	장볶음
	북어ᄆ티니	북어무침
	콩좌반	콩자반
	히의좌반	해의좌반
	감곽자반	감곽자반

말백자강정

소만두과

백매화연사과

홍매화연사과

소약과

소약과

사찬 음식에도 약과는 거의 포함되었다.
소약과는 찬합에 넣기 좋게 작은 크기로 만든 약과다.

재료
밀가루 400g, 소금 1작은술, 참기름 5큰술, 꿀 6큰술,
청주 5큰술, 튀김기름 적당량
* 즙청꿀: 꿀 200g

조리법
① 밀가루에 소금과 참기름을 넣고 고루 섞은 뒤 체에 내린다.
② 꿀과 청주는 잘 섞는다.
③ 체 친 밀가루에 ②를 부어 살살 버무려가며 반죽한다.
④ 반죽 ③을 반으로 잘라 겹친다.
　　밀대로 밀어 0.8센티미터 두께로 편 다음 직경 3센티미터의 사각형으로 자른다.
　　윗면에 십자 칼집을 넣거나 포크 자국을 내어 튀길 때 속까지 고루 익게 한다.
⑤ 100℃의 기름에 준비한 약과를 넣어 떠오르면 온도를 서서히 높여
　　130℃에서 뒤집어 가며 갈색이 돌 때까지 튀긴다.
⑥ 잘 튀겨진 약과는 기름을 빼고 꿀에 즙청한다.

연사과는 강정의 일종이다.

강정은 콩물과 술을 찹쌀가루에 넣고 반죽해

밀대로 밀어 모양을 낸 다음 기름에 튀겨 고물을 입힌 것이다.

모양에 따라 '산자'나 '연사과'라 부른다.

홍매화연사과는 고물을 홍매화 모양으로,

백매화연사과는 흰 매화 모양으로 입힌 것이다.

이런 매화꽃 모양의 고물은 민가에서 만들기 어려운 것이다.

의궤에는 '홍백연사과紅白軟絲果', '각색세건반연사과各色細乾飯軟絲果',

'사색四色氷絲果', '사색감사과四色甘絲果' 등으로 기록되어 있다.

모두 이름은 다르지만 연사과, 빙사과^{빈사과}, 감사과는

강정의 일종이고 고물과 모양에 따라

그 명칭이 달라진다.

재료

찹쌀 800g, 콩물 ½컵, 술 ⅔컵, 찰나락(현미찹쌀), 튀김기름 적량,

붉은 지초기름(튀김기름 5컵, 지초 40g)

* 즙청꿀: 조청 2컵, 꿀 1컵, 생강즙 1큰술

조리법

① 찹쌀은 물에 여름에는 1주일, 겨울에는 2주일 정도 불린다. 불리는 동안
　　물을 갈지 말고 골마지가 끼도록 그대로 둔다.

② 냄비에 분량의 조청과 생강즙을 섞어 약한 불에서 졸이다가
　　농도가 되직해지면 꿀을 넣고 좀 더 끓여 즙청꿀을 만든다.

③ ①의 찹쌀은 여러 번 깨끗이 씻어 소금 간을 한 후 곱게 빻는다.

④ 충분히 불린 흰콩의 껍질을 벗겨 믹서에 곱게 갈아 콩물을 만든다.

⑤ ③의 찹쌀가루에 콩물과 술을 넣고 반죽한다.

⑥ 찜통에 젖은 면보자기를 깔고 ⑤를 안쳐 찌는데
　　중간에 주걱으로 뒤집어주며 골고루 익힌다.

⑦ ⑥의 찐 떡을 볼에 쏟아 하얀 꽈리가 일게 한참을 치댄다.
　　이때 찹쌀 반죽은 하얀 실처럼 늘어나면 가장 좋은 상태다.

⑧ 넓은 도마에 녹말가루를 뿌리고 치댄 ⑦의 떡을 놓은 후,
　　다시 위에 녹말가루를 뿌리고 0.5센티미터 두께로 얇게 민 다음
　　사방 5센티미터 크기로 썬다.

⑨ 공기가 잘 통하지 않고 더운 곳에 한지를 깔고 들러붙지 않게 쭉 늘어놓고 말린다.

⑩ 말린 ⑨의 바탕에 묻은 녹말가루를 털어 낸 뒤
　　100℃ 정도의 기름에 한 개씩 넣어 서서히 불린다.

⑪ 낮은 온도에서 불린 산자 바탕이 떠오르면
　　150~160℃의 기름에 재빨리 넣어 튀겨낸다.

⑫ 찰나락의 반은 마른 팬에 볶아 튀기 시작하면 까불러
　　껍질을 없애서 백매화 고물을 만든다.

⑬ 나머지 찰나락은 볶을 때 식용유에 지초를 넣고 만든
　　붉은 지초 기름으로 튀겨 홍매화 고물을 만든다.

⑭ 튀긴 ⑪의 유과는 즙청하고 홍·백 매화 고물을 묻힌다.

유밀과의 일종으로 모양으로 빚었다고 해서
만두과라 불렸는데 왕실 연회 상차림에 빠지지 않았다.
소약과와 마찬가지로 찬합에 넣기 좋게 작게 만들어
이름에 '소'가 붙은 것이다.

재료
밀가루 400g, 소금 1작은술, 후춧가루 약간, 참기름 6큰술,
꿀 7큰술, 생강즙 4큰술, 청주 6큰술, 식용유 적당량
＊소: 대추 10개, 꿀 1작은술, 계핏가루 ¼작은술
＊즙청꿀: 꿀, 계핏가루 약간

조리법
① 밀가루에 소금, 후춧가루, 참기름을 넣고 잘 섞은 후
　　손으로 비빈 다음 고운체에 내린다.
② 체에 내린 밀가루에 꿀, 생강즙, 청주를 고루 섞어서 넣고
　　한덩어리가 되게 눌러서 반죽한다.
③ 대추는 돌려 깎아서 씨를 발라내고 곱게 다져
　　분량의 꿀, 계핏가루를 넣고 소를 만들어 콩알만 한 크기로 빚는다.
④ ②의 반죽은 조금씩 떼어 송편을 빚듯이
　　동그랗게 우물을 파고 소를 넣어 오므린 다음
　　끝부분을 안으로 접으면서 꼭꼭 눌러 준다.
⑤ 140℃의 기름에 ④의 만두과를 넣어 갈색이 나게 서서히 튀긴다.
⑥ 잘 익은 만두과는 기름을 빼고 꿀과 계핏가루를 섞은
　　즙청꿀에 담갔다 건져 완성한다.

백자는 잣을 말한다. 잣은 왕실 음식에 빠지지 않는 재료인데
실백, 송자, 백자 등으로 불린다. 말백자강정은 찹쌀로 만든 강정에 고명으로
잣을 붙인 것이다. '말백자'의 '말末'은 가루를 뜻하므로 잣가루를 붙인
강정일 수도 있다. 이외에도 의궤에는 잣가루에 계핏가루를 섞어서 만드는
계백강정도 기록되어 있다. 그만큼 강정의 종류 역시
다른 한과류와 마찬가지로 다양하다.

재료
찹쌀 800g, 콩물 ½컵, 술 ⅔컵, 잣 적당량
* 즙청꿀: 조청 2컵, 꿀 1컵, 생강즙 1큰술

조리법
① 찹쌀은 물에 여름에는 1주일 겨울에는 2주일 정도 불린다.
　　불리는 동안 물을 갈지 말고 골마지가 끼도록 그대로 둔다.
② 냄비에 분량의 조청과 생강즙을 섞어 약한 불에서 졸이다가
　　농도가 되직해지면 꿀을 넣고 좀 더 끓여 즙청꿀을 만든다.
③ ①의 찹쌀은 여러 번 깨끗이 씻어 소금 간을 한 후 곱게 빻는다.
④ 충분히 불린 흰콩의 껍질을 벗겨 믹서에 곱게 갈아 콩물을 만든다.
⑤ ③의 찹쌀가루에 콩물과 술을 넣고 반죽한다.
⑥ 찜통에 젖은 면보자기를 깔고 ⑤를 안쳐 찌는데
　　중간에 주걱으로 뒤집어주며 골고루 익힌다.
⑦ ⑥의 찐 떡을 볼에 쏟아 하얀 꽈리가 일게 한참을 치댄다.
　　이때 찹쌀 반죽은 하얀 실처럼 늘어나면 가장 좋은 상태다.
⑧ 넓은 도마에 녹말가루를 뿌리고 치댄 ⑦의 떡을 놓은 후,
　　다시 위에 녹말가루를 뿌리고 0.5센티미터 두께로 얇게 민 다음
　　길이 3센티미터 크기로 썬다.
⑨ 공기가 잘 통하지 않고 더운 곳에 한지를 깔고
　　들러붙지 않게 쭉 늘어놓고 말린다.
⑩ 말린 ⑨의 바탕에 묻은 녹말가루를 털어 낸 뒤
　　100℃ 정도의 기름에 한 개씩 넣어 서서히 불린다.
⑪ 낮은 온도에서 불린 산자 바탕이 떠오르면
　　150~160℃의 기름에 재빨리 넣어 튀겨낸다.
⑫ 잣은 반을 갈라 비늘 잣을 만든다.
⑬ 튀긴 ⑪의 유과는 즙청하고 비늘잣을 붙여준다.

전복
찜

전복 속에 소고기와 닭고기 등을 함께 넣어 저며서 채워 넣고
간장 등으로 양념하여 끓여 부드럽게 찜으로 만들어낸 음식이다.
주로 왕실에서 많이 만들어 먹었다.
궁중 잔치에 빠지지 않는 중요한 음식이었는데
앞서 살펴본 것처럼 사찬음식으로
찬합에 담아 제공하기도 했다.

재료

전복 5개, 소고기 100g, 닭고기 100g, 은행 10알, 석이버섯 2장,
잣가루 약간, 간장 3큰술, 꿀 1큰술, 물 1½컵, 참기름 1작은술
* 소고기 양념: 간장 1작은술, 설탕 약간, 다진 파 1작은술,
　다진 마늘 ½작은술, 참기름 1작은술, 후춧가루 약간

조리법

① 전복은 손질하여 칼집을 넣고 끓는 물에 살짝 데친다.
② 소고기는 납작하게 썰어 분량의 양념에 재운다.
③ 닭고기도 먹기 좋게 한입 크기로 썬다.
④ 은행은 마른 팬에 볶아 속껍질을 벗긴다.
⑤ 석이버섯은 뜨거운 물에 불려 손질한 후 곱게 채 썬다.
⑥ 팬에 소고기와 닭고기를 볶다가 물과 간장을 넣고 한소끔 끓으면
　전복을 넣어 부드럽게 찜을 한다.
⑦ 간이 잘 배도록 중간에 국물을 끼얹어가며 익히다가
　전복과 고기가 부드러워지면 은행, 꿀, 참기름을 넣고 마무리한다.
⑧ 전복은 납작하게 썰어 나머지 찜과 함께 찬합에 담는다.

광
어
포

생선을 얇게 떠서 양념장에 재워 볕에 말린 생선포는
장기간 보관이 가능해 만들어두고 먹었다.
어포에는 민어포알치포, 대구포, 전복쌈, 명태포 등이 있다.

재료
광어 1마리(2kg), 참기름·잣가루 약간씩
* 양념장: 국간장 1큰술, 소금 ½작은술,
  술 4큰술, 설탕·생강즙 1작은술씩

조리법
① 광어는 내장을 제거하고 손질한 후 3장 뜨기를 한 다음
   껍질을 벗겨 길고 얇게 포를 뜬다.
② 분량의 양념장에 ①의 포를 넣고 간이 잘 배도록 주무른다.
③ ②는 채반에 펴서 볕이 좋고 바람이 잘 드는 곳에서 말린다
   (식품건조기에 말려도 좋다).
④ 잘 마른 광어포는 참기름을 발라 살짝 구운 후,
   먹기 좋은 크기로 잘라 찬합에 담고
   고명으로 잣가루를 뿌린다.

황
태
포

어포는 잔칫상이나 제상에서 중요한 제물이다.
다양한 어포 중에서도 명태를 말린 것을 황태포라고 부른다.
황태포는 북엇국을 끓이기도 하지만 술안주로도 좋다.

재료
말린 황태포 1마리, 잣가루 약간

조리법
말린 황태포는 머리를 떼어내고 지느러미,
꼬리를 자른 후 석쇠에 올려 앞뒤로 굽는다.
먹기 좋은 크기로 잘라 찬합에 담고
고명으로 잣가루를 뿌린다.

장포

연포

약포

석어포

민어포

문어국화오림

문어국화오림은 말린 문어를 국화 모양으로 오린 것이다.
건어물오림은 장식 역할뿐만 아니라 술안주로도 좋아
잔칫상이나 제상에 반드시 올렸다.
문어국화는 따뜻한 물에 적신 깨끗한 면보자기에
말린 문어를 싸서 부드럽게 만든 다음
칼로 어슷하게 썰어 동그랗게 말아 국화꽃 모양을 낸 것이다.
이외에도 장미꽃, 도라지꽃 등의 다양한 모양이 있다.

재료
말린 문어 다리

조리법
① 말린 문어의 다리를 젖은 면보자기에 싸
   비닐봉지에 넣고 8시간 정도 둔다.
② 부드러워진 문어 다리는 오림가위를 이용하여
   끊어지지 않도록 칼집을 넣어
   국화 모양으로 만든다.

민어포는 민어를 통째로 갈라 넓게 펴서 소금에 절인 다음
꾸덕꾸덕하게 말려 만든다. 암민어를 쓰기 때문에 암치라고도 한다.
민어포는 잔치 때에 고임 음식에도 쓰인다. 뜯어서 양념에 무쳐
마른 찬을 하거나 토막내서 찌개를 끓이기도 한다.

재료
민어 1마리(2kg), 참기름 약간
* 양념장: 소금 2작은술, 술 4큰술, 설탕·생강즙 1작은술씩

조리법
① 민어는 내장을 제거하고 손질한 후 머리를 떼어내고 반을 가른다.
② 손질한 민어는 분량의 양념장을 발라 간이 잘 배도록 한다.
③ ②는 채반에 펴서 볕이 좋고 바람이 잘 드는 곳에서 말린다.
④ 잘 말린 민어포는 참기름을 발라 살짝 구어,
　　먹기 좋은 크기로 잘라 찬합에 담는다.

석어石魚는 조기로 예나 지금이나 사랑받는 생선이다.
조기는 궁중에서 여러 방식으로 먹었는데
포도 그중 하나다.

재료
조기 5마리
* 양념장: 간장 2큰술, 소금 약간, 참기름 2큰술, 설탕 1작은술, 후춧가루 약간

조리법
① 조기는 아가미로 내장을 빼고 비늘을 긁어 깨끗이 씻은 후 간장과
　　소금, 후춧가루를 잘 섞어 조기에 간이 베이게 양념한다.
② 조기는 채반에 널어 볕이 좋고 바람이 잘 드는 곳에서 말린다.
③ 잘 말린 조기는 참기름을 발라 살짝 굽는다.

약
포
·
연
포
·
장
포

소고기를 간장 양념하여 잘 말린 육포는 조리법에 따라 종류가 다양하다.
약이 된다는 약포藥脯는 간장과 꿀을 발라 말린 것이고,
연한 포라는 연포軟脯는 곱게 다져 반대기를 지어 말렸다가
구운 것으로 편포와 비슷하다. 장포醬脯는 편포를
간장에 재웠다가 구운 것을 말한다.

재료
소고기(우둔이나 홍두깨) 600g
* 양념장: 간장 4큰술, 꿀 1큰술, 설탕 1큰술, 배즙 4큰술, 생강 1쪽, 건고추 1개

조리법
① 소고기는 우둔이나 홍두깨 부위로 준비하여
6~7밀리미터 두께로 썬 다음
마른 면보자기로 핏물을 닦아 낸다.
② 꿀을 뺀 분량의 양념장을 약한
불에서 5분 정도 끓인 다음 체에 받아 꿀을 더한다.
③ ②의 양념장이 식으면 준비한 소고기를 넣어 살살 주물러 간이 배게 하는데
남은 양념장이 없도록 고기에 모두 흡수시킨다.
④ 채반에 ③의 소고기를 반듯하게 펼쳐 널고
3시간 정도 지난 뒤 뒤집어 말린다.

감곽자반

해의좌반

콩자반

북어무침

장볶음

장볶음은 고추장볶음이다. 다진 소고기에 고추장과 꿀을 넣고
약한 불에 정성을 들여서 장시간 볶아낸 것이다.
명성황후가 즐겨 먹었는데 종일 걸려 만들었다고 한다.
특별한 정성에 꿀까지 들어가 약이 된다는 의미로
약고추장이라고도 한다.

재료

소고기 100g, 고추장 300g, 꿀 2큰술, 잣 1큰술, 물 ⅔컵

* 고기 양념: 간장 ⅔큰술, 설탕·다진 파 1작은술씩, 다진 마늘 ½작은술,
  깨소금·참기름 1작은술씩, 후춧가루 약간

조리법

① 소고기는 곱게 다져 분량의 고기 양념에 버무려 재운다.

② 팬에 식용유를 두르고 양념한 소고기를 볶는다.

③ 볶은 소고기에 고추장과 물을 넣고 끓이다가
　 어느 정도 졸면 꿀과 잣을 섞는다.

북어무침

황태 보푸라기에 갖은 양념을 하여
손바닥으로 곱게 비벼 낸 반찬이자 술안주다.
북어무침은 장산적, 장포육과 함께 곁들이기도 한다.
궁중의 북어무침은 북어보푸라기라고도 한다.
반가 음식으로도 잘 알려진 북어무침은
결이 고운 보푸라기를 잘 만들어야 하는데
여간 손이 많이 가는 게 아니다.

재료
황태포 1마리
* 양념장: 소금 ¼작은술, 설탕·깨소금·참기름 1작은술씩

조리법
① 잘 마른 황태포를 준비하여 숟가락으로 긁어
　보푸라기를 만들거나 껍질을 벗기고
　잘게 잘라 분쇄기에 간다.
② 곱게 보풀린 황태포에 양념장을 넣고
　고루 버무려 간이 배게 한다.

콩자반

자반은 반찬과 같은 말이다.
콩자반은 콩으로 만든 반찬으로
콩을 물에 잘 불려서 간장에 조린 찬이다.
지금도 밑반찬으로 많이 먹는 검은콩조림은 단백질이 풍부해
왕실에서도 많이 먹었다. 사찬상이라서 민간에서 즐겨 먹던
콩자반을 만들었던 것으로도 보인다.

재료
서리태콩 2컵, 물 6컵, 간장 ½컵, 설탕 4큰술, 조청 3큰술

조리법
① 서리태콩은 깨끗이 씻어 5시간 정도 불린다.
② 냄비에 불린 콩과 물을 함께 넣고 삶다가
　　물이 반으로 줄면 간장과 설탕을 넣고
　　약한 불에서 조린다.
③ 거의 다 조려지면 조청을 넣어 고루 섞는다.

해의海衣는 김이다. 원래 좌반좌반이란 생선을
소금에 절이거나 채소 또는 해산물을 간장에 조려 만든 반찬을 말한다.
해의좌반은 김이나 김튀각을 간장에 조린 것이다.
김이 《삼국유사》에 처음 나오는 것으로 보아
신라 시대 때부터 먹은 것으로 추측된다.
조선 시대에는 《경상지리지》, 《동국여지승람》 등에서 김을 토산품으로
소개하고 있다. 조선 시대에는 서울로 올리는 진상품의 하나였다.
김 양식은 인조 18년에 전라남도 광양 태인도에서
처음 성공했다고 한다. 대나무나 참나무 가지를 간석제에 세워
김을 이 가지에 달라붙어 자라게 하는 양식이었다고 한다.

재료
김 50장, 진간장 2컵, 국간장 ¼컵, 다시마국물 3컵,
설탕 ½컵, 조청 ½컵, 통깨 약간
* 다시마국물: 물 6컵, 국물용 멸치 30g, 다시마 1장,
　무 30g, 통후추 약간, 양파 70g, 대파 30g

조리법
① 냄비에 다시마국물 재료를 넣고 약한 불에 끓인다.
② ①에 간장, 설탕, 조청을 넣고 중불에서 뭉근히 끓여 한 김 식힌다.
③ 김은 석쇠에 올려 살짝 굽는다.
④ 접시에 김을 한 장씩 놓고 ②의 간장 양념과 통깨를 뿌려준다.
⑤ 찬합에는 김을 8등분해서 넣는다.

감곽
자
반

감곽甘藿은 미역이다.
조선 시대 중요 진상품이기도 했던 미역은
영양이 풍부한 해조류다.
미역은 국으로 많이 먹었지만
반찬으로 감곽자반을 만들어 먹기도 했다.
미역튀각도 감곽자반의 일종이다.
이외에 간장에 조려 만들기도 했다.

재료
자반 미역(줄기 없이 잎만을 말린 미역) 20g,
식용유 2큰술, 설탕 1큰술, 깨소금 1큰술

조리법
① 자반 미역은 가위로 폭 1센티미터 되게 짧게 끊는다.
② 팬에 기름을 두르고 충분히 달구어서 미역을 넣어 빠르게 고루 볶아낸다.
③ 미역이 파릇한 색으로 볶아지면 불에서 내리고 깨소금과 설탕을 뿌린다.

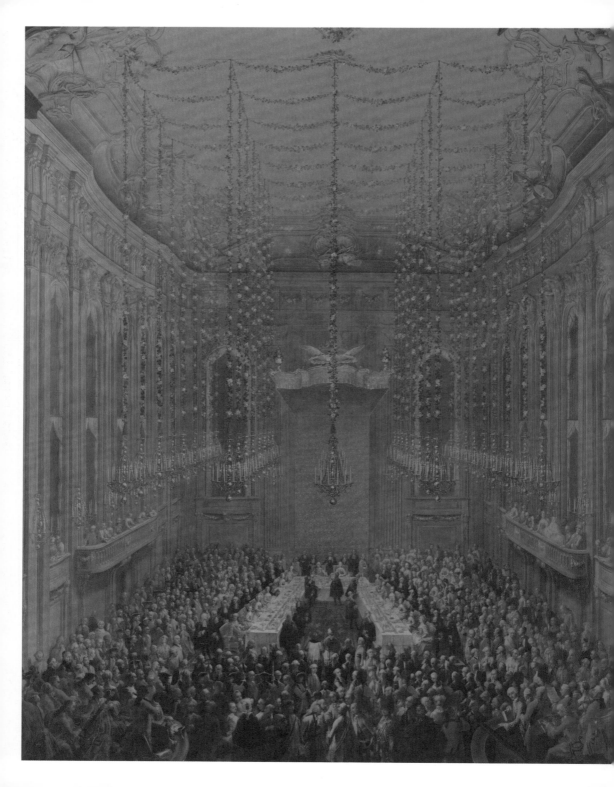

01

왕실 음식 문화,
각 나라 음식 문화 이해의 지름길

왕실 요리가 가지는 함의

현대 사회에서는 서민들도 재력만 있다면 고급스러우면서 세련된 음식 문화를 누릴 수 있다. 전통적 계급사회와 달리 외식 산업이 발달하고 고급 식당도 많아졌기 때문이다. 신분 제도에 기초한 계급사회에서는 부와 권력을 가진 지배계급만이 최고의 음식 문화를 향유했다. 왕족과 귀족이 음식을 먹는 장소인 왕실과 귀족의 저택에 그 나라 최고의 음식 문화가 집중되었다. 근대 도시국가로 이행하기 이전의 가장 화려했던 음식 문화는 왕실을 중심으로 발달한 왕후 귀족의 음식 문화였다.

왕실 음식은 왕족의 일상 식사뿐만 아니라 신하인 귀족이나 외국에서 온 사신을 대접하기 위한 연회 요리도 발달했다. 왕실에서의 식사는 왕의 권력을 과시하기 위한 수단이기도 했다. 전국에서 때로는 외국으로부터 귀하고 값비싼 재료를 모아 호화스러운 요리를 만들었다. 이를 최상급의 식기에 담고 다 먹을 수 없을 정도로 많이 늘어놓은 '보이기 위한 요리'가 발달한 곳이 바로 왕실이다. 예를 들어 중국 청대의 서태후는 한 끼 식사에 농민 1명의 1년치 식대와 맞먹는 128가지의 음식을 즐겼다고 한다. 우리나라도 마찬가지였다. 《삼국유사》에는 통일신라 시대 태종무열왕 김춘추의 하루 식사량이 쌀 3말, 꿩 9마리, 술 6말이라고 나온다. 한 사람이 도저히 먹을 수 없는 양이라는 점에서 '보이기 위한 요리' 측면이 강하지 않았을까 추측된다. 그만큼 음식은 왕의 최고 권력을 상징하는 매개체 역할을 했다.

다른 나라의 왕실 음식 문화 연구가 필요한 이유

왕실은 왕을 정점으로 하는 신분 질서가 지배하는 곳이라 식사예절이 매우 중시된다. 궁궐에서 형성된 이 같은 음식 문화는 서민들의 식생활과는 동떨어진 것이었다. 그러나 이후 본받아야 할 식생활 규범이 되고 귀족층을 거쳐 서민들에게까지 영향을 미치게 된다. 특히 각 나라 서민들의 잔치나 회식 식단^{메뉴}의 형식과 식사예법에 영향을 주었다. 이런 이유로 왕실 음식을 살피는 것은 각 나라의 음식 문화를 이해하는 첩경이 되기도 한다.

앞서 조선 왕실의 음식 문화를 발기를 통해 살펴보았다. 여기에서는 다른 나라의 왕실 음식 문화도 살펴보고자 한다. 이는 조선 왕실 음식을 좀 더 제대로 이해하기 위해서도 필요하다. 그동안 우리는 조선 왕실 음식만 연구했지 다른 나라의 왕실 음식 문화 연구는 거의 진행하지 않았다. 앞으로의 연구를 위해서도 왕실 음식 비교가 꼭 필요하다. 이 때문에 부족하더라도 간략하게나마 다루고자 한다. 조선 왕실 음식 문화와의 비교 차원에서 왕실 음식이 발달한 곳으로 많이 이야기되는 나라들을 선별하여 왕실 음식 문화를 간략히 살펴보았다.

<세계 왕실문화비교를 통한 한국 궁중음식의 미래상>, 한국식생활문화학회 추계 학술대회, 2013년 10월.

02

유럽 왕실의
음식 문화

유럽 왕실 음식 문화의 형성과 발전

왕실 음식 문화의 원래 모습은 국가 형태와 관계가 있다. 서아시아
와 중국에서는 고대부터 황제가 자민족뿐만 아니라 여러 다른 민족
을 지배하는 제국주의 국가 형태가 일반적이었다. 유럽에서도 고대
로마 제국과 비잔틴 제국이 있었지만, 중세 이후 여러 봉건 영주의
귀족 왕이 통합하여 성립된 봉건국가체제를 이루었다. 왕을 정점으
로 한 피라미드 계급 구조가 만들어졌고 음식 문화도 계급성을 띠었
다. 음식은 사회적인 계급을 나타내는 중요한 수단이었고 계급에 따
라 식사를 구분하는 풍조가 가속화되었다.

　이는 왕이 귀족인 영주들을 신하로 인정하는 계약 관계에 기초한
국가들이다. 유럽 봉건국가는 민족을 기본 단위로 형성된 것이다.

같은 언어로 말하고 같은 민족 요리를 먹는 집단이 대다수를 차지하는 국가였다. 황제가 중앙집권 관료제를 통해 광대한 영토를 지배한 제국형 중국 왕실과 달리, 유럽의 왕실에서는 왕과 귀족의 거리가 가까웠으며 왕실이 귀족의 살롱 장소가 되기도 했다. 또한 같은 기독교권으로 국가 간 교류도 활발해서 왕후나 귀족이 국경을 초월한 결혼 동맹을 맺기도 했다. 이는 유럽 왕실에서 국가 간 음식 문화 교류가 이루어지는 토대가 되었다.

일반적으로 귀족의 상징은 육식이었다. 정치 권력의 표현 수단으로서 향연이 열렸으며 이를 통해 권력을 과시하고 봉건적 결속력을 유지했다. 장식적인 요리도 매우 발달했다. 당대의 화려한 왕실 연회식은 1368년 이탈리아 갈레아초 비스콘티 2세의 결혼식 연회와 1492년 영국 헨리 6세의 대관식 연회에서 확인할 수 있다. 갈레아초 비스콘티 2세의 결혼식 연회 메뉴에는 불을 토해내는 황금색의 젖먹이 돼지와 황금을 입힌 산토끼, 황금을 입힌 송아지와 잉어 등이 있었다. 헨리 6세의 대관식 연회 메뉴에는 황금색 마름모로 장식한 고기와 황금 표범이 버티고 앉아 있는 커스터드, 황금성에 둘러싸인 멧돼지 머리가 등장할 정도였다.

이영미, 〈유럽의 왕실음식 문화〉, 《세계 왕실문화비교를 통한 한국 궁중음식의 미래상》(2013년 한국식생활문화학회 추계학술대회 자료집).

프랑스 왕실 음식

프랑스 요리는 16세기 중반 이후 본격적으로 발달하기 시작했다. 1553년에 이탈리아 피렌체의 공작 딸인 카트린 드 메디시스Catherine

중세 프랑스 왕실 연회　장 푸케Jean Fouquet, 〈1378년 샤를 5세가 샤를 4세를 위해 주최한 연회〉, 1455~1460년경. 1378년 1월 6일 샤를 5세가 샤를 4세, 보헤미아 황제와 그의 아들 바슬라프, 로마인의 왕을 위해 연 연회 모습을 묘사한 그림이다. 중세 프랑스 왕실 연회에 올랐던 음식을 확인할 수 있다. 파리국립도서관 소장.

de Médicis가 프랑스 국왕이 된 앙리 2세에게 시집간 것이 프랑스 왕실 음식 문화에 변화를 가져왔다. 당시 이탈리아는 무역으로 부를 축적했고 음식 문화 또한 활발한 교류로 발달해 있었다. 특히 이탈리아 문화의 중심 도시였던 피렌체를 지배했던 메디치 가문의 감각은 남달랐다. 카트린은 프랑스 궁정에 지중해 채소, 이후 프랑스 요리의 기본이 되는 소스를 사용하는 요리 기술, 아이스크림과 마카롱 같은 과자 제작 기술 등 피렌체의 요리와 음식 문화를 전파했다.

이를 계기로 17세기 중반 이후에는 미식에 대한 관심이 높아졌고 직접 요리를 만드는 귀족들도 생겼다. 대귀족의 요리사들은 지금까지 전해내려오는 요리책을 집필하기도 했다. 서로 누가 더 호화로운 요리를 만드는지를 놓고 경쟁했다. 식재료를 물로 삶는 요리법이 음식의 질을 떨어뜨리고 양을 늘리려 드는 저급한 짓거리라며 퇴출당하기도 했다. 물론 이때 이루어진 요리의 발달은 근본적으로 상류층 요리에 국한되었고 서민들의 요리는 여전히 세련되지 못했다.

17~18세기에 이르면 중세적인 맛은 그대로 유지하면서 요리는 다양화하는 모습이 나타난다. 중세적인 연회의 특징을 그대로 따르지만 연회는 식사하는 왕을 구경하는 '왕의 식탁'으로 축소된다. 왕의 식탁은 미식과 사치의 세련됨을 보여주는 것을 목적으로 구성된다. 포크 사용 등 식사예절도 발달하게 된다. 19세기에는 러시아 요리의 영향을 받으면서 더욱 발전했다. 프랑스 요리의 고급화에 박차를 가한 코스 요리라는 개념 자체가 추운 기후 때문에 식지 말라고 음식을 한 번에 한 가지씩 내던 러시아의 음식 문화를 도입한 것이다. 이후 프랑스혁명으로 왕후나 귀족의 저택에서 고급 요리를 만들

LE DINE DV ROY A L'HOTEL DE VILLE DE PARIS

CALENDRIER POUR L'ANNEE BISSEXTILE MDCLXXXVIII.

던 요리사들이 실직하여 도시에서 식당을 개업할 수밖에 없었던 것이 프랑스 요리의 개혁을 가져온 요인 중 하나가 되었음은 잘 알려져 있다. 미식이 왕실 밖으로 나오면서 자본가 계급을 중심으로 하는 부유한 시민도 세련된 식사 문화를 즐길 수 있게 되었다. 이러한 현상은 우리나라도 마찬가지였다. 조선 왕조가 멸망한 후 왕실 숙수나 조리인들이 고급 한정식집에서 일하게 된 것이 왕실 음식이 왕실 밖으로 나오는 계기로 작용했다.

오트 퀴진Haute cuisine은 프랑스의 최고급 요리를 뜻하는 단어인데 전통적인 코스 메뉴를 지칭하기도 한다. 오트 퀴진의 뿌리는 프랑스 절대왕정이 완성되는 루이 14세 시대에 둔다. 루이 14세는 대단한 대식가이자 미식가로서 수많은 군중이 바라보는 왕궁 앞마당에서 식사하는 것을 즐겼다. 어찌 보면 '먹방'의 시초라고도 할 수 있다. 식사는 한 코스당 최소 4~6개의 요리가 연달아 나오는 화려한 만찬이었다. 프랑스를 대표하는 요리 사조인 누벨 퀴진은 새로운 요리라는 뜻으로 20세기 후반에 오트 퀴진에 대한 반발에서 생겨난 사조다. 21세기 프랑스는 오트 퀴진과 누벨 퀴진이 서로 영향을 미치면서 공존하고 있다.

루이 14세의 시청 만찬　피에르 르포트르Pierre Lepautre, 〈루이 대왕이 그의 백성의 사랑과 기쁨을〉, 1687. 루이 14세가 건강을 완벽하게 회복한 것을 기념하기 위해 만든 왕실 달력의 그림이다. 프랑스의 최고급 요리를 뜻하는 오트 퀴진은 절대왕정을 완성한 루이 14세 시대에 뿌리를 둔다. 루이 14세는 대단한 대식가이자 미식가로서 화려한 만찬을 즐겼다. 카르나발레 박물관 소장.

영국 왕실 음식[•]

유럽 왕실 음식을 이야기하면서 영국을 빼놓기는 어렵다. 21세기에도 영국 왕실 음식은 권위와 문화의 상징으로 남아 있다.

이 절은 Mark Flanagan and Edward Griffiths, *A Royal Cookbook*(Royal Collection Trust, 2014)을 주로 참고했다.

그럼 영국 왕실 음식은 어떻게 발전되어 왔을까? 40년간 왕실 요리사로 일했던 가브리엘 츄미Gabriel Tschumi는 가장 주목할 만한 점으로 부엌의 규모를 꼽았다. 츄미에 따르면 왕실의 여러 시설 중에서도 부엌은 상당히 크고 뛰어났다고 한다. 특히 첫날 부임했을 때 본 윈저성의 부엌은 높고 둥근 지붕이 있는 예배당을 떠올리게 할 정도였다고 한다. 영국의 윈저성에 있는 그레이트 키친은 영국에서 가장 오래되고 현재도 실제 요리가 가능한 키친으로 왕실 음식의 전통과 현대를 아우르고 있다. 이곳은 1360년대 에드워드 3세 시절부터 왕과 여왕, 그리고 평민들에게 요리를 제공하는 데도 사용되어왔다. 테이블과 워크벤치, 선반은 200년이 넘은 것들이다. 윈저성에 온 손님들은 아직도 빛이 나는 구리로 된 팬에서 만든 음식을 맛볼 수 있으며 팬에는 왕족의 이름이 새겨져 있다.

영국 왕실의 음식은 세월에 따라 유행이 많이 바뀌었다. 찰스 1세(1629~1645)는 무릎을 꿇은 자세로 식사를 대접받았다. 찰스 2세에게는 1671년 영국에서 기록된 최초의 아이스크림을 대접하기도 했다. 리젠트 왕자 시절에는 물이 흐르는 상태에서 살아 있는 어류를 저녁 식사로 대접하는 화려함의 극치를 보였다. 특히, 조지 4세(1762~1830) 대관식 축연은 이례적으로 화려했다. 약 1,000여 가지의 요리가 제공되었는데 이 중 160개는 큰 그릇으로 된 수프, 480개

원저성의 옛 주방   윌리엄 베넷William James Bennett · 제임스 스테파노프James Stephanoff, 〈원저성의 옛 주방〉(1817). 원저성의 옛 주방의 모습을 묘사한 삽화로, 윌리엄 파인William Henry Pyne이 쓴 《(1816~1819년) 왕실 저택의 역사*The History of the Royal Residences (1816–1819)*》에 수록되어 있다. 원저성의 그레이트 키친은 영국에서 가장 오래된 주방으로 왕실 음식의 전통과 현대를 아우르고 있다.

는 소스였고, 80개는 거위구이, 400개는 젤리와 크림이었다. 몇 세기 동안 다른 나라의 유명한 요리사들이 영국 왕실의 키친을 이끌어 왔다. 1817년에는 리젠트 왕자가 천재 프랑스 요리사인 마리 앙투완 카렘을 초청해 브라이튼에서 생활하도록 했다. 하지만 영국 요리사들의 지나친 후추 사용에 실망한 카렘은 6개월 후 프랑스로 돌아갔다. 빅토리아 여왕은 스위스 요리사인 가브리엘 츄미를 고용했고, 에드워드 7세는 앙리 세다드Henry Cedard라는 프랑스 요리사와 함께 왕실 저녁파티에 마실 커피만 담당해서 만드는 이집트 요리사를 따로 고용했다.

과거의 왕실 요리는 저녁 식사 테이블 세팅과 장식에 최고급 금과 은을 사용하는 것이 고유한 특징이었지만 몇 세기 동안 진화했다. 요리사와 키친이 점점 더 정교해짐에 따라 테이블 장식 또한 세련되게 바뀌었다. 튜더Tudor 시대에는 공작새의 털을 뽑고 통째로 구운 후 모양을 내기 위해 털을 다시 심었다. 18세 후반과 19세기 초반에는 화려하면서도 먹을 수 있는 장식이 유행하기 시작했다. 가장 검소하게 살았던 조지 3세 시절에 열린 연회에서도 사탕으로 만든 장식 음식 높이가 4피트1피트는 약 30.5센티미터였다고 한다. 카렘이 왕의 아들을 위해 만든 테이블 장식품은 먹을 수 있는 건축적 장식품folly이었다. 오늘날까지 전통으로 내려오는 축제의 특징 중 하나인 금과 은으로 만들어진 장식은 해당 장식을 쓰는 이들의 지위가 얼마나 높은지를 보여주는 징표였다.

리처드 2세(1377~1399)의 재임기 동안 왕실 요리사가 쓴 《요리의 형태Forme of cury》부터 시작된 왕실 요리책에는 왕실에서 쓰인 요리

영국 왕실 연회　데니스 다이턴Denis Dighton, 〈웨스트민스터홀에서 열린 조지 4세의 대관식 연회에서 왕의 수호자가 행한 세 번째이자 마지막 도전〉(1821). 영국 왕실의 음식은 세월에 따라 유행이 많이 바뀌었는데, 조지 4세의 대관식 연회는 약 1,000여 가지의 요리가 제공되는 등 이례적으로 화려했다.

The Royal Luncheon,

SATURDAY, 31st JULY, 1897.

Scotch Broth

Cotelettes de Veau Maréchale

Filet de Bœuf froid Jardinière

Poulets découpés au riz

Canetons rôtis

Pois à l'Anglaise

Kaalteschaale von früchten

Soufflé de Semouille Sabayon

BUFFET.

Hot and Cold Roast Fowls

Cold Roast Beef

Salade Tomates

법, 샐러드에 사용된 첨가물^{파슬리, 샐비어, 마늘, 양파, 파, 서양 지치, 민트, 회향, 냉이 겨자, 로}즈 마리, 쇠비름나물, 어수리와 애플 프리터를 포함한 다른 요리법, 레드 와인으로 요리한 배, 생강과 블라망주^{푸딩}가 얼마나 섬세한지를 보여준다. 거의 50년 동안 찰스 2세, 제임스 2세, 윌리엄과 메리 여왕과 앤 여왕의 수석 요리사라고 불렸던 패트릭 램도 1710년도에 새로운 왕실 요리책을 썼다.

현재 남아 있는 영국의 왕실 키친은 몇 세기의 역사, 혁신, 개인적 선호와 대중적 성과를 통해 지금의 모습을 갖추게 되었다. 현재는 몇 세기가 지난 식기류와 최신 가전제품이 공존하고 있다. 오늘날 손님들은 과거의 유명인들이 사용했던 자기와 은과 유리로 만들어진 그릇으로 차려진 영국 왕실 음식을 맛볼 수 있다. 영국 왕실과 더불어 영국 왕실 음식은 그렇게 살아 있다.

빅토리아 여왕 연회 메뉴　1897년 열린 빅토리아 여왕 즉위 60주년 기념 오찬 메뉴. 영국 왕실 키친은 오랜 기간 다른 나라의 유명 요리사들이 이끌었다. 빅토리아 여왕 시기에는 스위스 요리사인 가브리엘 츄미가 주방을 이끌었는데, 그는 영국 왕실 음식과 관련해 가장 주목할 만한 것으로 상당히 크고 뛰어난 부엌을 꼽았다.

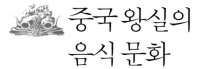

중국 왕실의
음식 문화

음식의 나라 중국 음식 문화의 특징

중국은 세계적으로 유명한 음식의 나라다. 세계 어느 곳을 가더라도 중국 음식을 맛볼 수 있다. 중국 사람들은 네 발 가진 것 중에서 안 먹는 것은 책상뿐이며 이 세상에 먹을 수 없는 것으로는 하늘에는 비행기, 땅에는 기차, 물에는 잠수함만이 있다고도 한다. 늘 닥치는 흉년에 굶어 죽는 것을 면하기 위해 또는 절대 왕조의 왕이나 지방 토호들의 입맛에 맞추기 위해 눈에 보이는 모든 것들을 일단 먹을거리의 목록에 올려놓고 조리법을 개발했기 때문이라 한다.

　옛날 중국에서 왕실 주방장의 지위는 매우 높았다. 재상 '재宰'자는 집안을 뜻하는 갓머리 밑에 요리용 칼을 뜻하는 신辛자가 어우러져 만들어진 글자다. 고대 국가에서 제사는 중요한 국가적 행사였고

문회도文會圖

송 휘종宋 徽宗, 송대(960~1279)에
황제가 신하들에게 베풀었던 소
규모의 야외연회 모습을 사실적
으로 묘사한 그림. 송나라 궁중생
활과 미식문화를 엿볼 수 있는 중
요한 자료다.

이를 주재하는 주방장은 곧 국가의 총리급 인물이었다. 하나라의 6대 임금인 소강小康이 한때 왕실의 주방장이었다는 사실은 고대 중국에서 음식 문화가 얼마나 중요시되었는지를 가늠할 수 있게 한다. 중국 사람들은 요리법을 팽조烹調라고도 했다. 다른 나라 사람들이 식사를 끼니 해결 차원으로 접근했을 때 그들은 요리를 예술의 장르로 생각했다.

중국의 《사기》에는 기원전 11~12세기경 은왕조의 주紂왕이 궁궐의 정원에서 '주지육림酒池肉林술이 연못을 이루고 고기가 숲을 이룬다'의 호화스럽고 방탕한 연회를 열었다고 기록되어 있다. 각지에 왕조가 병립한 시대도 있지만, 중국 문명의 역사에서 국가의 특징은 한족 이외의 민족도 광대한 영토를 갖고 지배하는 제국을 형성한 데 있다. 수도에 모든 권한이 집중되는 중앙집권형의 제국을 지탱하는 것은 한족 문명이 발달시킨 관료 조직이었다. 공문서에 기록하는 공식 문자도 한족 문명의 산물인 한자였다. 반면 지배자는 한족 이외의 민족인 제복制服 왕조였을 경우도 많았다. 그래서 중국 왕실의 음식 문화는 지배하는 민족의 음식 문화와 한족의 음식 문화가 융합된 형태로 형성되었다.

지배 민족과 한족의 음식 문화가 융합되다

이 같은 중국 왕실의 음식 문화를 보여주는 책으로 《음선정요飮膳正要》가 있다. 이는 몽골족이 세운 원나라 황제 문종의 식사를 의학적으로 관리하는 식선대의食膳大醫였던 홀사혜忽思慧가 1330년에 기록

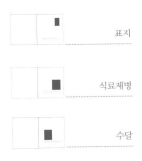

표지

식료제병

수달

四部叢刊續編子部

飲膳正要

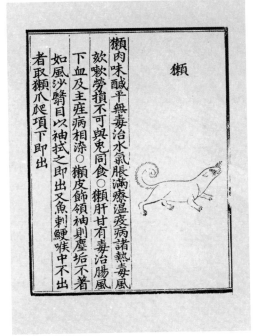

獺

獺肉味鹹平無毒治水氣脹滿療溫疫病諸熱毒風
欬嗽勞損不可與兔同食○獺肝甘有毒治腸風
下血及主疰病相涂○獺皮飾領袖則塵垢不著
如風沙鷩目以袖拭之即出又魚刺鯁喉中不出
者取獺爪爬項下即出

食療諸病

음선정요飮膳正要 1330년 중국 원나라 홀사혜가 지은 궁정 요리책. 자양 강장에 효능이 있다고 여겨지는 95가지 요리법이 소개되어 있다. 홀사혜가 몽골인이었던 탓인지 몽골과 중앙아시아 기원의 요리가 다수이지만, 약리적 해설은 몽골식이 아니라 한족의 의학에 기반을 두고 있었다.

한 궁중요리와 약선에 관한 책이다. 여기에는 자양 강장에 효능이 있다고 여겨지는 95가지 요리법이 소개되어 있다. 중국 왕실에서 질병 예방의 수단으로 음식을 얼마나 중요하게 생각했는지를 알 수 있는 대목이다. 그러나 요리법을 살펴보면, 홀사혜가 몽골인이었던 탓인지 몽골과 중앙아시아 기원의 것이 다수이며, 몽골인이 좋아하는 양고기 요리가 많다. 흥미로운 부분은 이 책에 기록된 약리적 해설이 몽골식이 아니라 한족의 의학에 기반하고 있었다는 점이다.

청나라는 만주족^{만주족·여진족}이 중국 대륙에 세운 제국이다. 청나라 궁중요리를 만드는 관청은 황제의 식사를 마련 내선방內膳房, 궁정 관리와 대신의 식사와 연회 요리를 만드는 외선방外膳房 외에 차와 딤섬을 준비하는 다방茶房 등으로 나누어져 있었다. 내선방에만 수백 명이 일하고 있었다고 한다. 궁정에서 연석 요리는 한족 요리[漢]와 만주족[滿] 요리 외에 몽골족[蒙], 위구르족[回], 티베트족[藏]의 요리와 한·만·몽·회·장 등의 5개 민족의 요리를 제공하기도 했지만, 주류는 한족의 요리였다.

청나라 황실 요리

청나라 황실 요리는 최근 '만한석' 또는 '만한전석滿漢全席'이라는 이름으로 많이 알려졌지만 황실 요리의 정식 명칭은 아니다. 지방에 부임한 만주족의 고관 등을 접대하는 연석에 제공했던 여러 가지의 호화로운 만주족 요리와 한족 요리를 '만한전석'이라 불렀다. 이 요리는 예부터 중국 사신이 방문할 때 귀하게 여겨 대접하던 것으로, 청 황조에서 막강한 권력을 누렸던 서태후가 가장 좋아했던 요리로도 유명하다. 만한전석이 궁중요리로 정착된 것은 청나라 강희제 말기인 18세기 초로 거슬러 올라간다. 당시 강희제는 회갑을 맞아 전국의 65세 이상 되는 노인 2,800명을 궁궐로 초청해서 연회를 베풀었는데, 이 연회에서 처음으로 만주족과 한족의 요리를 통합한 것이 만한전석의 시초가 되었다고 한다. 당연히 중국 각지의 특산물과 최고의 별미들을 총집결시켰고, 그래서인지 처음에는 180여 가지의 메뉴가 있었던 것으로 전해진다. 차츰 간소화되어 지금은 3분의 1 정도로 줄어들었다고 하지만 그래도 만한전석을 모두 먹어보기란 쉽지 않다.

만한전석의 확장과 한계

최근 중국 각지의 고급 요리점에서 궁중 요리를 본떠 요리 가짓수가 많은 최고급 요리를 '만한전석'이라는 이름으로 제공하고 있다. 베이징 베이하이공원에 있는 '방선倣膳'이라는 식당도 이 같은 고급 요리점 중 하나다. 청나라 멸망 후 궁중 요리사들이 모여 개업한 궁중 요리 전문점인데 필자도 몇 해 전에 방문한 적이 있다. 셀 수 없이 많이 나오는 요리에 놀랐지만, 음식 대부분이 한족식 요리였으며 만주족 고유의 요리는 거의 없었던 것으로 기억된다.

현재 베이징을 비롯한 중국 전체의 만한전석은 나름의 요리법으

만한전석滿漢全席

만민족滿民族과 한민족漢民族 요리의 정화精華를 흡수하고 결합하여 만들어낸 요리. 중국 역사상 제일 유명한 중화대연中華大宴으로 진귀한 요리가 다 모인 중국 최대의 호사함과 고급스러움이 극치를 이루는 대연회식이다. 그림은 다오샹 음식문화박물관裕鄕飮食文化博物館에 전시된 만한전석.

로 만들어질 뿐, 청 황제에게 바쳤던 정통 만한전석을 제대로 재현하는 곳은 없는 것으로 보인다. 청 황조 몰락과 함께 황제를 보좌하던 요리사들이 거의 사라졌기 때문이다. 우리나라의 경우는 조선 왕조의 몰락과 더불어 궁중 숙수나 주방 나인들이 궁궐 밖으로 나와서 명월관과 같은 요리점에 취직했다. 변질되었다고는 하나 여기에서 나름의 궁중 음식을 선보였다. 반면 청 황실의 요리사들은 청 황조가 일본의 괴뢰국인 만주로 옮겨가고 이후 다시 중국에 넘어가면서 설 땅을 잃어버렸다. 청의 황제를 지탱하던 사람들은 '민족을 배신하고 공산당에 반대하는 반동분자'로 낙인찍힌 뒤 역사의 현장에서 사라졌다. 겨우 살아남은 사람들이나 청의 황가皇家과 연이 있던 사람들도 10여 년간 계속된 문화대혁명으로 인해 자취를 감췄다.

지금 중국은 크게 변화하고 있다. 음식박물관을 세우고 황실 음식을 복원하기 위해 애쓰고 있다. 이러한 중국의 왕실 음식 재현 움직임에 힘입어 재등장한 것이 지금의 '만한전석'을 표방하는 식당들이다.

광대한 영토를 가진 중국 제국에서는 다양한 특색을 지닌 지역 요리도 발달했다. 중국 왕조의 요리에 영향을 준 것은 왕조 수도의 지배자가 된 민족의 요리였다. 그러나 이민족이 만든 왕조도 점차 한족 문명에 동화하여 민족 요리에 한족의 요리 기술을 추가했다. 한족의 중국 요리가 왕실 요리의 주류가 되어버린 것이다. 중국 왕조는 조공朝貢을 바치는 주변 국가에 절대적인 우위에 있었기 때문에, 유럽처럼 서로 다른 국가 간의 왕실 요리의 교류는 거의 없었다.

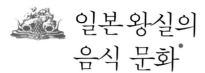

04

일본 왕실의
음식 문화°

중국의 영향을 받은
초기 일본 왕실의 음식 문화

일본도 세계적인 음식 문화를 보유하고 있는 나라다. 일본은 4세기 무렵에 통일 왕조가 성립한 이래 현재에 이르기까지 천황天皇이 생존하고 있다. 고대 천황제는 천황으로 임명된 관료가 지방을 통치하는 중국을 모델로 한 중앙집권국가였다. 일본의 왕실 문화는 고대에는 중국과 한국의 영향이 컸다. 중국과 한국 왕실과의 교류를 폐지한 10세기 이후는 독자적인 길을 걷지만 13세기경까지 궁정과 귀족의 공식 규정은 중국의 영향을 받았다.

12세기 말 궁궐의 식사 모습을 엿볼 수 있는 대신 집안의 대향연 그림이 있다. 그림에서 주칠한 테이블은 식탁이며, 식사는 앉아서

이시게 니오미치, 〈동양과 서양의 왕실음식 문화 비교〉, 56차 한국식생활문화학회 추계학술대회 자료집, 2013.

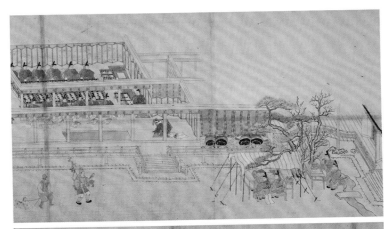

대신 집안의 대향연大臣家大饗　　일본 헤이안平安 시대(794~1185)에 대신 집안에서 거행된 대향연[大臣家大饗] 모습을 묘사한 그림. 가노 오사노부狩野養信(1796~1848)가 〈연중행사회권年中行事絵巻〉(헤이안平安 시대(794~1185)의 궁정이나 공가의 연중행사를 그린 그림)을 복원한 것이다. 도쿄국립박물관 소장.

하고 있다. 중국에서는 당나라 상류층에 의자와 테이블에서 식사하는 것이 보급되었다고 하는데, 이 풍습을 일본의 궁정과 대신 집안에서도 일부 받아들인 것으로 보인다. 반면 서민들은 의자와 테이블을 사용하지 않았다. 일본에서 의자와 테이블에서 하는 식사가 일반화된 것은 20세기 후반의 일이다. 한국에서는 고구려 시대 고분벽화에서 테이블과 의자에서 식사하는 모습을 볼 수 있다.

그림을 보면 테이블에는 흰색 비단이 깔려 있고 식기는 모두 은으로 만들어진 것이다. 요리의 식품 종류는 신분에 따라 달리 4단계로 나누어져 있다. A는 주로 황족, B는 높은 신분의 귀족, C는 고위 관리, D는 주인이다. 주목되는 것은 각자 앞에 젓가락과 숟가락 세트가 놓여 있다는 점이다. 일본의 젓가락 사용은 7세기 궁궐에서 시작된 것으로 추측된다. 8세기 궁중에서 일하는 관리는 궁중에서 젓가락으로 식사를 했지만 집에 돌아가면 손으로 집어 먹는 식사를 한 것으로 추측된다. 일반 서민들이 일상 식사에서 젓가락을 사용하게 된 것은 9세기경부터다. 젓가락과 숟가락을 세트로 사용하는 것은 궁정 귀족에 한정되었고 서민들은 식사에 숟가락은 쓰지 않았다. 나중에 궁궐 권력이 쇠약해지면서 궁중에서도 테이블을 사용한 식사와 젓가락과 숟가락을 이용한 식사를 하지 않게 되었다.

일본의 식생활 문화, 왕실이 아닌 시민이 중심

12세기 말이 되면 무사 정권인 가마쿠라막부가 성립된다. 지방에 무사武士사무라이들이 대거 등장하면서 궁궐의 권력은 더욱 퇴색한다. 이후 일본은 1868년 메이지유신明治維新에 의한 근대국가 성립까지 쇼군將軍을 정점으로 하는 무사 정권인 막부가 통치한다. 무사 정권은 검소한 것을 선善으로, 사치를 적敵으로 보는 금욕주의에 충실했다. 이는 요리에도 반영되어 막부의 향연 요리는 미식美食을 추구하지 않았고 금욕을 중시했다.

현대 일본의 세련된 식생활 문화를 창조한 것은 궁궐이나 무사가 아니라 에도江戶시대의 부유한 시민들이었다. 천황은 명목적인 국왕일 뿐 정치적 권력도 경제력도 없었다. 이 때문에 궁정 문화는 쇠망하고 궁정의 식사도 검박해져서 궁정 요리가 민중의 요리에 영향을 미칠 수 없었다. 궁정에서 식사 예법이나 상차림 방식이 상급 무사의 식사 방식에 약간 영향을 준 정도다. 즉 일본의 궁정 음식은 우리와는 다른 경로를 밟았다.

일본에서는 17세기 후반이 되면 도시의 상인들이 지배계급인 무사보다 경제적 우위를 차지하고 사회적 실력을 갖춘다. 이 시기에 외식 산업의 발달이 눈부시게 이루어져서 일본의 대도시에는 동시대 유럽보다 훨씬 더 다양한 식당이 집중되어 있었다. 이러한 일반 시민을 고객으로 하는 도시의 고급 레스토랑이 최상의 일본 음식 문화를 만들어냈다. 1868년 메이지유신으로 근대국가 건설을 시작하면서 천황은 최고의 권력자로 부활하고 궁정 문화가 되살아났다. 하지만 서양을 모델로 근대화를 했기 때문에 궁정에 외국 귀빈을 초대하는 자리에는 오히려 주로 프랑스 요리가 채택되었다.

요컨대 일본 왕실의 음식 문화는 조선 왕실의 역사가 살아 있던

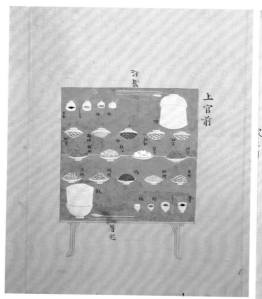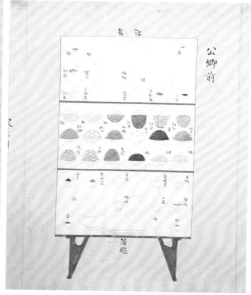

일본 궁정 귀족의 연석 요리
《궁중의식 관련 지식집類聚雜要抄》에 수록된 에도 시대江戸時代(1603~1867) 공경公卿(3품 이상의 고관)과
상관上官의 상차림 그림. 도쿄국립박물관 소장.

우리처럼 역사적으로 발달하지 않았다. 또한 우리의 '궁중 음식연구
원' 처럼 왕실 음식을 전문으로 연구하거나 계승하는 단체도 없었다.
이런 점에서 일본 왕실의 음식 문화는 현대까지 전승·보급되지 못
했다고 보는 편이 더 타당하지 않을까 싶다.

05

태국 왕실의 음식 문화

밥과 생선은 드시고 오셨습니까

태국 음식은 최근 몇 년간 세계적으로 각광받는 요리로 떠오르고 있다. 먹음직스럽고 다양한 향신료를 사용하여 독특한 향미가 있고 대체로 고소하고 맵고 신맛이 나는 편이라 더위를 이기고 힘을 얻을 수 있는 음식으로 인식되었기 때문이다. 거기다 태국 음식을 관광화하려는 정부의 역할도 컸다. 태국 정부는 일찍이 태국 음식 세계화를 선포하면서 "Kitchen of the World"라는 슬로건으로 태국 음식을 전 세계적으로 유행시켰다. 이러한 배경에는 태국 왕실 문화의 중심이었던 왕실 음식 문화의 영향이 컸다. 과거 전통적으로 태국 왕실의 왕이나 왕비들은 왕실 음식 보급 및 전파에 관심이 많았다.

　태국 음식은 '밥과 생선은 드시고 오셨습니까'라는 한마디로 요약

된다. 쌀이 주식인데 찹쌀과 멥쌀을 많이 사용하고 자스민 라이스 Jasmin Rice가 유명하다. 또한 강과 바다에서 나는 생선을 사용하는 어장魚醬 문화가 발달했다. 태국은 아열대 기후의 세계적 곡창지대로 일 년 내내 과일과 채소 농사를 짓고, 다양한 강줄기와 삼면을 둘러싼 바다에서 채취하는 해산물이 풍부하다. 태국은 크게 북부, 동북부, 남부, 중부의 네 지역으로 구분되는데 지역에 따라 음식이 다양하다. 이 중 중부 음식은 인도, 중국, 베트남, 포르투갈 등 외국 음식의 영향을 많이 받았으며 맛과 더불어 시각적 아름다움을 중시해 과일과 채소 공예가 발달하고 장식을 중시한다. 채소, 생강, 양파 절임 등 곁들임 반찬과 함께 먹는 음식뿐만 아니라 다양한 간식과 후식도 발달했는데 이러한 점들은 왕실 음식에 많이 반영되었다.

물에는 물고기가 있고 논에는 쌀이 있다

태국 음식의 역사와 음식 문화를 살펴보자.[*] 1238~1438년은 쑤코타이 시대로 번영의 시대였다. '물에는 물고기가 있고 논에는 쌀이 있다'는 말이 있을 정도로 풍요로웠으며 밥과 생선이 중요한 음식이었다. 1350~1767년은 아유타야 시대로 동서양의 여러 국가들과 교류하면서 외국 음식들이 유입되었고 육류보다는 어류를 선호했다. 1767~1782년의 톤부리 시대를 거쳐 1782년부터 현재까지는 랏따나꼬씬 시대다. 라마 1~3세는 중국 음식의 영향을 많이 받았는데 특히 후식과 간식이 발달했다. 라마 4~6세 시대에는 왕실 음식과 일반

● 신근혜, 〈태국의 왕실음식 문화〉, 56차 한국식생활문화학회 추계학술대회 자료집, 2013.

Der König von Siam, Somdetch-Phra-Paramendr-Maha-Monghut, und seine Gemahlin. Nach einer Photographie.

라마 4세|Rama IV　　방콕 왕조의 제4대 왕(재위 1851~1868). 타이 방콕 왕조의 초대 왕인 라마 1세의 손자이자 라마 2세의 적장자로, 몽꿋Mongkut이라는 이름으로 더 잘 알려져 있다. 영화 〈애나 앤드 킹〉의 주인공이기도 한 라마 4세는 대표적인 태국 음식인 똠얌꿍을 명물 요리로 발전시키는 데 기여했다고 한다.

음식이 현재의 태국 음식과 같은 모습을 갖추게 된다.

서양인 가정교사와 태국 왕의 사랑 이야기를 다룬 영화 〈애나 앤드 킹Anna and King〉의 주인공이기도 한 라마 4세(재위 1851~1868)는 현재 태국 음식으로 유명한 똠양꿍을 명물 요리로 발전시키는 데 기여했다고 한다. 라마 4세가 쇄국 정책을 폐지하고 여러 나라의 문물을 받아들이면서 무역을 장려하는 과정에서 예전의 전통 요리에는 없던 다양한 음식 문화가 태국 음식에 녹아들었는데 똠양꿍도 이 때 태국을 대표하는 음식으로 자리 잡았다는 것이다. 라마 5세와 6세 때에도 똠양꿍을 관리와 서민들과 즐겨 먹으면서 대표적인 왕실 음식으로 인식되는 데 기여했다.

입과 눈이 즐거운 태국 왕실 음식

태국 왕실 음식은 태국 전통 여성들의 정교함과 섬세함, 창의성을 잘 보여준다. 맛의 즐거움뿐 아니라 눈도 사로잡는 음식이다. 왕실 쉐프들에 의해 오랫동안 전수되어왔으며 다양한 외국 음식들과 융합되어 발달했다. 태국의 사회 변화에 따라 다른 문화와 마찬가지로 변화해왔다.

아유타야 시대의 왕실 음식은 중국이나 인도 등지에서 온 외국인들이 담당했다. 뿐만 아니라 중국, 일본, 페르시아, 인도, 유럽 각국의 음식을 수용하면서 다양성을 확보했다. 라마 2세(1809~1824)는 랏따나꼬씬 시대 초기의 왕실 음식과 관련된 중요한 저서를 남겼다.

초 무앙 만두cho muang dumplings　나비콩꽃butterfly-pea의 진한 푸른색을 만두피에 첨가해 꽃 모양
으로 빚은 만두. 시각적 아름다움이 강조된 태국 요리의 특징을 잘 보여준다.

근대화 시기에는 왕실 내에 서양 음식이 등장한다. 라마 5세(1868~1910)는 숟가락과 포크 사용, 서양식 상차림(1870)을 유행시켰다. 왕족 및 고위 관료들에게 서양식 아침식사가 유행하고 외국인 사절단을 위한 연회가 널리 행해졌다. 영국에 유학한 라마 6세(1910~1925)는 왕궁 내 식사 형태를 바꾸는 데 중요한 역할을 했다. 아침과 저녁 식사는 서양식, 점심은 태국식으로 했다. 태국식 점심의 경우 먹는 것도 손가락을 이용한 전통 방식을 고수했지만 미네랄워터 또는 맥주가 반드시 있어야 했다.

서양 음식의 유입에도 불구하고 전통 방식에 따른 왕실 요리를 배우고 익히기 위해 노력한 왕비도 있었다. 인트라싹 싸찌 왕비는 라마 6세의 왕비로 과일과 채소 공예, 꽃장식 등을 배우고 가르쳤으며 태국의 전통 음식을 배우는 동시에 서양 요리도 익히도록 했다. 이에 따라 왕실 음식은 맛과 시각적 아름다움을 중요시하게 되었다. 이는 과일과 채소 공예가 발달하는 계기로 기능했다.

왕실 음식은 곧 평민 음식이다

일반적으로 태국 왕실 음식은 일반 음식과 큰 차이는 없었다. 바꿔 말하면 당시의 태국 일반 백성들도 궁중에서 먹는 음식 못지않게 풍요로운 식생활을 하고 있었다. 라루베M. de la Lubere의 기록에 의하면 "왕실 음식은 곧 일반평민 음식이다. 하지만 아름답게 제공된다. 가시가 없고, 뼈도 없다. 푹 익혀서 딱딱하지 않아야 한다. 채소는 한입 크기로 잘라야 하며, 씨가 있는 경우 제거해야 한다. 육류의 경우 안심 부위여야만 하고, 새우는 머리를 뗀 민물새우여야 한다. 절임이나 발효음식 또는 비린내가 나는 재료는 사용하지 않는다"고 했다.

태국 왕실 음식은 식재료의 풍부함과 신선함이 중요하고, 조리방식이 복잡하고 정교하며 섬세하여 많은 시간과 노동력이 들고, 특이하고 화려한 모양으로 "입으로 먹는 것뿐만 아니라 눈으로 보는 음식"이 특징이다. 자극적이지 않고, 많이 안 맵고, 달지 않으며 조화롭게 어우러지는 부드러운 맛을 기본으로 했다. 매 끼니는 다양하게 구성된 한 상 차림으로 제공되며, 신맛·단맛·고소한 맛·짠맛·매운맛의 5가지 맛을 모두 갖추어야 한다. 라마 5세 때에는 한상차림을 뜻하는 쌈랍의 경우 최소 7가지로 구성하고 금, 은 쟁반에 담아 골고루 어우러지도록 식단을 구성해야 한다고 했다.

태국 왕실 음식의 계승과 전파

왕실 음식의 계승과 전파 면에서 보면 라마 5세 시대는 왕실 음식 관련 중요한 정보와 지식의 보고 시대였다. "라마 5세는 항상 열심히 일하고, 쉴 때는 확실히 즐겼다. 잘 먹고 잘 자는 것을 생활의 철칙으로 삼았다. 태국, 중국, 말레이, 서양식 음식 모두를 만들 줄 알았으며, 가장 좋아하는 일은 소풍을 가서 직접 요리를 하는 것이었다"라고 한다. 또한 라마 5세의 왕비인 끄롬프라쑤타씨니낫 왕비는 왕실의 수석 주방장으로 왕에게 진상할 음식 요리를 총지휘했다.

라마 5세와 끄롬프라쑤타씨니낫 왕비　라마 5세 시대는 왕실 음식 관련 중요한 정보와 지식의 보고
시대였다. 라마 5세는 숟가락과 포크 사용, 서양식 상차림을 유행시켰고 끄롬프라쑤타씨니낫 왕비는
왕실의 수석 주방장으로 왕에게 진상할 음식 요리를 총지휘했다.

귀족 가문의 주방은 왕실 음식 전수의 장이었다. 왕궁의 주방에서 왕족과 귀족들의 주방으로 왕실 음식이 전수되었다. 각 가문의 조리법은 자신의 가문 내에서만 전수되었다. 현재 전수되고 있는 주요 왕실 음식 조리법을 담은 책들도 다수 전해지고 있다. 라마 2세 시대 씨쑤리옌타라 버롬라치니 씹이 쓴 가장 오래된 왕실 음식 조리서 《깝헤르아촘크르엉카우완》, 쁠리안 팟싸까라웡 분낙이 쓴 태국 최초의 표준화된 조리법을 기술한 요리책 《매크루아후아빠》(1889), 분낙 가문의 며느리인 쏨찐 라차누쁘라판에 의해 발간된 요리책 (1898), 끌립 마히턴으로 아유타야 시대부터 태국에 자리 잡은 중국계 후손이 중국 음식의 영향_{돼지고기 및 생선 사용}을 받아 쓴 요리책 등이 대표적이다.

쁠리안 여사의 조리법은 직·간접적으로 서양 음식의 영향을 많이 받았던 당시 왕실 음식의 중요한 변화를 반영하고 있다. 끌립 여사의 조리법은 태국 왕실 음식에 중국 음식이 유입되었음을 보여준다. 랏따나꼬씬 시대에는 아유타야 시대부터 이어온 전통 조리법을 받아들이면서도 사회경제적 변화에 맞게 변형했다. 1932년 입헌혁명으로 왕실 음식의 중요성이 줄어들고 일부 레시피는 조리법 소유자가 전수하지 않아 사라지기도 했다. 왕실 요리의 일반화 및 보급은 1932년 입헌혁명 이후 왕궁을 벗어나 학교 교육 과정을 통해 전수되고, 인쇄매체 및 대중매체를 통해 소개·보급되고 있다.

요즘 한국 사회에서는 '궁중 음식', '궁중 진상품'이라는 말이 난무한다. 한국을 방문한 외국인도 궁중 음식을 먹고 싶어 한다. 가히 궁중 음식 신드롬이라 해도 될 정도다. 그런데 궁금해진다. 무엇이 궁중 음식인가? 화려함과 사치를 상징하는 과거의 유물로 치부되던 왕실 음식이 현 시기에 무슨 의미를 지니는가? 책을 쓰는 내내 이 문제로 고민했다. 궁중 음식이란 왕의 음식을 포함한 왕실 전체의 음식을 말한다. 하지만 최근 한국 사회에서는 궁중 음식이 과거의 왕실과 같은 소수의 특권 계층에만 국한되지 않는다. 이런 점에서 현대 한국인들을 위한 새로운 왕실 음식의 재해석과 인식이 필요하다.

그동안 조선 왕실 음식 연구는 주로 의궤 연구나 마지막 주방 상궁의 구술로 이루어졌다. 이는 왕실 음식의 대중화에 한계로 작용했다. 하지만 조선 말기, 정확히는 주로 대한제국기(1897~1910)의 음식 기록인 왕실 음식발기가 수백여 통 남아 있다. 발기는 왕실 음식을 연구하는 데 필요한 유형의 문화유산이다. 나는 이 발기에 주목했다. 왕실 음식발기 속 음식을 정리하고 쉽게 만들어 먹을 수 있는 음식으로 조리한다면 조선 왕실 음식의 실체와 만날 수 있지 않을까. 현대에 왕실 음식이 '그림 속 떡'이 아니라 생생하게 살아 숨 쉬는 음식이 될 수 있지 않을까. 막연한 기대감이 피어올랐다. 왕실 음식발기를 재해석하는 용기를 낸 이유다.

한 번도 레시피 책을 내본 적이 없는 내게는 너무나도 어려운 도전이었지만 이제 《조선 왕실의 밥상》을 세상에 내보낸다. 〈에필로그〉를 쓰면서 책을 다시 보니 끝이 안 보이던 출판을 위해 다듬고 고치던 오랜 시간이 오히려 감사하게 다가온다. 이 작업 덕분에 왕실 음식을 제대로 공부할 수 있었고, 한식으로서의 왕실 음식의 외연을 넓힐 수 있었다.

셰프들의 창조적인 요리 작업에 이 책이 조금이나마 도움이 되었으면 하는 바람이다. 한식을 사랑하는 일반인들이 왕실 음식을 가깝게 느끼고 요리할 수 있다면 말할 수 없이 기쁠 것이다. 한식의 핵심을 이루는 왕실 음식의 지평이 넓어지고 한 걸음 더 나아가는 데에도 도움이 되기를 바라본다.

찾아보기

조선 왕실의 밥상

발기 속 음식 **172**

초판 1쇄 발행	2018년 12월 19일
초판 2쇄 발행	2019년 12월 9일

지은이	정혜경
발행인	박혜숙
책임편집	정호영
디자인	이보용
펴낸곳	도서출판 푸른역사
	우) 03044 서울시 종로구 자하문로8길 13
	전화 02-720-8921(편집부) 02-720-8920(영업부)
	팩스 02-720-9887
	전자우편 2013history@naver.com
	등록: 1997년 2월 14일 제13-483호

· 이 책은 농림축산식품부와 한식진흥원의 '2016 한식 콘텐츠 제작지원' 사업의 일환으로
  제작비 중 일부를 지원받아 제작되었습니다.
· 잘못 만들어진 책은 교환해드립니다.

ISBN   979-11-5612-126-8 03910